Annales 2025

Tle

Objectif BAC

Sujets & Corrigés

Spécialité

HGSP

Arnaud Léonard
Professeur agrégé d'histoire-géographie

hachette
ÉDUCATION

Mode d'emploi

Pour chaque partie de l'épreuve (dissertation et étude critique de documents), cet ouvrage vous propose des **sujets corrigés**, complétés de **fiches de cours** et de **fiches de méthode**.

33 sujets corrigés pour préparer l'écrit

Une couleur spécifique pour identifier chaque axe ou objet de travail du programme

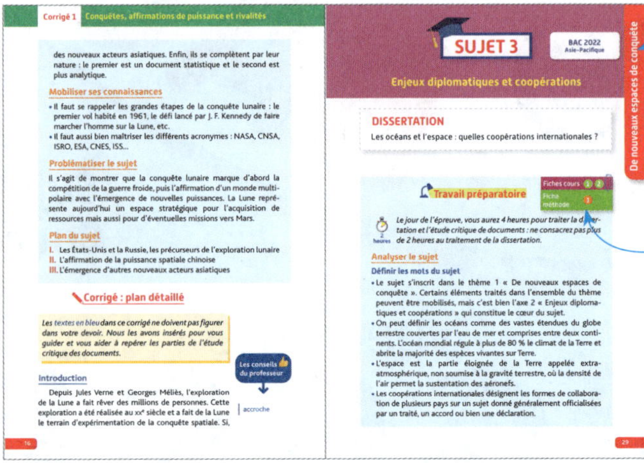
Corrigé 1 Conquêtes, affirmations de puissance et rivalités

des nouveaux acteurs asiatiques. Enfin, ils se complètent par leur nature : le premier est un document statistique et le second est plus analytique.

Mobiliser ses connaissances
• Il faut se rappeler les grandes étapes de la conquête lunaire : le premier vol habité en 1961, le défi lancé par J. F. Kennedy de faire marcher l'homme sur la Lune, etc.
• Il faut aussi bien maîtriser les différents acronymes : NASA, CNSA, ISRO, ESA, CNES, ISS…

Problématiser le sujet
Il s'agit de montrer que la conquête lunaire marque d'abord la compétition de la guerre froide, puis l'affirmation d'un monde multipolaire avec l'émergence de nouvelles puissances. La Lune représente aujourd'hui un espace stratégique pour l'acquisition de ressources mais aussi pour d'éventuelles missions vers Mars.

Plan du sujet
I. Les États-Unis et la Russie, les précurseurs de l'exploration lunaire
II. L'affirmation de la puissance spatiale chinoise
III. L'émergence d'autres nouveaux acteurs asiatiques

Corrigé : plan détaillé

Les textes en bleu dans ce corrigé ne doivent pas figurer dans votre devoir. Nous les avons insérés pour vous guider et vous aider à repérer les parties de l'étude critique des documents.

Les conseils du professeur

Introduction
Depuis Jules Verne et Georges Méliès, l'exploration de la Lune a fait rêver des millions de personnes. Cette exploration a été réalisée au XXe siècle et a fait de la Lune le terrain d'expérimentation de la conquête spatiale. Si,

accroche

16

SUJET 3 BAC 2022 Asie-Pacifique

Enjeux diplomatiques et coopérations

De nouveaux espaces de conquête

DISSERTATION
Les océans et l'espace : quelles coopérations internationales ?

Travail préparatoire
Fiches cours 1 2
Fiche méthode 1

Le jour de l'épreuve, vous aurez 4 heures pour traiter la dissertation et l'étude critique de documents : ne consacrez pas plus de 2 heures au traitement de la dissertation.

2 heures

Analyser le sujet
Définir les mots du sujet
• Le sujet s'inscrit dans le thème 1 « De nouveaux espaces de conquête ». Certains éléments traités dans l'ensemble du thème peuvent être mobilisés, mais c'est bien l'axe 2 « Enjeux diplomatiques et coopérations » qui constitue le cœur du sujet.
• On peut définir les océans comme des vastes étendues du globe terrestre couvertes par l'eau de mer et comprises entre deux continents. L'océan mondial régule à plus de 80 % le climat de la Terre et abrite la majorité des espèces vivantes sur Terre.
• L'espace est la partie éloignée de la Terre appelée extra-atmosphérique, non soumise à la gravité terrestre, où la densité de l'air permet la sustentation des aéronefs.
• Les coopérations internationales désignent les formes de collaboration de plusieurs pays sur un sujet donné généralement officialisées par un traité, un accord ou bien une déclaration.

29

Des onglets par thème, pour se repérer rapidement dans l'ouvrage

Un renvoi aux fiches de cours et aux fiches de méthode à consulter pour vous aider à traiter le sujet

Des corrigés conformes à ce que l'on attend de vous à l'examen

Chaque corrigé est introduit par un travail préparatoire pour comprendre les points-clés du sujet

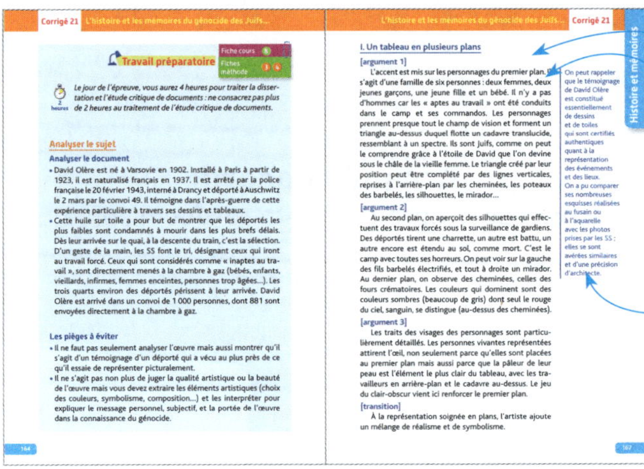
Corrigé 21 L'histoire et les mémoires du génocide des Juifs…

Travail préparatoire
Fiche cours 6
Fiches méthode 3 4

Le jour de l'épreuve, vous aurez 4 heures pour traiter la dissertation et l'étude critique de documents : ne consacrez pas plus de 2 heures au traitement de l'étude critique de documents.

2 heures

Analyser le sujet
Analyser le document
• David Olère est né à Varsovie en 1902. Installé à Paris à partir de 1923, il est naturalisé français en 1937. Il est arrêté par la police française le 20 février 1943, interné à Drancy et déporté à Auschwitz le 2 mars par le convoi 49. Il témoigne dans l'après-guerre de cette expérience particulière à travers ses dessins et tableaux.
• Cette huile sur toile a pour but de montrer que les déportés les plus faibles sont condamnés à mourir dans les plus brefs délais. Dès leur arrivée sur le quai, à la descente du train, c'est la sélection. D'un geste de la main, les SS font le tri, désignant ceux qui iront au travail forcé. Ceux qui sont considérés comme « inaptes au travail », sont directement menés à la chambre à gaz (bébés, enfants, vieillards, infirmes, femmes enceintes, personnes trop âgées…). Les trois quarts environ des déportés périssent à leur arrivée. David Olère est arrivé dans un convoi de 1 000 personnes, dont 881 sont envoyées directement à la chambre à gaz.

Les pièges à éviter
• Il ne faut pas seulement analyser l'œuvre mais aussi montrer qu'il s'agit d'un témoignage d'un déporté qui a vécu au plus près de ce qu'il essaie de représenter picturalement.
• Il ne s'agit pas non plus de juger la qualité artistique ou la beauté de l'œuvre mais vous devez extraire les éléments artistiques (choix des couleurs, symbolisme, composition…) et les interpréter pour expliquer le message personnel, subjectif, et la portée de l'œuvre dans la connaissance du génocide.

164

L'histoire et les mémoires du génocide des Juifs… Corrigé 21

Histoire et mémoires

I. Un tableau en plusieurs plans
[argument 1]
L'accent est mis sur les personnages du premier plan. Il s'agit d'une famille de six personnes : deux femmes, deux jeunes garçons, une jeune fille et un bébé. Il n'y a pas d'hommes car les « aptes au travail » ont été conduits dans le camp et ses commandos. Les personnages prennent presque tout le champ de vision et forment un triangle au-dessus duquel flotte un cadavre translucide, ressemblant à un spectre. Ils sont Juifs, comme on peut le comprendre grâce à l'étoile de David que l'on devine sous le châle de la vieille femme. Le triangle créé par leur position peut être complété par des lignes verticales, reprises à l'arrière-plan par les cheminées, les poteaux des barbelés, les silhouettes, le mirador…
[argument 2]
Au second plan, on aperçoit des silhouettes qui effectuent des travaux forcés sous la surveillance de gardiens. Des déportés tirent une charrette, un autre est battu, un autre encore est étendu au sol, comme mort. C'est le camp avec toutes ses horreurs. On peut voir sur la gauche des fils barbelés électrifiés, et tout à droite un mirador. Au dernier plan, on observe des cheminées, celles des fours crématoires. Les couleurs qui dominent sont des couleurs sombres (beaucoup de gris) dont seul le rouge du ciel, sanguin, se distingue (au-dessus des cheminées).
[argument 3]
Les traits des visages des personnages sont particulièrement détaillés. Les personnes vivantes représentées attirent l'œil, non seulement parce qu'elles sont placées au premier plan mais aussi parce que la pâleur de leur peau est l'élément le plus clair du tableau, avec les travailleurs en arrière-plan et le cadavre au-dessus. Le jeu du clair-obscur vient ici renforcer le premier plan.
[transition]
À la représentation soignée en plans, l'artiste ajoute un mélange de réalisme et de symbolisme.

On peut rappeler que le témoignage de David Olère est constitué essentiellement de dessins et de toiles qui sont certifiés authentiques quant à la représentation des événements et des lieux. On a pu comparer ses nombreuses esquisses réalisées au fusain ou à l'aquarelle avec les photos prises par les SS : elles se sont avérées similaires et d'une précision d'architecte.

167

Le plan est détaillé

Les corrigés sont entièrement rédigés

Des conseils du professeur sont donnés en bleu

I.S.B.N. : 978-2-01-726894-9

www.parascolaire.hachette-education.com

Des fiches de cours et des fiches de méthode pour réviser l'essentiel

18 fiches de cours claires et synthétiques

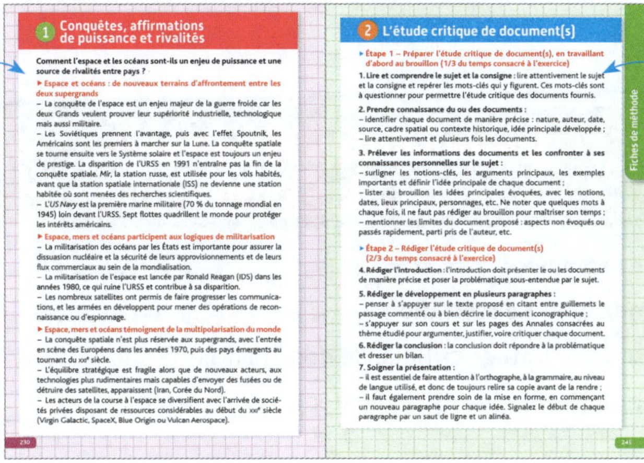

Les méthodes-clés associées à chaque temps de l'épreuve

La préparation du Grand oral

Une définiton de l'épreuve et des conseils pour bien se préparer durant l'année

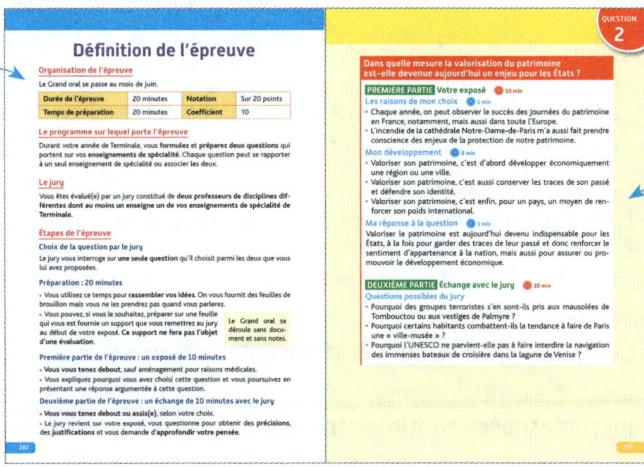

3 exemples de questions

Conception graphique
Couverture : Audrey Izern
Intérieur : Alicia Dassonville

Réalisation
Couverture : Audrey Izern
Intérieur : Médiamax

Édition : Sophie Zeegers

Crédits iconographiques : p. 13, 59, 103, 189, 227, 261, 281 © Shutterstock ; p. 52 © Deng Cy Miel ; p. 142 © Mémorial de la Shoah / coll. David Olère ; p. 151 © Philippe Desmazes/AFP/Getty Images ; p. 153 © Superstock/Leemage ; p. 154 © DeAgostini/Leemage.
Cartes : Hachette éducation, sauf p. 38 : Légendes cartographie.

Achevé d'imprimer en août 2024 en Tchéquie par Finidr
Dépôt légal : Août 2024 - Édition 01

Sommaire

Définition de l'épreuve et conseils de méthode

Thème 1 De nouveaux espaces de conquête

Thème 2 Faire la guerre, faire la paix

Axe 1 La dimension politique de la guerre : des conflits interétatiques aux enjeux transnationaux

Axe 2 Le défi de la construction de la paix

Objet de travail conclusif Le Moyen-Orient : conflits régionaux et tentatives de paix impliquant des acteurs internationaux

Thème 3 Histoire et mémoires

Axe 1 Histoire et mémoires des conflits

Axe 2 Histoire, mémoire et justice

Thème 6 L'enjeu de la connaissance

Fiches de cours

Le Grand oral

Pour réviser encore +
Retrouvez **d'autres sujets du BAC complets corrigés** en flashant ce QR code ou sur le site www.parascolaire.hachette-education.com

Définition de l'épreuve

Organisation

- L'épreuve dure **4 heures.**
- L'épreuve porte sur l'ensemble du programme d'HGGSP de Terminale. Les notions rencontrées en classe de Première, mais non approfondies en classe de Terminale, doivent être connues et mobilisables. Elles ne pourront pas donner lieu spécifiquement à un sujet.
- L'épreuve est composée de **deux exercices**, notés chacun sur 10 points : **une dissertation** et **une étude critique d'un (ou deux) document(s)**. Les deux exercices ne peuvent porter sur le même thème.

La dissertation Méthode 1 p. 10

- La dissertation est le traitement d'un sujet donné, **avec une introduction, un développement en plusieurs parties et une conclusion.**
- Vous devez montrer que :

– vous maîtrisez des connaissances et savez les sélectionner ;
– vous savez organiser les connaissances de manière à traiter le sujet ;
– vous avez acquis des capacités d'analyse et de réflexion.

- Pour traiter le sujet :

– vous l'analysez et élaborez une problématique ;
– vous rédigez un texte pertinent comportant une introduction (dégageant les enjeux du sujet et un fil conducteur avec une problématique), plusieurs parties structurées et une conclusion (qui répond à la problématique).

- La réalisation d'une illustration en appui du propos (croquis, schéma, etc.) amènera une valorisation de la note, mais son absence ne peut aucunement vous pénaliser.

L'étude critique de document(s) Méthodes 2 et 3 p. 11-12

- Il s'agit d'une **étude critique d'un ou deux documents de nature différente. Le sujet se compose d'un titre et d'un ou deux documents accompagnés d'une consigne**, qui vise à orienter le travail.
- Vous devez montrer votre capacité à :

– construire une problématique à partir du sujet indiqué par le titre et abordé par le (ou les) document(s) ;
– comprendre le sens général du (ou des deux) document(s) ;
– sélectionner les informations, les hiérarchiser, les expliciter ;
– prendre un recul critique en réponse à la problématique, en vous appuyant, d'une part, sur le contenu du document et, d'autre part, sur vos connaissances personnelles.

- Pour traiter le sujet :

– vous analysez de manière critique les documents en prenant appui sur la consigne et vous élaborez une problématique ;
– vous rédigez une introduction comportant une problématique ;
– vous organisez votre propos en plusieurs paragraphes ;
– vous rédigez une conclusion qui comporte une réponse à la problématique.

1 La dissertation

▸ Étape 1 – Analyser le sujet et trouver une problématique (10 minutes)

Le sujet n'est pas problématisé : **c'est à vous de le problématiser.**

1. Identifier les notions-clés du sujet.

2. Délimiter les bornes spatiales et chronologiques du sujet :
– quelle échelle (monde/continent/État/ville, etc.) ?
– Quel type d'espace (urbain/rural/maritime/désert, etc.) ?
– Quelle période ? Pourquoi ce bornage chronologique ?

3. Comprendre les enjeux de la problématique : que faut-il démontrer pour traiter ce sujet ?

▸ Étape 2 – Préparer la dissertation

4. Organiser ses idées (15 minutes) :
– en les plaçant dans les grandes parties d'un plan (en 2 ou 3 parties). Organisez votre plan au brouillon sous forme visuelle : carte mentale, tableau, etc. ;
– en les hiérarchisant : idée générale, argument, exemple.

▸ Étape 3 – Rédiger la dissertation

5. Rédiger l'introduction (5 minutes) :
– amorcer la dissertation avec une phrase d'accroche en partant d'un événement, d'un fait d'actualité, d'un chiffre-clé ou d'une citation ;
– définir le sujet et en dégager les enjeux ;
– formuler la problématique qui doit couvrir l'ensemble du sujet ;
– annoncer le plan suivi.

6. Rédiger les grandes parties de la dissertation (1 h 15) :
– rédiger en suivant l'organisation mise en place à l'étape 2 ;
– utiliser des connaissances et des exemples précis ;
– soigner les liaisons entre les grandes parties ;
– la réalisation d'une illustration (non obligatoire) en appui du propos (croquis, schéma, etc.) apportera une valorisation de la note.

7. Rédiger la conclusion (5 minutes) :
– rappeler l'apport de chaque partie à la réponse à la problématique ;
– formuler une réponse finale à la problématique ;
– proposer une ouverture en lien avec le sujet, à travers un thème proche, une autre période ou un autre espace.

8. Relire attentivement pour éviter les fautes d'orthographe (10 minutes).

2 L'étude critique de document(s)

▸ Étape 1 – Préparer l'étude critique de document(s), en travaillant d'abord au brouillon (1/3 du temps consacré à l'exercice)

1. Lire et comprendre le sujet et la consigne : lire attentivement le sujet et la consigne et repérer les mots-clés qui y figurent. Ces mots-clés sont à questionner pour permettre l'étude critique des documents fournis.

2. Prendre connaissance du ou des documents :
– identifier chaque document de manière précise : nature, auteur, date, source, cadre spatial ou contexte historique, idée principale développée ;
– lire attentivement et plusieurs fois les documents.

3. Prélever les informations des documents et les confronter à ses connaissances personnelles sur le sujet :
– surligner les notions-clés, les arguments principaux, les exemples importants et définir l'idée principale de chaque document ;
– lister au brouillon les idées principales évoquées, avec les notions, dates, lieux principaux, personnages, etc. Ne noter que quelques mots à chaque fois, il ne faut pas rédiger au brouillon pour maîtriser son temps ;
– mentionner les limites du document proposé : aspects non évoqués ou passés rapidement, parti pris de l'auteur, etc.

▸ Étape 2 – Rédiger l'étude critique de document(s) (2/3 du temps consacré à l'exercice)

4. Rédiger l'introduction : l'introduction doit présenter le ou les documents de manière précise et poser la problématique sous-entendue par le sujet.

5. Rédiger le développement en plusieurs paragraphes :
– penser à s'appuyer sur le texte proposé en citant entre guillemets le passage commenté ou à bien décrire le document iconographique ;
– s'appuyer sur son cours et sur les pages des Annales consacrées au thème étudié pour argumenter, justifier, voire critiquer chaque document.

6. Rédiger la conclusion : la conclusion doit répondre à la problématique et dresser un bilan.

7. Soigner la présentation :
– il est essentiel de faire attention à l'orthographe, à la grammaire, au niveau de langue utilisé, et donc de toujours relire sa copie avant de la rendre ;
– il faut également prendre soin de la mise en forme, en commençant un nouveau paragraphe pour chaque idée. Signalez le début de chaque paragraphe par un saut de ligne et un alinéa.

3 Identifier et exploiter les documents

Chaque document doit être au cœur de votre étude. Il faut donc l'identifier, le présenter, le décrire et l'interpréter de manière précise.
Pour cela, vous devez définir la nature, la source, la date, le thème et la localisation de chaque document. Vous devez aussi porter un regard critique sur les documents, en mettant en avant leurs limites.

Type de document	Identifier et décrire	Analyser et interpréter
Texte	Identifier la source, la date, l'auteur du texte et sa nature : article de presse, article d'une revue scientifique, texte de loi, extrait d'ouvrage, etc.	• Relevez les mots-clés, les idées et arguments de l'auteur. • Montrez l'intérêt et les limites du texte.
Carte	• Définir le thème de la carte. Quel est l'espace concerné ? • Exploiter la légende et définir les termes employés. • Repérer la source des données cartographiées.	• Mettez en avant des contrastes, des concentrations, des flux, etc. • Évoquez les facteurs économiques, historiques, naturels. • Relevez les éventuels manques.
Données statistiques (graphique, tableau, etc.)	• Déterminer les thèmes sur lesquels portent les données, les indicateurs et unités de mesure. • Repérer la source des données et leur date.	• Relevez les données les plus fortes et les plus faibles. • Présentez les grandes évolutions, comparez par période, etc. • Expliquez les évolutions observées et montrez l'intérêt, mais aussi les limites, de ces statistiques.
Image	• Identifier la nature de l'image (photographie, peinture, dessin de presse) et le thème. • Décrire le paysage, les personnages, les lieux. • Identifier l'auteur et la date.	• Analysez les différents plans, les détails, etc. • Portez un regard critique : quels sont les enjeux historiques, géographiques ou géopolitiques ? Quel est le contexte de production de cette image ?

Thème 1

De nouveaux espaces de conquête

Un astronaute lors d'une sortie dans l'espace.

SUJET 1

Conquêtes, affirmations de puissance et rivalités

ÉTUDE CRITIQUE DE DOCUMENTS

En analysant les documents, en les confrontant et en vous appuyant sur vos connaissances, montrez que l'exploration de la Lune est un symbole de la conquête de l'espace et qu'elle témoigne de grandes évolutions géopolitiques.

DOCUMENT 1

La compétition entre les deux Grands pendant la guerre froide.

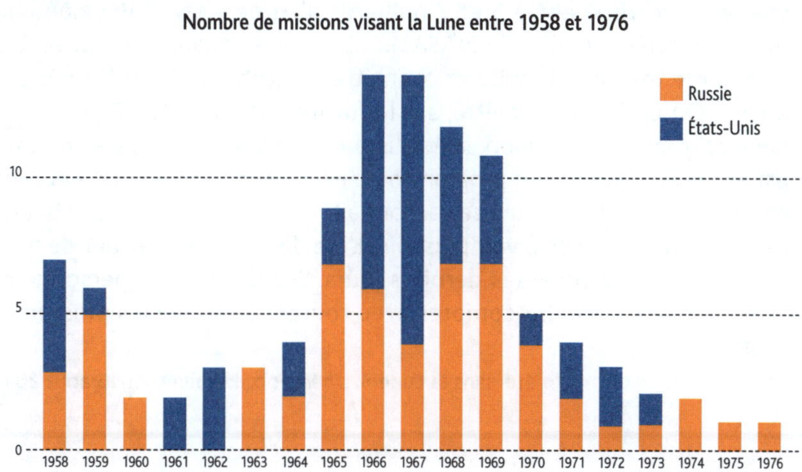

Source : Centre national des études spatiales, 2020.

DOCUMENT 2

Cinquante ans après la mission Apollo 11, la Lune fait de nouveau rêver.

La mission Chandrayaan-2 devrait faire de l'Inde le quatrième pays au monde à poser un engin spatial sur la Lune, après la Russie, les États-Unis et la Chine. [...] Le pôle sud lunaire a un intérêt scientifique particulier, car il renferme, dans ses cratères perpétuellement ombragés, des réserves d'eau glacée. [...] La NASA compte y faire débarquer des astronautes en 2024 avec les missions Artémis. La zone pourrait même se révéler idéale pour l'installation d'une base lunaire habitée. [...] L'Inde court après la Chine, et même les États-Unis semblent piqués dans leur orgueil par les exploits chinois. [...] Les premiers pas lunaires de taïkonautes sont prévus pour les années 2030. Si les Chinois lancent désormais plus de fusées que n'importe quel autre pays (39 l'an dernier, contre 34 pour les États-Unis et 20 pour la Russie), c'est parce que Pékin place l'espace dans ses priorités absolues avec des investissements à la hauteur. Le budget annuel de la Chine consacré aux programmes spatiaux – estimé entre 5 et 7 milliards d'euros – est le deuxième au monde derrière celui de la NASA. [...] La Chine est aujourd'hui seule à occuper le territoire lunaire et connaîtra bientôt le pôle sud comme sa poche. On croisera peut-être, sur la future base lunaire, de nouveaux pays asiatiques... Le Japon, spécialiste des missions sur les astéroïdes, est en train d'élargir son programme d'exploration planétaire à la Lune. Même la Corée du Sud, qui se cantonnait jusqu'ici à lancer des satellites terrestres, commence à voir plus loin. L'ère de l'ISS avec sa cour de récré sur invitation compte ses derniers jours. Sur la Lune, où personne ne filtre l'entrée, il faudra compter avec toutes les nouvelles puissances spatiales.

« Un été dans la Lune », *Libération*, 12 juillet au 16 août 2019.

Travail préparatoire

Fiche cours 1
Fiches méthode 2 3

2 heures *Le jour de l'épreuve, vous aurez 4 heures pour traiter la dissertation et l'étude critique de documents : ne consacrez pas plus de 2 heures au traitement de l'étude critique de documents.*

Analyser le sujet

Analyser les documents

- L'exploration de la Lune désigne l'ensemble des démarches mises en œuvre pour connaître et maîtriser le satellite naturel de la Terre : envoi de sondes, vols habités, exploration de la face cachée de la Lune, connaissances de ses composants.
- Le cadre géographique du sujet comprend à la fois la planète Terre et le prolongement des puissances sur la Lune.
- La guerre froide est la période de l'histoire contemporaine s'étendant de 1947 à 1991, pendant laquelle les relations internationales se définissaient par la bipolarisation du monde, entre un bloc occidental autour des États-Unis et un bloc de l'Est autour de l'URSS.
- L'expression « nouveaux acteurs » recouvre ici surtout les nouvelles puissances qui s'affirment dans l'espace.

Les pièges à éviter

- Le document ne fait pas directement allusion aux acteurs privés, aux *startups* du *New Space*.
- Ne sont pas abordées dans les documents d'autres informations importantes : les difficultés techniques des alunissages ; le recueil d'échantillons géologiques ; l'échec indien de 2019 avec l'alunissage manqué sur la face cachée de la Lune.

Les attentes du correcteur

- Le candidat doit montrer que les documents se complètent pour traiter le sujet d'abord chronologiquement, puisque le premier couvre la guerre froide tandis que le second cible la période qui suit. Les documents sont également complémentaires par leur contenu : le premier présente les deux acteurs majeurs et historiques de la conquête spatiale ; le second fait l'état des lieux des nouveaux acteurs asiatiques. Enfin, ils se complètent par leur nature : le premier est un document statistique et le second est plus analytique.

Mobiliser ses connaissances

- Il faut se rappeler les grandes étapes de la conquête lunaire : le premier vol habité en 1961, le défi lancé par J. F. Kennedy de faire marcher l'homme sur la Lune, etc.
- Il faut aussi bien maîtriser les différents acronymes : NASA, CNSA, ISRO, ESA, CNES, ISS...

Problématiser le sujet

Il s'agit de montrer que la conquête lunaire marque d'abord la compétition de la guerre froide, puis l'affirmation d'un monde multipolaire avec l'émergence de nouvelles puissances. La Lune représente aujourd'hui un espace stratégique pour l'acquisition de ressources mais aussi pour d'éventuelles missions vers Mars.

Plan du sujet

I. Les États-Unis et la Russie, les précurseurs de l'exploration lunaire
II. L'affirmation de la puissance spatiale chinoise
III. L'émergence d'autres nouveaux acteurs asiatiques

Corrigé : plan détaillé

Les textes en bleu dans ce corrigé ne doivent pas figurer dans votre devoir. Nous les avons insérés pour vous guider et vous aider à repérer les parties de l'étude critique des documents.

Les conseils du professeur

Introduction

Depuis Jules Verne et Georges Méliès, l'exploration de la Lune a fait rêver des millions de personnes. Cette exploration a été réalisée au XXe siècle et a fait de la Lune le terrain d'expérimentation de la conquête spatiale. Si,

accroche

dans un premier temps, la conquête est réalisée par des sondes, non sans échecs et difficultés, ce sont ensuite des hommes qui participent à l'exploration du satellite.

Le premier document présente l'évolution du nombre de missions lunaires entre 1958 et 1976. Le CNES est le Centre national d'études spatiales qui coordonne le programme spatial de la France (choix des missions dans le cadre de l'ESA, organisation des lancements de satellites, etc.). Si ses documents promotionnels doivent être observés avec un recul critique, comme pour tout document émanant d'un quelconque acteur, les statistiques du CNES sont des données fiables. Le second document est extrait du journal *Libération*, un quotidien national dont la ligne éditoriale est de gauche modérée. Le journal consacre un dossier complet à l'exploration de la Lune en juillet et août 2019, ce qui montre l'engouement, au moins estival, des Français pour ce sujet.

présentation du document

En quoi l'exploration de la Lune est-elle un symbole de la conquête de l'espace et jusqu'à quel point témoigne-t-elle de grandes évolutions géopolitiques ? Nous verrons d'abord que, depuis la guerre froide, la Lune représente un enjeu de puissance pour les États-Unis et la Russie-URSS. Puis, nous nous demanderons comment qualifier l'affirmation de la puissance spatiale chinoise. Enfin, nous étudierons l'émergence d'autres nouveaux acteurs asiatiques, tels que le Japon et la Corée du Sud.

problématique et annonce du plan

I. Les États-Unis et la Russie, les précurseurs de l'exploration lunaire

[argument 1]

L'exploration de la Lune a commencé en pleine guerre froide et a pris la forme d'une course et d'une compétition entre les deux Grands. Le document 1 montre bien l'évolution dans l'exploration lunaire : l'avance soviétique dans les années 1950-1960 ; le rééquilibrage ; la baisse du nombre de missions, notamment américaines, après le premier pas sur la Lune ; le désintérêt progressif des deux Grands dans l'exploration lunaire.

[argument 2]

En 1957, l'exploration spatiale se fait tout d'abord grâce à l'envoi de sondes, comme la sonde soviétique Luna 2 qui est le premier objet à atteindre la Lune le 14 septembre 1959. Dans un second temps, l'exploration de la Lune se fait par des hommes, avec en particulier le programme Apollo entre 1961 et 1972. Ce programme a permis d'envoyer Neil Armstrong et Buzz Aldrin sur la Lune le 21 juillet 1969. Eugene Cernan et Harrison Schmitt sont les derniers astronautes à fouler le sol lunaire en 1972. Si l'exploration de la Lune permet à un État d'afficher sa puissance et sa supériorité, les objectifs scientifiques sont nombreux : analyser le sol de la Lune, analyser la composition du vent lunaire, mesurer la distance Terre-Lune et découvrir la structure, la composition et l'origine de la Lune.

[argument 3]

On assiste à un regain de l'intérêt américain (projet de la NASA et réussite de l'alunisseur Nova-C qui s'est posé en février 2024 à 300 kilomètres du pôle sud de la Lune). Alors que l'Union européenne et la Russie souhaitent mettre en place une exploration de la Lune à des fins scientifiques (exploration de la face sud pour l'UE et sa cartographie pour la Russie), les États-Unis ambitionnent d'aller plus loin en combinant en 2025 l'envoi d'hommes (programme Artemis) à la recherche scientifique. Les États-Unis rappellent que l'exploration passée, actuelle et future de la Lune a permis et permettra des améliorations dans l'étude de la Terre, dans l'étude du Système solaire et dans des domaines tels que la météorologie ou les télécommunications. De plus, les États-Unis, le Canada, le Japon et l'Union européenne collaborent pour concevoir et construire un vaisseau spatial appelé le *Lunar Orbital Platform-Gateway (LOP-G)*. Il sera placé en orbite autour de la Lune. Il se composera de quartiers d'habitation, de laboratoires pour la science et la recherche, ou encore de ports d'amarrage pour les vaisseaux spatiaux en visite. Cette plateforme permettra

On peut préciser qu'en octobre 2020, Dmitry Rogozin, directeur général de l'agence spatiale russe Roscosmos, a déclaré que le programme LOP-G était trop « américano-centré » pour que Roscosmos y participe. En janvier 2021, Roscosmos a annoncé qu'elle quittait définitivement le programme.

d'accéder à une plus grande partie de la surface lunaire. Elle accueillera des missions humaines et robotiques dont l'objectif est la réalisation d'expériences à l'intérieur et à l'extérieur du vaisseau spatial, et le renvoi automatique des données sur la Terre.

On peut rappeler que la plateforme sera aussi une base d'attache pour les expéditions des astronautes sur la Lune et pour les futures missions humaines vers Mars.

[transition]

L'exploration lunaire, longtemps dominée par deux puissances, connaît aujourd'hui un nouvel élan avec l'arrivée de nouveaux acteurs comme la Chine.

II. L'affirmation de la puissance spatiale chinoise

[argument 1]

Le programme spatial chinois est un programme ancien : la première fusée a été lancée en 1970. Ensuite, il y a eu peu de réalisations prestigieuses, mais on remarque une accélération depuis le début des années 2000 avec le lancement du vaisseau Shenzhou-1, le premier chinois dans l'espace ou le lancement de la station spatiale Tiangong-2.

[argument 2]

L'alunissage de l'engin Chang'e 4 sur la face cachée de la Lune le 3 janvier 2019, dans le cratère Von Kármán, est une première mondiale. C'est un tournant dans la conquête spatiale chinoise car c'est la première fois que la Chine devance les autres puissances dans l'espace, comme les Américains ou les Russes. Elle a permis à la Chine de confirmer sa place de nouvelle puissance spatiale, mais également d'afficher son intérêt pour la Lune. Le programme spatial chinois n'a pas seulement vocation à marquer les esprits par des premières mondiales. En effet, la Chine a bien pour objectif d'utiliser les ressources énergétiques lunaires pour son économie : le titane, l'uranium et le minerai de fer, ainsi que sa glace d'eau pour fabriquer sur place des fusées et du carburant.

L'alunissage d'un engin sur la face cachée de la Lune est une opération risquée car il est plus difficile de communiquer avec la face cachée de la Lune : la Chine a donc dû lancer un satellite relais dans un premier temps.

[argument 3]

La Chine envisage d'envoyer un équipage en 2030 et compte installer une base permanente sur la Lune. Cette volonté chinoise pourrait cacher la volonté de Pékin de s'approprier la totalité ou une partie du sol lunaire. Certains analystes américains craignent que l'arrivée des Chinois sur la Lune marque le début d'une nouvelle période de colonialisme, avec un territoire extraterrestre conquis par un État. Cela aurait évidemment de graves conséquences pour les États-Unis, qui perdraient leur actuelle suprématie mondiale face à une Chine devenue maîtresse de l'Univers.

[transition]

L'affirmation de la Chine pousse les autres puissances asiatiques à rester dans la compétition lunaire.

III. L'émergence d'autres nouveaux acteurs asiatiques

[argument 1]

Le développement d'un programme spatial apparaît aujourd'hui comme un attribut indispensable pour tout pays souhaitant être au niveau des grandes puissances. C'est pourquoi tous les prétendants affichent leurs ambitions en ce domaine, même s'ils n'ont pas toujours les moyens de les concrétiser.

[argument 2]

L'Inde est le premier pays asiatique à avoir placé un satellite en orbite autour de Mars en 2014. En août 2023, l'Inde a rejoint le club des nations à avoir réussi un posé lunaire, avec la mission Chandrayaan-3. L'Inde souhaite à présent établir une base lunaire à partir des années 2040. Depuis le lancement de son premier satellite en 1975, l'Inde n'a ainsi cessé de construire sa puissance spatiale. Presque une centaine de satellites indiens sont lancés en orbite depuis 1975, dont une soixantaine envoyés dans l'espace depuis 2010, preuve de l'accélération des ambitions spatiales du pays.

L'Inde ambitionne aussi d'effectuer une mission spatiale vers Vénus.

[argument 3]

Le Japon « est en train d'élargir son programme d'exploration planétaire à la Lune avec un planning chargé » : même si son atterrisseur s'est crashé en avril 2023, le Japon est entré dans le club très fermé des pays qui ont posé un vaisseau sur la Lune en février 2024. La Corée du Sud « commence à voir plus loin » : elle a récemment annoncé son intention d'envoyer un robot sur le satellite naturel de la Terre d'ici la fin de la décennie. D'autres pays se lancent aussi dans la course à l'espace : l'Arabie saoudite et la Turquie s'affrontent pour envoyer la première femme astronaute en orbite.

Conclusion

Les pays émergents souhaitent, par l'exploration lunaire, renforcer l'image de puissance de leur État, mais aussi assurer leur développement en répondant aux besoins en infrastructures de télécommunications. À noter que la Chine souhaite aussi développer son programme spatial à des fins militaires, avec la création de forces spatiales et la multiplication de satellites à vocation militaire. *bilan*

L'exploration de Mars est un autre défi géopolitique : outre les acteurs privés, d'autres acteurs étatiques se positionnent dans la compétition. *ouverture*

SUJET 2

BAC 2022
Polynésie

Conquêtes, affirmations de puissance et rivalités

DISSERTATION

La conquête spatiale, un enjeu idéologique et de puissance.

Fiche cours 1
Fiche méthode 1

Travail préparatoire

2 heures *Le jour de l'épreuve, vous aurez 4 heures pour traiter la dissertation et l'étude critique de documents : ne consacrez pas plus de 2 heures au traitement de la dissertation.*

Analyser le sujet

Définir les mots du sujet

- Par « spatiale », on entend ici le milieu extraterrestre, c'est-à-dire s'étendant au-delà de l'atmosphère terrestre : un milieu hostile, à la conquête récente, enjeu de la guerre froide et aujourd'hui théâtre de l'affirmation des puissances.
- La puissance est la capacité d'influence d'un État sur les autres à l'échelle internationale. Elle peut se traduire par le *hard* et le *soft power* ; elle peut être ancienne et établie ou ascendante et émergente.
- L'affirmation de puissance désigne la manière dont un pays peut démontrer sa force (l'affirmation dans l'espace se traduit par la course à l'espace durant la guerre froide, par le nombre de satellites en orbite, par les programmes d'exploration en cours).

- L'idéologie est un ensemble d'idées générales constituant un système politique, économique et social qui est censé guider le comportement des individus et de la collectivité. La guerre froide voit s'opposer l'idéologie capitaliste et libérale à l'idéologie communiste et socialiste. On peut préciser que cette idéologie communiste est encore en vigueur en Chine au niveau politique et que prévaut dans le pays une « économie socialiste de marché ».

Les pièges à éviter

Il ne s'agit pas de retracer toutes les étapes de la conquête spatiale ni tous ses enjeux : le sujet porte seulement sur les États (pas les acteurs privés) et les enjeux de puissance.

Les attentes du correcteur

Il faut montrer les enjeux géopolitiques de la conquête spatiale à travers la course à l'espace des années 1950 et jusqu'à l'arrivée de nouveaux acteurs (Chine, Inde, etc.). L'ambition est ici d'analyser comment l'espace est devenu un lieu de rivalités et de tensions entre les États, depuis les premiers vols de l'homme dans l'espace jusqu'à nos jours.

Mobiliser ses connaissances

- Il faut montrer que durant la guerre froide, la conquête spatiale a été un enjeu de puissance dans la compétition des deux Grands (l'avance soviétique jusque dans les années 1960 ; le programme Apollo et l'affirmation d'un *leadership* américain ; le programme Apollo-Soyouz ; l'affirmation de deux puissances en quête de détente).
- Il faut aussi souligner les nouveaux enjeux de puissance spatiale dans un monde multipolaire (le maintien du *leadership* américain et, dans une moindre mesure, de la puissance russe ; l'affirmation de nouveaux acteurs : Union européenne, Chine, Inde).

Problématiser le sujet

Le sujet invite à se demander de quelle façon les États utilisent la conquête de l'espace comme un outil d'affirmation de leur idéologie et de leur puissance.

Plan du sujet

I. Des enjeux longtemps liés à l'affrontement entre les États-Unis et l'URSS
II. Les nouveaux défis spatiaux pour les deux Grands
III. Les enjeux spatiaux contemporains

Corrigé : plan détaillé

Les textes en bleu apparaissant dans ce corrigé ne doivent pas figurer dans votre devoir. Nous les avons insérés pour vous guider et vous aider à repérer les parties de la dissertation.

Les conseils du professeur

Introduction

La Seconde Guerre mondiale ayant montré l'importance des technologies de pointe, la plupart des pays développés créent, dès son lendemain, des institutions de recherche aérospatiale.

accroche

La guerre froide entraîne alors une concurrence acharnée entre les États-Unis et l'URSS qui favorise les progrès techniques. La fin de cette rivalité au début des années 1980 modifie profondément les réalités géopolitiques de la « course à l'espace ». Elle se transforme en enjeu économique lié au *soft power* : vitrine technologique et maîtrise des communications satellitaires.

analyse du sujet

Comment les États utilisent-ils la conquête spatiale comme un outil d'affirmation de leur idéologie et de leur puissance ? Pour répondre à cette question, nous verrons d'abord que les enjeux spatiaux ont longtemps été liés à l'affrontement entre les États-Unis et l'URSS. Nous montrerons ensuite que de nouveaux défis spatiaux se sont posés aux deux Grands. Enfin, nous analyserons les enjeux spatiaux contemporains.

problématique et annonce du plan

I. Des enjeux longtemps liés à l'affrontement entre les États-Unis et l'URSS

[argument 1]

Dès 1955, Américains et Soviétiques préparent le lancement d'un satellite artificiel prévu pour 1957. Tandis que le programme américain accumule les échecs, l'URSS de Khrouchtchev parvient à placer sur orbite son satellite (Spoutnik 1) le 4 octobre 1957, créant stupéfaction et inquiétude aux États-Unis. Dès 1958, le président américain Eisenhower décide de créer la *National Aeronautics and Space Administration* (NASA) chargée de coordonner la recherche spatiale au niveau fédéral dans le but de rattraper leur retard supposé sur l'URSS. Immédiatement est lancé le programme « Mercury », qui a pour but d'envoyer le premier homme (un Américain) dans l'espace.

[argument 2]

Le 12 avril 1961, les Soviétiques réussissent un premier vol habité de 108 minutes. L'exploit du cosmonaute Youri Gagarine a un retentissement mondial et semble positionner durablement l'URSS comme la première puissance technologique du moment. Dès le 25 mai 1961, le président Kennedy relève le défi et annonce qu'avant la fin de la décennie, son pays « enverra un homme sur la Lune ». C'est le début du programme Apollo qui devient dès lors une priorité américaine. Le 21 juillet 1969, Apollo 11 alunit et Neil Armstrong devient le premier homme à fouler le sol lunaire.

[argument 3]

Cet événement planétaire qui, dans la réalité, ne distance guère les Soviétiques engagés dans un programme similaire (Luna) est cependant un tournant majeur. Désormais, les États-Unis ont acquis un ascendant psychologique sur les Soviétiques. Ils sont perçus par la communauté internationale comme les vainqueurs de la course à l'espace.

On peut rappeler que la course à l'espace est un outil de propagande. Les morts accidentelles lors des essais ne sont pas révélées au public afin de ne pas nuire à l'image de l'URSS. À l'inverse, l'exploit de Youri Gagarine le 12 avril 1961 est célébré et orchestré par la propagande soviétique.

[transition]

La course à l'espace est un enjeu de la guerre froide : c'est le symbole des tensions entre les États-Unis et l'URSS mais aussi celui de leur rapprochement dans le cadre de la Détente.

II. Les nouveaux défis spatiaux pour les deux Grands

[argument 1]

Les coûts financiers exorbitants et le peu de résultats scientifiques et de retombées économiques concrètes modifièrent la donne dès les années 1970. Les programmes Apollo 18 à 20 sont annulés, tandis que l'URSS s'engage dans l'expérimentation de vols habités (Soyouz). Désormais, il faut privilégier des programmes moins chers (coopération internationale) et les vols de longue durée dans l'exo-atmosphère.

[argument 2]

Le 17 juillet 1975, Alexeï Leonov et Tom Stafford se serrent la main lorsque les vaisseaux Soyouz et Apollo s'arriment l'un à l'autre dans l'espace. C'est la première mission de coopération entre les deux blocs ; elle illustre la Détente après des années d'affrontement dans la course à la Lune. Trois années de développement et de préparation sont nécessaires pour réussir cette mission. L'arrimage et la poignée de main des deux astronautes sont diffusés en direct à la télévision. Des expériences scientifiques communes sont ensuite réalisées pendant 24 heures. Le succès de cette mission est retentissant sur le plan technique, mais l'impact est avant tout politique : Soviétiques et Américains montrent au monde qu'ils peuvent travailler ensemble.

À la suite de cette mission, Apollo n'a plus jamais volé, contrairement à Soyouz qui embarque régulièrement des astronautes américains. Depuis 1996, les deux pays continuent à collaborer au sein de la station spatiale internationale dont ils sont les deux principaux contributeurs.

[argument 3]

Les deux grandes puissances expérimentent, chacune de leur côté, un programme de station spatiale (Skylab pour les États-Unis et Saliout, puis Mir pour l'URSS) et parviennent à y maintenir un équipage pendant plusieurs mois. Parallèlement, elles développent des navettes spatiales dans le but de réduire les coûts de lancement des satellites mais seuls les États-Unis mènent leur programme jusqu'au bout. La navette spatiale américaine effectue plus de 130 vols entre 1981 et 2011. Elle est ensuite abandonnée à cause de ses aléas techniques et de son coût de revient prohibitif.

[transition]

À partir de la fin des années 1970, la conquête de l'espace n'est plus limitée aux seules grandes puissances traditionnelles (États-Unis, URSS).

III. Les enjeux spatiaux contemporains

[argument 1]

L'Union européenne s'affirme, depuis 1979, comme l'un des acteurs majeurs de l'économie spatiale. Depuis le pas de tir de Kourou (en Guyane), la fusée Ariane, à la technologie principalement française, envoie dans l'espace avec succès 5 à 7 satellites tous les ans. Fondée en 1980, la société de droit privé Arianespace, dépendant cependant à près de 80 % de capitaux publics et privés français et allemands, se définit comme un « opérateur de systèmes de lancement ». Elle envoie près de la moitié des satellites géostationnaires mondiaux aussi bien pour des États (17 à ce jour) que pour des organisations privées (Intelsat). Elle est aujourd'hui principalement concurrencée par International Launch Services (États-Unis), China Great Wall Industry Corporation (Chine) et Antrix (Inde).

[argument 2]

La Chine a envoyé son premier satellite (Dong Fang Hong) dans l'espace en 1970, puis un vaisseau spatial habité (Shenzhou) en 2003, ainsi qu'une station spatiale (Tiangong) en 2011. Enfin, depuis octobre 2022, une nouvelle station, la CSS, est fonctionnelle. Placée sur orbite basse (à environ 400 km de la Terre), elle a pour but de mener des expériences sur la microgravité et de former des astronautes chinois aux futurs vols extra-atmosphériques de très longue durée.

Le tourisme spatial reste encore dominé par les anciennes puissances. L'agence américaine Space Adventures propose déjà aux particuliers quelques vols en orbite dans la station spatiale internationale pour plus de 20 millions de dollars la place. Le marché intéresse aussi la société russe Roscosmos.

[argument 3]

Les pays émergents développent des programmes spatiaux mais leurs objectifs divergent et leurs résultats demeurent à ce jour inférieurs aux résultats des grandes puissances spatiales traditionnelles (63 satellites indiens sont en orbite aujourd'hui contre 490 satellites britanniques, par exemple). La différence du *space power* est criante si on considère le nombre d'astronautes envoyés dans l'espace : 11 pour la Chine contre 41 pour l'Union européenne. Néanmoins, le développement du *space power* des pays émergents suscite des tensions aussi bien entre ces pays eux-mêmes qu'entre eux et les grandes puissances.

Utilisez les bons termes : « astronaute » ou « spationaute » (plus rare) s'appliquent à tous les voyageurs spatiaux humains, quelle que soit leur nationalité ; toutefois, on dit « cosmonaute » pour la Russie ou l'Union soviétique et « taïkonaute » pour la Chine.

Conclusion

La course à l'espace illustre plus que tout autre les enjeux idéologiques et de puissance et les rivalités qui en découlent. La guerre froide a d'abord été un accélérateur de la conquête spatiale et a fait de l'espace un lieu de rapprochement entre les États-Unis et l'URSS. L'espace est devenu au fil du temps un terrain d'affrontement entre les puissances spatiales traditionnelles (États-Unis, Russie) et les puissances émergentes (Chine, Inde). Ceux qui aspirent à jouer un rôle toujours plus important reprennent d'ailleurs souvent les codes de la rivalité du temps de la guerre froide.

bilan

La conquête des océans et des fonds marins révèle elle aussi de puissants enjeux géopolitiques.

ouverture

SUJET 3

BAC 2022
Asie-Pacifique

Enjeux diplomatiques et coopérations

DISSERTATION

Les océans et l'espace : quelles coopérations internationales ?

Travail préparatoire

Fiches cours 1 2
Fiche méthode 1

2 heures *Le jour de l'épreuve, vous aurez 4 heures pour traiter la dissertation et l'étude critique de documents : ne consacrez pas plus de 2 heures au traitement de la dissertation.*

Analyser le sujet

Définir les mots du sujet

- Le sujet s'inscrit dans le thème 1 « De nouveaux espaces de conquête ». Certains éléments traités dans l'ensemble du thème peuvent être mobilisés, mais c'est bien l'axe 2 « Enjeux diplomatiques et coopérations » qui constitue le cœur du sujet.
- On peut définir les océans comme des vastes étendues du globe terrestre couvertes par l'eau de mer et comprises entre deux continents. L'océan mondial régule à plus de 80 % le climat de la Terre et abrite la majorité des espèces vivantes sur Terre.
- L'espace est la partie éloignée de la Terre appelée extra-atmosphérique, non soumise à la gravité terrestre, où la densité de l'air permet la sustentation des aéronefs.
- Les coopérations internationales désignent les formes de collaboration de plusieurs pays sur un sujet donné généralement officialisées par un traité, un accord ou bien une déclaration.

Les pièges à éviter

Si l'un des deux domaines (espace/océans) est surreprésenté, on ne pénalisera pas votre copie tant que la problématique est traitée. En revanche, il faut éviter de les traiter dans deux parties différentes. De même, il est préférable de ne pas consacrer une première partie de la dissertation aux enjeux de la conquête des nouveaux espaces.

Les attentes du correcteur

Le sujet s'intéresse aux coopérations internationales rendues nécessaires par des intérêts communs. L'appropriation et l'usage de nouveaux espaces océaniques et extra-atmosphériques appellent une gestion concertée et la définition commune d'un cadre légal pour réguler leur exploration, leur exploitation et leur protection.

Mobiliser ses connaissances

On attend dans la copie la présence de notions bien définies (droit de la mer, liberté de navigation...) et d'exemples approfondis (ISS, une zone gérée par l'AIFM, une aire marine protégée au niveau international...).

Problématiser le sujet

La problématique attendue est de ce type : Comment répondre aux enjeux géopolitiques de la découverte et de l'exploitation de l'espace, des mers et des océans ? Quelles sont les formes des coopérations internationales entre acteurs publics et privés dans le domaine de la conquête des nouveaux espaces, et ce à différentes échelles (mondiale, continentale, etc.) ?

Plan du sujet

I. Un défi diplomatique : créer de nouvelles règles pour les nouveaux espaces de conquête
II. Une coopération en construction dans l'espace, les mers et les océans
III. Les limites de la coopération dans les nouveaux espaces de conquête

Corrigé : plan détaillé

Les textes en bleu apparaissant dans ce corrigé ne doivent pas figurer dans votre devoir. Nous les avons insérés pour vous guider et vous aider à repérer les parties de la dissertation.

Introduction

Les conseils du professeur

Après plus d'une décennie de discussions, un accord historique a été trouvé en mars 2023 à l'ONU, sur la protection de la haute mer.

accroche

Les espaces océaniques mais aussi extra-atmosphériques sont devenus au fil du temps des espaces de conquête et une source de rivalités et d'inégalités entre États. Tant pour leur découverte et leur exploitation, qui appellent des efforts technologiques et financiers considérables, que pour leur gestion et leur préservation, les États sont amenés à coopérer en suivant des intérêts communs. Les États sont à la fois les acteurs de la conquête, mais aussi les législateurs d'une gestion négociée de ces nouveaux espaces. Ils participent à des pourparlers à l'échelle mondiale sous l'égide de l'Organisation des Nations unies, mais aussi à l'échelle continentale dans le cadre d'organisations de coopération régionale.

analyse du sujet

Comment répondre aux enjeux géopolitiques de la découverte et de l'exploitation de l'espace, des mers et des océans ? Nous verrons d'abord que la création de nouvelles règles pour les nouveaux espaces de conquête représente un enjeu diplomatique majeur. Puis nous nous interrogerons sur la coopération en construction dans l'espace, les mers et les océans. Enfin, nous analyserons les limites de la coopération dans les nouveaux espaces de conquête.

problématique et annonce du plan

I. Un défi diplomatique : créer de nouvelles règles pour les nouveaux espaces de conquête

[argument 1]

Juridiquement, le Traité de l'espace de 1967 octroie aux États le droit de donner l'autorisation ou non aux entreprises privées d'avoir un accès à l'espace. Par ce traité, l'ONU établit aussi l'absence de propriété et de souveraineté de l'espace. Ce traité met en place une non-militarisation de l'espace et des corps célestes, une non-appropriation de ressources et territoires et réserve ainsi l'exploration spatiale à des fins pacifiques.

Le droit de la mer, quant à lui, règle les rapports entre États concernant l'utilisation de la mer et l'exercice de leurs pouvoirs sur les espaces maritimes. Ce droit garantit la libre circulation des navires. Chaque État doit accorder à tout navire un droit de passage dans les eaux placées sous sa souveraineté, à condition toutefois que ce passage ne menace pas la sécurité ou ne se compose pas de flux irréguliers. La liberté de poser des câbles sous-marins y est également assurée.

Le droit de la mer trouve son origine dans l'ouvrage *Mare Liberum* du juriste Grotius (1609) et dans les tentatives de régulation ultérieures, comme celles de la SDN en 1930.

[argument 2]

L'ONU a commencé à codifier le droit de la mer à partir de 1967 à l'initiative de l'ambassadeur de Malte, Arvid Pardo. La convention de Montego Bay ou Convention des Nations unies sur le droit de la mer (CNUDM), signée en 1982, définit les droits des États sur les Zones économiques exclusives (ZEE). Depuis 1996, l'ONU s'est dotée d'un Tribunal international du droit de la mer (TIDM) pour régler les litiges, qui oblige les États à régler leurs conflits de manière pacifique.

On peut préciser que trois Conférences des Nations unies sur le droit de la mer ont été organisées entre 1956 et 1982. Des diplomates, des scientifiques, des juristes de chaque État ont participé aux négociations et rédigé des lois. Ces conférences ont abouti à la signature par 117 États de la CNUDM à Montego Bay (Jamaïque) en 1982.

[argument 3]

La ZEE désigne l'espace maritime qui s'étend sur 200 milles marins (370 km) à partir du rivage, et sur lequel un État riverain dispose de l'exclusivité d'exploitation des ressources. La haute mer, au-delà de la limite de la ZEE, n'appartient à aucun État. Les ressources y sont considérées comme « patrimoine commun de l'humanité » et leur exploitation est encadrée par l'Autorité internationale des fonds marins (AIFM) de l'ONU. La pêche y est libre, dans la limite d'accords internationaux visant à sauvegarder certaines espèces, comme celui de 1995 portant sur les poissons migrateurs. L'AIFM a pour but de sécuriser l'accès aux ressources et d'en garantir l'exploitation, comme dans la zone de fracture Clarion-Clipperton.

[transition]

Au-delà des tentatives internationales de législation, des projets de coopération sont menés par les États dans les nouveaux espaces de conquête.

II. Une coopération en construction dans l'espace, les mers et les océans

[argument 1]

Coopérer, c'est d'abord se partager les efforts considérables pour l'exploration et l'exploitation des nouveaux espaces de conquête : la station spatiale internationale (ISS) est le symbole de coopérations pacifiques sur les plans financier, technologique, scientifique pour développer la recherche. L'ISS fut assemblée à la fin des années 1990 et de nombreux États lui apportent des investissements et une expertise : le Canada les bras robotiques, l'Union européenne les cargos de ravitaillement et la Russie l'optimisation de l'apport d'oxygène. C'est aussi la Russie qui assure le transport des spationautes jusqu'à la station. Les membres permanents de l'ISS sont les États-Unis, la Russie, l'ESA, le Japon et le Canada. De nouvelles collaborations émergent avec les entreprises spatiales privées, comme SpaceX et Boeing, à qui la NASA a confié le futur transport vers l'ISS. Le *New Space* désigne le nouvel âge spatial caractérisé par la multiplication des acteurs, notamment privés, et la redéfinition des objectifs de la conquête spatiale.

On peut rappeler qu'une agence spatiale est un organisme chargé de coordonner l'activité spatiale à l'échelle d'un pays ou d'un groupe de pays (NASA aux États-Unis, Roscosmos en Russie, ESA en Europe...). L'ESA (en français, Agence spatiale européenne) est une agence chargée de l'étude et des usages civils de l'espace. Elle regroupe 22 pays européens mais est distincte de l'Union européenne.

[argument 2]

Coopérer, c'est aussi participer à des négociations pour la préservation de l'espace, des mers et des océans à différentes échelles. À l'échelle mondiale, c'est dans la logique de la nécessaire préservation d'un bien commun de l'humanité que l'ONU a ouvert des discussions sur la biodiversité marine des zones ne relevant pas de la juridiction nationale. Le traité, signé en mars 2023, permet d'établir des zones marines protégées à grande échelle en haute mer, afin de protéger au minimum 30 % des océans d'ici 2030. Pour la première fois, le traité exige également d'évaluer l'impact des activités économiques sur la biodiversité en haute mer. Les pays en développement sont soutenus dans leur mise en œuvre du traité, notamment pour l'exploitation des ressources marines. Les aires marines protégées (AMP) sont gérées internationalement (sites européens Natura 2000, espaces classés à l'UNESCO, aire de protection des mammifères marins de l'Atlantique). À l'intérieur d'une AMP, certaines activités sont limitées, voire interdites, pour répondre à des objectifs de conservation, de protection de l'habitat, de suivi de l'écosystème ou de gestion des pêcheries.

[argument 3]

À l'échelle continentale, des coopérations sont menées dans le cadre d'organisations régionales ; on peut citer l'exemple des Accords de partenariat dans le domaine de la pêche durable (APPD) entre l'Union européenne et une dizaine d'États d'Afrique de l'Ouest. Ces accords visent à permettre aux flottes européennes d'avoir accès aux stocks halieutiques excédentaires non capturés par les flottes locales des États côtiers africains. Ces derniers doivent en échange développer des pratiques de pêche durable, respectueuses de la biodiversité.

Un autre exemple intéressant est celui du Conseil de l'Arctique, forum intergouvernemental qui réunit 8 États riverains et associe les peuples autochtones de la région polaire pour promouvoir le développement durable.

[transition]

En quoi cette coopération pour les nouveaux espaces de conquête reste-t-elle limitée ?

III. Les limites de la coopération dans les nouveaux espaces de conquête

[argument 1]

Paradoxalement, la définition des droits des États sur les ZEE a renforcé la concurrence pour l'appropriation des espaces maritimes ; les îles sont particulièrement disputées, même lorsqu'elles sont de petite taille (îles Kouriles, îles Éparses). Les revendications chinoises en mer de Chine méridionale sont exemplaires du vide juridique existant encore sur la définition précise des îles et la réticence des autorités internationales à sanctionner le pays pour ses accaparements territoriaux. De même, les accords Artémis (2020) sur la Lune et Mars prévoient l'existence de « zones de sécurité » qui risquent de raviver les rivalités d'appropriation de l'espace.

La zone autour des îles Spratleys est source de vives tensions diplomatiques entre la Chine, Taïwan, le Vietnam, les Philippines, la Malaisie et Brunei. Les alentours de ces récifs coralliens recèlent de pétrole, de gaz et d'une importante ressource halieutique, qui voient en outre passer un tiers du trafic maritime mondial.

[argument 2]

La coopération n'efface pas le poids des grandes puissances. Certains États rechignent à voir leur souveraineté limitée par les conventions internationales. Par exemple, les États-Unis ne sont pas signataires de la convention de Montego Bay. Concernant l'ISS, le financement reste majoritairement américain et le transport des équipages est assuré uniquement par la Russie depuis 2011. On assiste aussi à une mise en avant des fiertés nationales (large usage des réseaux sociaux par Thomas Pesquet).

On peut mentionner l'exemple de la CSS, la grande station modulaire chinoise (programme Tiangong) dont l'assemblage a été terminé en novembre 2022. Seule la Chine possède actuellement en nom propre une telle station : l'amendement Wolf en 2011 signifiait l'interdiction par le Congrès américain de toute collaboration entre NASA et CNSA.

[argument 3]

Pays émergents et pays en développement restent souvent perdants dans les projets de coopération. Des ONG environnementales reprochent à l'AIFM d'accorder des permis d'exploitation dans des zones susceptibles d'être protégées. De même, les accords APPD suscitent des critiques : surpêche et mise en difficulté des populations qui vivent de la pêche sur les littoraux d'Afrique de l'Ouest ; cela a provoqué le retrait de plusieurs pays de ces accords (Gabon).

Conclusion

bilan

Les enjeux internationaux liés aux nouveaux espaces de conquête (réglementation, délimitation, propriété, etc.) nécessitent une coopération poussée entre États. Les défis sont si nombreux qu'ils obligent à dépasser les rivalités entre les nations qui collaborent. La coopération pour l'ISS en est un bon exemple : la Russie n'a connu aucune suspension suite à l'invasion de la Crimée en 2014, alors même que ce coup de force entraînait une multiplication des sanctions économiques et diplomatiques à son égard par l'Europe et les États-Unis.

ouverture

Si la Russie a annoncé durant l'été 2022 sa volonté de mettre fin à sa participation à l'ISS, cela ne devrait pas intervenir avant fin 2028, par le déploiement de son propre complexe orbital (ROS).

SUJET 4

Enjeux diplomatiques et coopérations

ÉTUDE CRITIQUE DE DOCUMENT

En analysant le document et en vous appuyant sur vos connaissances, montrez que l'espace indo-pacifique est marqué par des enjeux maritimes spécifiques, des rivalités mais également des formes de coopération entre les grandes puissances.

DOCUMENT

Les enjeux géostratégiques de l'Indo-Pacifique.

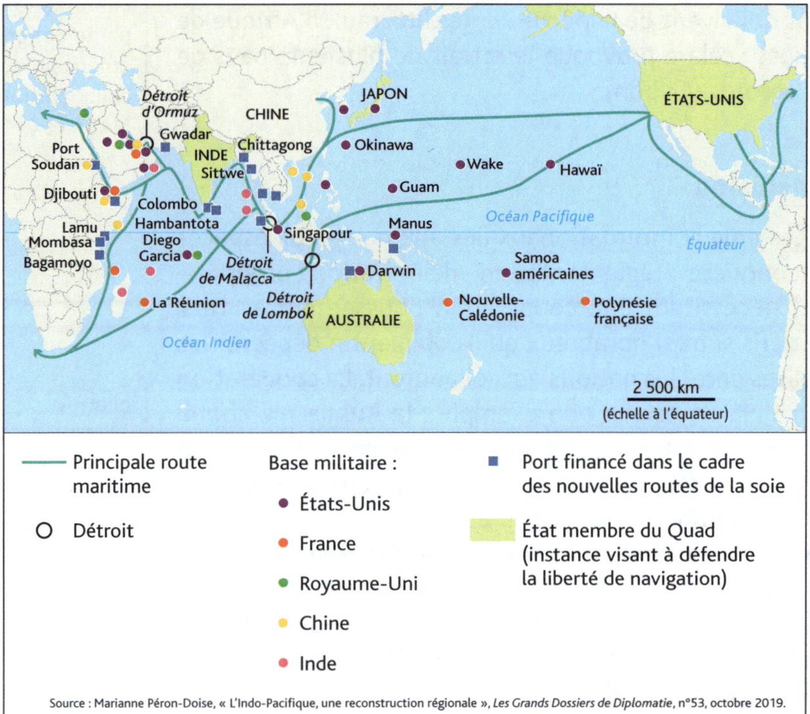

Source : Marianne Péron-Doise, « L'Indo-Pacifique, une reconstruction régionale », *Les Grands Dossiers de Diplomatie*, n°53, octobre 2019.

Fiches cours 1 2
Fiches méthode 2 3

Travail préparatoire

2 heures *Le jour de l'épreuve, vous aurez 4 heures pour traiter la dissertation et l'étude critique de documents : ne consacrez pas plus de 2 heures au traitement de l'étude critique de documents.*

Analyser le sujet

Analyser le document

- L'« Indo-Pacifique » étend l'« Asie-Pacifique » – concept en vogue de la fin du XXe siècle – au sous-continent indien et à l'océan qui l'entoure. Concentrant 60 % de la population mondiale et un tiers du commerce international, la région indo-pacifique constitue un espace stratégique. La superficie de l'espace maritime y dépasse souvent celle des terres émergées et, à l'exception du Laos, tous les pays de la région bénéficient d'une façade maritime, de plus en plus aménagée et intégrée dans les réseaux économiques nationaux, régionaux et mondiaux.
- Néanmoins, le contexte sécuritaire de cet espace est en dégradation. La compétition entre la Chine et les États-Unis se superpose à une mosaïque de tensions : crise nord-coréenne, conflits territoriaux ou conséquences sécuritaires du changement climatique.
- Les espaces maritimes sont aujourd'hui pris dans une logique de fragmentation en raison des nouveaux enjeux stratégiques et économiques liés à leur contrôle. Ils sont le lieu d'une compétition exacerbée pour l'exploitation des ressources halieutiques et énergétiques et d'une affirmation de puissance de la part des États qui défendent leurs frontières maritimes ou en revendiquent l'extension.

Les pièges à éviter

Le document se rattache à la fois à l'axe 1 (Conquêtes, affirmations de puissance et rivalités), à l'axe 2 (Enjeux diplomatiques et coopérations) et à l'objet de travail conclusif (La Chine : à la conquête de l'espace, des mers et des océans). Il ne faut donc pas oublier de traiter les différents aspects du sujet !

Les attentes du correcteur

Le candidat doit montrer que la carte proposée apporte une réponse aux questions posées mais qu'elle comporte aussi des manques.

Mobiliser ses connaissances

Il faut mobiliser ses connaissances géographiques et géopolitiques sur l'ASEAN, sur le détroit de Malacca, sur la cité-État de Singapour, sur la stratégie chinoise de la BRI, sur les conflits en mer de Chine méridionale, sur les possessions ultramarines françaises, etc.

Problématiser le sujet

Il s'agit de montrer que l'espace indo-pacifique est marqué par des enjeux maritimes spécifiques, des rivalités entre les grandes puissances mais également des formes de coopération.

Plan du sujet

I. Les enjeux maritimes de l'Indo-Pacifique
II. Rivalités et formes de coopération entre les grandes puissances
III. Une carte avec des informations à compléter

Corrigé : plan détaillé

Les textes en bleu apparaissant dans ce corrigé ne doivent pas figurer dans votre devoir. Nous les avons insérés pour vous guider et vous aider à repérer les parties de l'étude critique des documents.

Les conseils du professeur

Introduction

accroche

L'espace indo-pacifique est une nouvelle construction géographique qui s'étend du sous-continent indien jusqu'à la Chine et aux pays d'Asie du Nord-Est, et qui borde les océans Indien et Pacifique.

Le document est une carte. Marianne Peron-Doise est officier de marine de formation, actuellement chercheuse à l'Institut de recherche stratégique de l'École militaire. Elle a dirigé le numéro « Indo-Pacifique, géopolitique d'un nouveau théâtre d'influence », des Grands Dossiers de la revue *Diplomatie* (octobre 2019).

présentation du document

En quoi l'espace indo-pacifique est-il marqué par des enjeux maritimes spécifiques, des rivalités mais également des formes de coopération entre les grandes puissances ? Nous verrons d'abord quels sont les enjeux maritimes de l'Indo-Pacifique. Puis, nous nous demanderons quelles sont les rivalités et les formes de coopération entre les grandes puissances. Enfin, nous compléterons les informations que la carte ne permet pas de fournir sur le sujet.

problématique et annonce du plan

I. Les enjeux maritimes de l'Indo-Pacifique

[argument 1]

La carte permet de dégager trois grands domaines d'enjeux stratégiques pour les grandes puissances : des enjeux économiques (route maritime principale, création de ports dans le cadre des nouvelles routes de la soie) ; des enjeux liés à la liberté de navigation (contrôle des détroits et États membres du Quad) ; des enjeux politiques et militaires (territoires ultramarins européens, bases militaires de cinq grandes puissances).

[argument 2]

Chaque puissance cherche à développer sa présence dans l'Indo-Pacifique en implantant des bases militaires dans ses territoires ultramarins ou dans des pays alliés. La politique chinoise vise à financer des ports dans des États tiers, dans le cadre de la création des nouvelles routes de la soie permettant de relier la Chine à l'Europe et l'Afrique.

7 000 militaires français sont déployés de façon permanente. Ces forces sont principalement actives dans l'océan Indien et dans l'océan Pacifique sud et exercent, par conséquent, une influence

[argument 3]

La France est une puissance souveraine de l'Indo-Pacifique par sa population (1,6 million de citoyens français) et ses territoires ultramarins qui représentent 10 des 11 millions de km² de sa ZEE. L'Indo-Pacifique est une région cruciale pour son économie : plus d'un tiers des exportations françaises hors UE sont à destination de la région et en retour, elle représente plus de 40 % de ses importations, hors UE. La France y renforce donc sa présence considérant la stabilité de cette zone comme une des priorités de sa politique de sécurité. Pour autant, la présence militaire française dans l'Indo-pacifique demeure réduite, en partie du fait de la faiblesse des budgets alloués à ces questions.

limitée dans l'océan Pacifique nord, où se concentrent pourtant des enjeux stratégiques importants, à l'image des conflits en mer de Chine.

[transition]

La multitude d'enjeux débouche sur un certain nombre de rivalités et de tentatives de coopération.

II. Rivalités et formes de coopération entre les grandes puissances

[argument 1]

Les rivalités entre les grandes puissances s'expriment à travers la multiplication des bases militaires dans la région, alors que la coopération est représentée par les États membres du Quad qui visent à défendre la liberté de navigation. Dans le cadre du Dialogue quadrilatéral pour la sécurité (Quad), États-Unis, Inde, Australie et Japon se réunissent régulièrement pour discuter stratégie dans l'espace indo-pacifique, face au géant chinois.

[argument 2]

En Indo-Pacifique, la mer est le support de l'une des principales routes maritimes du monde. Le détroit de Malacca en est un point de passage majeur, à l'articulation entre les lignes transocéaniques reliant les océans Indien et Pacifique, la grande route circumterrestre est-ouest du commerce mondial et des lignes intra-asiatiques. Les flux de navires, vraquiers comme porte-conteneurs, ne cessent d'y augmenter, faisant du détroit et du port de Singapour qui lui est étroitement associé, un goulet d'étranglement exposé à la piraterie. L'étroitesse du détroit participe de sa dimension géostratégique pour les États riverains, mais aussi pour le reste de la planète et en particulier pour la Chine, dont une part très importante des importations et des exportations repose sur l'accessibilité du détroit.

On peut préciser que l'inquiétude de Pékin est souvent évoquée dans la presse chinoise sous le nom de « dilemme de Malacca » et justifie les opérations militaires en mer de Chine méridionale, au nom d'une nécessaire sécurisation des voies d'accès maritimes.

[argument 3]

Rappelons que depuis le milieu des années 1970, les litiges territoriaux se sont exacerbés en mer de Chine méridionale, devenue un point chaud de confrontation entre les pays de la région et le grand voisin chinois. Deux archipels cristallisent en particulier les tensions : les Paracels, revendiquées par la Chine et le Vietnam, et, plus au sud, les îles Spratley, également revendiquées par la Chine et le Vietnam, mais aussi par Taïwan, les Philippines, la Malaisie et Brunei. Durant les dernières décennies, ces États se sont lancés dans une course à l'occupation des îlots et des récifs afin d'en revendiquer la souveraineté. Les différends prennent la forme d'arraisonnements de bateaux de pêche, d'accusations croisées, d'aménagements sur des sites contestés d'infrastructures économiques et militaires et d'accrochages militaires plus directs.

[transition]

L'échelle de la carte ne permet pas de faire apparaître les tensions en mer de Chine ou les multiples espaces insulaires de la région. Comment compléter cette carte ?

III. Une carte avec des informations à compléter

[argument 1]

La carte est un planisphère pacifico-centré. On relève l'usage d'un seul figuré de surface permettant de repérer facilement certaines grandes puissances de cet espace : Inde, Japon, Australie et États-Unis. L'usage d'un seul figuré linéaire permet aussi de repérer facilement les principales routes maritimes reliant les différents continents. Les nombreux figurés ponctuels représentent la diversité et le déploiement des bases et points d'appui des grandes puissances dans l'espace indo-pacifique.

[argument 2]

De nombreux enjeux spécifiques à la région ne sont pas représentés sur la carte : concernant les enjeux territoriaux, la délimitation et l'extension des ZEE pouvant générer des conflits ; au niveau des enjeux politiques, l'expansion de la Chine en mer de Chine, les menaces de la Corée du Nord, la lutte contre la piraterie et les trafics

Il ne faut pas hésiter à mentionner les autres enjeux qui existent : l'impact économique et sanitaire de la Covid-19, les préoccupations

illégaux ; concernant les enjeux environnementaux, la protection de la biodiversité et les conséquences du dérèglement climatique ; parmi les enjeux économiques, l'exploitation des ressources marines ou encore le développement des activités touristiques.

touchant le cyberespace, les technologies critiques, le terrorisme...

[argument 3]

La région demeure, par exemple, un haut lieu des activités de pêche. Avec la montée en puissance de l'aquaculture, venue compléter la pêche côtière et hauturière, l'Indo-Pacifique compte parmi les producteurs et exportateurs les plus importants au monde. La région produit une part importante des ressources halieutiques mondiales, en particulier dans les golfes du Tonkin et de Thaïlande, au large de Bornéo et dans les archipels philippins et indonésiens. Les enjeux économiques sont tels que les gouvernements sont nombreux à mettre en œuvre de grands plans de valorisation des ressources maritimes, comme la « révolution bleue », lancée en 2010 en Indonésie, et le « plan de promotion de l'économie maritime », en 2017 au Vietnam. Rappelons qu'outre les aspects économiques, assurer la présence de pêcheurs en mer participe aussi d'une dimension symbolique, puisqu'elle devient un argument géostratégique de revendication de souveraineté.

Ces zones sont aujourd'hui menacées de surpêche.

Conclusion

Début novembre 2020, frégates et hélicoptères des marines américaine, australienne, japonaise et indienne se sont entraînés de concert dans le golfe du Bengale, dans le cadre des exercices « Malabar ». Ces manœuvres tactiques de haut niveau témoignent à la fois des enjeux de coopération et des rivalités en Indo-Pacifique. Le président Biden s'efforce de rallier activement alliés et partenaires asiatiques et européens au sein d'un bloc des démocraties indo-pacifiques incarné par un « Quad plus » au format multidimensionnel (avec notamment la Corée du Sud, Singapour, le Royaume-Uni et peut-être la France).

bilan

On peut se demander si les relations Chine-Russie pourraient contrebalancer ce futur « Quad plus » indo-pacifique.

ouverture

SUJET 5

La Chine : à la conquête de l'espace, des mers et des océans

DISSERTATION

Par la conquête de nouveaux espaces, la Chine est-elle en passe de devenir la première puissance mondiale ?

Travail préparatoire

Fiche cours 3

Fiche méthode 1

2 heures

Le jour de l'épreuve, vous aurez 4 heures pour traiter la dissertation et l'étude critique de documents : ne consacrez pas plus de 2 heures au traitement de la dissertation.

Analyser le sujet

Définir les mots du sujet

En posant une question de prospective, il ne s'agit pas de jouer aux devinettes ou de poser une question théorique mais bien de débattre, en tenant compte de la situation contemporaine ou encore des enjeux de la puissance maritime et spatiale chinoise en construction.

Les pièges à éviter

Il ne s'agit pas ici de présenter son point de vue mais bien d'avancer des arguments de réponse aux questions suivantes : la Chine a-t-elle les moyens de réaliser ses ambitions ? Quels défis doit-elle encore relever pour y parvenir ? Quelles résistances rencontrera-t-elle ? Toutes ces questions ne relèvent pas de la supposition, mais bien de la géopolitique.

Les attentes du correcteur

Il faut montrer qu'au XXIe siècle, la Chine met fin à une histoire continentale séculaire pour repartir à l'assaut des océans et se lancer dans l'aventure spatiale. D'abord à l'échelle régionale, puis mondiale, la Chine se positionne comme puissance globale puisqu'elle transcende les échelles et joue la complémentarité terre-mer-air (voire espace).

Mobiliser ses connaissances

Tributaire des matières premières pour son développement et de ses marchés d'exportation pour son commerce, la Chine est obligée d'intégrer la conquête des océans dans son projet d'affirmation. La conquête des océans est construite en deux temps. D'abord, c'est l'échelle régionale qui est visée en territorialisant les mers bordières à partir des îlots revendiqués et/ou occupés. Ensuite, c'est l'échelle mondiale qui est ambitionnée avec la 21st *silk road initiative* comme colonne vertébrale et des bâtiments de haute mer comme outils : porte-avions, SNLE. Il en va de même pour la conquête spatiale qui permet de faire entrer la Chine dans le club des grandes puissances tout en lui donnant les outils de sa projection mondiale. Le projet spatial qu'elle a d'abord développé dans un cadre purement militaire s'affranchit progressivement du *hard power* pour devenir une composante essentielle de son *soft power*.

Problématiser le sujet

Le sujet invite à se demander si la Chine est en train de se placer en position de *leadership* mondial dans la maîtrise des océans et de l'espace.

Plan du sujet

I. Par les mers, la Chine consciente d'être au « centre du monde »
II. Dans l'espace, une Chine désormais conquérante

Corrigé : plan détaillé

Les textes en bleu apparaissant dans ce corrigé ne doivent pas figurer dans votre devoir. Nous les avons insérés pour vous guider et vous aider à repérer les parties de la dissertation.

Les conseils du professeur

Introduction

En reprise d'une vision historique (Mackinder, Mahan et Spykman, défenseur du Rimland), les développements de la mondialisation et la logique multipolaire revalorisent l'idée « d'un seul océan mondial, de l'Atlantique au Pacifique ». Mais le centre de gravité de l'espace maritime planétaire se situe désormais dans le périmètre chinois des deux océans contigus Indien et Pacifique. Longtemps première puissance mondiale, la Chine a retrouvé les moyens de s'installer à nouveau au sommet de la hiérarchie des puissances au début du XXIe siècle.

accroche

La Chine bouleverse les données géopolitiques du monde, notamment en ce qui concerne les mers et les océans. De même, l'effort sans précédent que la Chine fournit pour s'assurer une place prépondérante dans la maîtrise de l'espace exo-atmosphérique illustre son nouvel appétit de puissance dans un domaine jusque-là chasse gardée des Occidentaux. La conquête des océans et celle de l'espace sont les deux faces d'une même médaille, celle de l'affirmation d'un pays qui veut redevenir une grande puissance.

analyse du sujet

Par la conquête de nouveaux espaces, la Chine est-elle en passe de devenir la première puissance mondiale ? Pour répondre à cette question, nous verrons d'abord que l'affirmation de la puissance passe par la maîtrise des mers et des océans. Nous montrerons ensuite que cette appropriation est couplée à celle de l'espace exo-atmosphérique.

problématique et annonce du plan

I. Par les mers, la Chine consciente d'être au « centre du monde »

[argument 1]

Première bénéficiaire de la mondialisation actuelle, la Chine s'adapte aux temps présents mais sans rupture avec la nécessaire continuité historique. Après le maoïsme, elle a renoué avec le néoconfucianisme selon lequel « l'art de la guerre, c'est de soumettre l'ennemi sans combat » (Sun Tzu). Dans la perception historique qu'il a de lui-même, l'État chinois est toujours soumis à l'invariant séculaire de maintenir l'intégrité d'un immense territoire pluriethnique, par le biais d'une politique de centralisation autoritaire (intransigeance envers les problématiques du Tibet, du Xinjiang, de Taïwan, des îles Paracels) souvent critiquée sur la scène internationale. L'État a l'ambition d'élargir le périmètre de la civilisation chinoise par son poids démographique, la stratégie d'extension de sa diaspora, l'achat de terres agricoles en Afrique (la « Chinafrique »), ainsi que par une politique d'investissements économiques et financiers en Europe et dans le bassin de la Méditerranée.

Les nouvelles routes commerciales empruntent le même itinéraire que la flotte lancée par l'empereur Yongle (1402-1424) et dirigée par l'amiral Zheng He. En 2017, le discours de présentation des nouvelles routes de la soie prononcé par Xi Jinping met en avant la figure de Zheng He. Celui-ci est présenté comme un héros.

[argument 2]

Selon l'historien Alexandre Adler, la Chine est en fait très peu mondialiste même si elle profite du système des échanges commerciaux et technologiques. Inscrite dans le long terme, sa vision géopolitique relève toujours de la consolidation de ses intérêts vitaux et de leur sécurisation, particulièrement par les mers. La stratégie du « collier de perles » sur ses itinéraires maritimes dans l'océan Indien en est la meilleure illustration. Paradoxalement, la Chine n'a aucune intention d'extension impérialiste au sens occidental habituel du terme. En revanche, c'est l'idée d'un univers chinois en expansion selon une logique réticulaire, fondée sur une culture unique, qui doit s'imposer par une présence planétaire et une avance technologique. C'est une équation géopolitique complexe, lourde de tensions à venir, qui est donc en train de se mettre en place en relation avec les

États-Unis : le monde maritime de demain sera peut-être la « Sino-Amérique ».

[argument 3]

Les objectifs énoncés par Xi Jinping visent à permettre le « renouveau » d'une puissance chinoise multimillénaire. Le but est de débuter par l'affirmation de la puissance économique et scientifique, avant de s'affirmer comme une « puissance globale ». Cette politique s'affirme comme pacifique : Xi Jinping affirme que l'objectif ultime est « une vie toujours plus belle » pour le peuple. Cependant, nombre de slogans apparaissent comme un outil de propagande. Depuis les années 1980, sous l'impulsion de l'amiral Liu Huaqing, la flotte s'est considérablement modernisée et agrandie, étendant sa capacité d'action et d'intervention. La marine chinoise ne s'est dotée qu'en 2012 de son premier porte-avions, le Liaoning, ancien navire de la Marine soviétique acheté à l'Ukraine. Depuis, elle s'est rattrapée. En 2019, elle met en service un deuxième porte-avions. Un troisième, le *Fujian*, a été mis à l'eau en 2022 et deux autres sont annoncés. Pièce maîtresse d'une puissance navale mondiale, le porte-avions incarne pour la Chine un élément de prestige, digne de la deuxième marine du monde, tout comme un moyen d'exercer une politique de « défense active ».

On peut préciser que le *Shandong*, deuxième porte-avions de la Chine, est le premier construit au niveau national. La conception du porte-avions est largement inspirée du *Liaoning*, qui a lui-même été construit à partir de la coque partiellement achevée du porte-avions soviétique de classe Kuznetsov Varyag.

[transition]

À ces efforts de *leadership* maritime s'ajoutent des ambitions de devenir la première puissance spatiale.

II. Dans l'espace, une Chine désormais conquérante

[argument 1]

Dès la période de la guerre froide, Mao Zedong a saisi l'importance pour la Chine d'être une puissance spatiale. Pourtant, dans un premier temps, la Chine est en retard par rapport à l'URSS ou aux États-Unis. Les premiers essais de développement de missiles balistiques se font en coopération avec l'URSS dans le cadre de la cinquième académie (un institut de recherche rattaché au ministère de la Défense), fondée à Pékin en 1956. Une citation est même prêtée au Grand Timonier à la suite de l'envoi du satellite Spoutnik en 1957 : « Et nous ne sommes même pas capables d'envoyer une patate dans le ciel ! » Les efforts débouchent sur la construction de la base de lancement spatial de Jiuquan dans le désert de Gobi dès 1958. La détérioration des relations diplomatiques avec l'URSS et les errements de la politique intérieure chinoise (Grand Bond en avant, puis Révolution culturelle) retardent de plusieurs années le programme spatial chinois. Le premier satellite artificiel (Dong Fang Hong) est mis en orbite le 24 avril 1970. Après l'URSS, les États-Unis, la France et le Japon, la Chine devient alors la cinquième puissance spatiale au monde.

[argument 2]

Le livre blanc spatial, publié en 2000, détaille les grands axes de l'activité spatiale chinoise projetée. En dépit de la surveillance américaine qui cherche à freiner les transferts de technologie vers la Chine, cette dernière parvient à mettre en place son propre système de localisation (Beidou) et envoie son premier homme dans l'espace en 2003 (Yang Liwei). La Chine est aujourd'hui la deuxième puissance spatiale en termes de lancement de satellites (61 en 2022 contre 78 pour les États-Unis). Elle a lancé la station spatiale Tiangong-2 en 2016. Depuis 2007, la Chine travaille sur un programme lunaire ambitieux et, en 2019, la mission Chang'e 4 réussit à se poser sur la face cachée du satellite naturel de la Terre. À l'horizon 2030, la Chine envisage d'envoyer sur la Lune des robots explorant ses pôles avant d'y bâtir une base habitable vers 2036. En parallèle, elle prépare des missions sur Mars afin de pouvoir y poser un vaisseau d'ici 2030, si possible avant les Américains.

[argument 3]

Le programme spatial chinois est aussi un programme militaire qui développe un arsenal qui inquiète les autres puissances. De ce fait, de nombreux outils créés pour le programme spatial ont aussi un usage militaire, bien qu'il ne soit pas ou peu mentionné. Ainsi, lorsque

> Le « père » du programme spatial chinois est Qian Xuesen. Originaire de Hangzhou, il travaille sur le projet Manhattan pendant la Seconde Guerre mondiale et est chassé des États-Unis en 1955, comme de nombreux communistes. Il se met alors au service de la Chine qui obtient la bombe nucléaire en 1964. De plus, il développe la première fusée chinoise, Dong Fang Hong-1, qui effectue un premier vol le 24 avril 1970. Ce jour est depuis connu en Chine comme « le jour de l'espace ».

la Chine lance des missiles depuis la Terre et détruit un ancien satellite météorologique dans l'espace le 11 janvier 2013, elle montre par la même occasion qu'elle peut se débarrasser de satellites-espions. Dès lors, les craintes d'une militarisation de l'espace se développent. Pourtant, la Chine n'est pas la première à expérimenter ce type d'armes. En effet, malgré leurs protestations à la suite de cette action de la Chine, les États-Unis et la Russie avaient déjà procédé à ce type de tirs.

Conclusion

L'affirmation maritime de la Chine est un facteur de tensions croissantes avec les autres grandes puissances. L'Inde lui conteste sa présence dans l'océan Indien, tandis que les États-Unis n'entendent pas renoncer à leur présence en Asie-Pacifique, où ils disposent de nombreux alliés (Japon, Corée du Sud, Taïwan, Philippines). Plus près de ses côtes, la Chine doit compter avec Taïwan (République de Chine), État indépendant et souverain qui résiste malgré les pressions. Par ailleurs, les revendications maritimes chinoises en mer de Chine lui aliènent quantité d'États du Sud-Est asiatique, inquiets de son obsession à vouloir « sécuriser » la mer de Chine méridionale. Dans le domaine spatial, la Chine n'a plus comme rival que les États-Unis, qui refusent depuis 2011 toute coopération. La rivalité est double : militaire à court terme, et concentrée sur l'exploitation des ressources spatiales à long terme. L'absence de dialogue entre les deux puissances sur ces questions complique la situation.

bilan

Comment la Chine tente-t-elle de jouer la carte de la coopération, tant dans le domaine maritime (manœuvres communes avec les États de l'ASEAN en 2018) que spatial (ouverture annoncée en 2016 au financement conjoint d'équipement et de programmes scientifiques) ?

ouverture

SUJET 6

La Chine : à la conquête de l'espace, des mers et des océans

ÉTUDE CRITIQUE DE DOCUMENTS

En analysant le document, en les confrontant et en vous appuyant sur vos connaissances, montrez que la volonté politique d'affirmation de la Chine dans l'espace, sur les mers et sur les océans soulève des enjeux économiques et géopolitiques considérables.

DOCUMENT 1

*Une nouvelle version de la ligne en 9 traits**.

« La Chine rajuste sa ligne en 9 traits. »

Deng Coy Miel, « China Moon Claim », Singapour, 1er mars 2019.

* La ligne en 9 traits symbolise depuis 1947 les revendications territoriales chinoises en mer de Chine.

DOCUMENT 2

La Chine face aux concurrences internationales.

	Les principaux programmes spatiaux			Les principales flottes de guerre en 2019		
	Lancements de satellites réussis depuis 2010	Astronautes envoyés dans l'espace	Main-d'œuvre dans le secteur spatial en milliers	Effectifs	Navires de combat	Porte-avions
Chine	175	11	100	255 000	496	2
Inde	33	2	16,2	55 000	91	1
Union européenne	65	41	2,2			
Russie	242	121	238	70 000	57	0
États-Unis	188	339	172	337 000	290	13

AEB, Administration spatiale nationale chinoise, ESA, ISRO, NASA, Roscosmos et ministères de la Défense de chaque État, 2020.

Travail préparatoire

Fiche cours 3
Fiches méthode 2 3

2 heures

Le jour de l'épreuve, vous aurez 4 heures pour traiter la dissertation et l'étude critique de documents : ne consacrez pas plus de 2 heures au traitement de l'étude critique de documents.

Analyser le sujet

Analyser les documents

- La République populaire de Chine, puissance ascendante (selon l'expression de Michel Foucher) du point de vue géopolitique, émergente du point de vue économique, s'impose aujourd'hui comme une nouvelle puissance sur les mers et les océans, mais aussi dans l'espace.

- Les océans et l'espace constituent une nouvelle frontière et un terrain d'affirmation de puissance pour les États. Il faut alors considérer l'espace exo-atmosphérique, les espaces littoraux et leurs infrastructures (hubs portuaires, escales des nouvelles routes de la soie), les routes maritimes, les archipels et ZEE à revendiquer, la haute mer à explorer, etc.
- Pour la Chine, il s'agit de s'affirmer face aux États voisins et aux autres puissances, notamment à la première d'entre elles, les États-Unis.

Les pièges à éviter

Les documents ne doivent pas être traités séparément ; chacun d'eux renferme des éléments pour répondre aux deux aspects du sujet, à savoir les enjeux économiques et les enjeux géopolitiques.

Les attentes du correcteur

- Le candidat doit caractériser la puissance chinoise : elle territorialise et militarise les mers asiatiques grâce à des investissements croissants et des forces de projection maritimes de plus en plus puissantes, avec comme objectif principal de contrôler les routes maritimes et d'étendre sa ZEE.
- Par ailleurs, elle conquiert progressivement l'espace exo-atmosphérique grâce au lancement de satellites, aux vols habités et à la mise en orbite d'une station spatiale chinoise à vocation mondiale. Cette affirmation de puissance entretient des rivalités géostratégiques avec les grandes puissances mondiales et asiatiques.

Mobiliser ses connaissances

Il faut mobiliser ses connaissances sur les nouvelles routes de la soie ou BRI, sur les enjeux en mer de la Chine méridionale, sur le programme spatial chinois, etc.

Problématiser le sujet

- Il s'agit de montrer que la maîtrise des mers (constitution d'une marine puissante, déploiement international militaire et civil à travers les nouvelles routes de la soie, conquête d'îlots en mer de Chine, etc.) contribue à la mise en œuvre du « rêve chinois ».

• De même, la conquête spatiale et les prouesses multipliées par la Chine dans l'espace montrent la puissance chinoise dans un domaine où seules les grandes puissances peuvent s'afficher.

Plan du sujet

I. Des enjeux économiques
II. Des enjeux géopolitiques

Corrigé : plan détaillé

Les textes en bleu apparaissant dans ce corrigé ne doivent pas figurer dans votre devoir. Nous les avons insérés pour vous guider et vous aider à repérer les parties de l'étude critique des documents.

Les conseils du professeur

Introduction

Le Livre blanc chinois de 2019 fait de l'ambition de devenir une puissance maritime et une puissance spatiale l'objectif principal de la politique militaire du pays, et s'appuie sur le deuxième budget spatial au monde (estimé à 8 milliards de dollars par an) et le deuxième budget militaire mondial.

accroche

Les documents permettent d'évoquer l'enjeu crucial que représente l'affirmation de la Chine dans l'espace et sur les océans. Le premier document est un dessin dont l'auteur vit à Singapour. C'est une forme de caricature car il déforme un réalité géopolitique pour associer ambitions maritimes et ambitions spatiales de la Chine. Le second document est un tableau statistique qui permet de comparer la puissance chinoise aux autres grandes puissances mondiales.

présentation des documents

En quoi la volonté politique d'affirmation de la Chine dans l'espace, sur les mers et sur les océans soulève-t-elle des enjeux économiques et géopolitiques considérables ? Nous verrons d'abord quels sont les enjeux économiques, puis nous étudierons les enjeux géopolitiques.

problématique et annonce du plan

I. Des enjeux économiques

[argument 1]

La conquête des mers et de l'espace permet d'abord à la Chine de s'approprier des ressources. Depuis 1947, la Chine revendique près de 80 % de la mer de Chine méridionale qu'elle appelle « mer du Sud ». Cette volonté d'appropriation passe ainsi par une dénomination spécifique mais aussi par un tracé, « la ligne en neuf traits », sur laquelle la Chine s'appuie pour justifier ses nombreuses appropriations. La référence à la « ligne en neuf traits » du document 1 permet d'évoquer les nombreuses ressources de la mer de Chine : halieutiques, hydrocarbures. Même si les ressources en hydrocarbures restent supposées, elles sont cruciales pour la Chine et les pays voisins, ce qui engendre des tensions dans les revendications de ZEE.

On peut expliquer comment se matérialisent les appropriations chinoises : par des constructions de plus en plus nombreuses qui sont aussi appelées « nouvelle grande muraille » (parfois dite « de sable »). Ces îlots ont un intérêt économique important pour la Chine et servent aussi de bases militaires.

[argument 2]

Le document 1 est une déformation de la « ligne en neuf traits » ou « la langue de bœuf » qui inclut la Lune dans les revendications chinoises. Cette nouvelle appropriation peut être liée aux projets chinois sur la Lune, notamment l'installation d'une base permanente et l'exploitation des ressources. Le « rêve chinois » de Xi Jinping donne une nouvelle impulsion au programme spatial qui a permis à la Chine de réaliser une première mondiale en 2019 avec l'alunissage d'un engin sur la face cachée de la Lune.

[argument 3]

La volonté politique d'affirmation dans l'espace, sur les mers et sur les océans a aussi pour but de renforcer l'industrie. En effet, le gouvernement chinois espère que les investissements massifs dans le programme spatial auront des retombées économiques. Le programme spatial chinois s'inscrit dans le plan *Made in China* 2025 qui a pour objectif de faire monter en gamme l'industrie du pays et surtout de produire 80 % des équipements de l'industrie spatiale localement. De plus, la Chine montre ainsi sa maîtrise des hautes technologies, comme dans le document 2, avec une production très importante de satellites et de navires de combat qui suppose une main-d'œuvre importante et qualifiée.

[transition]

Aux nombreux enjeux économiques s'ajoutent des enjeux géopolitiques considérables.

II. Des enjeux géopolitiques

[argument 1]

La Chine souhaite en premier lieu maîtriser des espaces stratégiques. L'espace concerné par la « ligne en neuf traits » (doc. 1) est un espace vital pour la Chine, car 80 % des importations chinoises y transitent ainsi que 30 à 40 % du commerce maritime mondial. La Lune représente aussi un espace stratégique pour l'acquisition de ressources mais également pour d'éventuelles missions vers Mars. La maîtrise de ces espaces passe par une capacité de projection forte, et donc par une présence importante dans l'espace et par la mobilisation de nombreux navires en mer (doc. 2).

[argument 2]

L'ambition de la Chine est de devenir une puissance militaire complète. L'affirmation du pays passe aussi par sa force militaire en plein essor. Le document 1 peut permettre d'évoquer la poldérisation des îlots des Spratleys et des Paracels avec l'installation de bases militaires, ou encore l'envoi de navires de guerre (doc. 2) au large d'îlots disputés car près des îles Diaoyu/Senkaku. Ce pilier nationaliste du « rêve chinois » est même défendu par des touristes venant quelques heures sur les îlots pour afficher leur soutien à la politique de Xi Jinping, ou par des pêcheurs qui n'hésitent pas à s'installer sur

Le site internet de l'*Asia Maritime Transparency Initiative*, conçu par le *think tank* américain *Center for Strategic and International Studies*, recense les contestations sur les îlots, notamment de la mer de Chine méridionale.

des rochers avec le soutien du régime chinois. Par ailleurs, Pékin a construit un troisième porte-avions depuis 2020 et a l'intention d'en mettre au moins un autre en chantier. Enfin, le programme spatial est étroitement lié à l'armée. Le document 2 évoque le nombre de satellites lancés mais pas les démonstrations de force de la Chine, capable désormais de détruire ces satellites directement dans l'espace.

[argument 3]

Cependant, le document 2 montre les limites de la puissance chinoise comparée à la puissance états-unienne : un faible nombre d'astronautes chinois (11 contre 339 Américains) et de porte-avions (2 contre 13). La puissance maritime des États-Unis est inégalée et la Chine ne peut encore prétendre rivaliser avec le *thalassokrator*, bien qu'elle développe à une vitesse impressionnante les infrastructures des nouvelles routes de la soie. Les États-Unis jouent d'ailleurs de leur supériorité en multipliant les opérations de liberté de navigation, suscitant la colère impuissante de la Chine. La Chine reste aussi une puissance récente dans l'espace où les États-Unis continuent à exercer le *leadership*.

Conclusion

Le « rêve chinois » veut faire de la Chine une puissance qui dominera le monde à travers trois piliers : le nationalisme, la puissance militaire et la croissance économique. Ce projet se manifeste à travers les conquêtes des mers, des océans et de l'espace : il met en avant la puissance de la Chine, notamment du point de vue militaire (à travers le programme spatial) et nationaliste (via l'appropriation d'îlots en mer de Chine). bilan

Il serait aussi intéressant d'étudier les enjeux liés à la conquête des pôles car la Chine manifeste l'ambition de développer des « routes polaires de la Soie » dont les enjeux stratégiques apparaissent multiples. ouverture

Thème 2

Faire la guerre, faire la paix

Célébration du « Jour de la Victoire » le 9 mai à Moscou, Russie (2014).

SUJET 7

La dimension politique de la guerre : des conflits interétatiques aux enjeux transnationaux

ÉTUDE CRITIQUE DE DOCUMENT

Analysez le document pour montrer les changements survenus dans la nature de la guerre avec les projets d'attentats élaborés par l'organisation terroriste islamique Al-Qaïda.

DOCUMENT

Déclaration du Front islamique mondial pour le djihad contre les Juifs et les croisés (23 février 1998)
Ce document a été signé par Oussama Ben Laden, chef d'Al-Qaïda, par Ayman al-Zawahiri, chef du djihad en Égypte, ainsi que par plusieurs autres responsables de groupes terroristes islamiques en Égypte, au Bangladesh et au Pakistan.

Premièrement, les États-Unis occupent depuis plus de sept ans la terre de l'Islam en son lieu le plus sacré, la péninsule arabique, pillant ses richesses, dictant leur conduite à ses souverains, humiliant son peuple, terrorisant ses voisins et transformant ses bases dans la péninsule en fer de lance pour combattre les peuples musulmans des environs. [...]

Deuxièmement, malgré les immenses dégâts causés sur le peuple irakien par l'alliance des croisés et des sionistes, et malgré le grand nombre de morts, qui dépasse le million..., malgré cela, les Américains perpétuent leur embargo, imposé après leur guerre féroce, cause de fragmentation et de dévastation. Ils sont ici pour annihiler ce qui reste de ce peuple et pour humilier ses voisins musulmans.

Troisièmement, si les véritables buts américains derrière ces guerres sont économiques et religieux, leur but est également de servir le minuscule État juif et de détourner l'attention de l'occupation de Jérusalem et du meurtre des musulmans qui s'y produit. [...]

Tous ces crimes et ces péchés commis par les Américains sont une déclaration de guerre ouverte à Dieu, à son messager et aux musulmans.

L'Ouléma[1] a toujours considéré, au cours de l'histoire de l'Islam, que le djihad est un devoir individuel lorsque l'ennemi détruit les pays musulmans. [...]

Sur cette base, et conformément à la volonté de Dieu, nous lançons la fatwa suivante à tous les musulmans :
Tuer les Américains et leurs alliés, civils et militaires, est un devoir individuel pour chaque musulman qui peut le faire dans tous les pays où cela est possible, afin de libérer la mosquée d'Al-Aqsa et la sainte mosquée de La Mecque de leur emprise et pour obliger leurs armées à quitter la terre sainte de l'Islam, vaincues et incapables de menacer un musulman. [...]

Nous, avec l'aide de Dieu, appelons tous les musulmans croyant en Dieu et voulant être récompensés pour avoir obéi à l'ordre de Dieu, à tuer les Américains et à piller leurs richesses, en tout endroit et à tout instant.

1. Religieux habilité à prononcer un jugement sur les droits et les devoirs des fidèles.

Travail préparatoire

Fiche cours 4
Fiches méthode 2 3

2 heures

Le jour de l'épreuve, vous aurez 4 heures pour traiter la dissertation et l'étude critique de documents : ne consacrez pas plus de 2 heures au traitement de l'étude critique de documents.

Analyser le sujet

Analyser le document

- Le document est censé être une fatwa, c'est-à-dire, dans le cadre du droit civil et du droit pénal d'un pays musulman, un avis juridique donné par une autorité religieuse (un spécialiste appelé « ouléma » ou « mufti ») pouvant donner lieu à une condamnation. À noter qu'une condamnation à mort relève en général d'un tribunal spécial.

- Ici, ce sont tous les « Américains et leurs alliés, civils et militaires » qui sont condamnés à mort par le « Front islamique mondial pour le djihad contre les Juifs et les croisés », dominé par le mouvement Al-Qaïda et la figure d'Oussama Ben Laden. On a donc dans ce document l'annonce de la poursuite et de l'extension des attentats revendiqués par Al-Qaïda.

Les pièges à éviter

Il faut faire attention ici à ne pas trop se perdre dans le contexte géopolitique du Proche et du Moyen-Orient. Si le document évoque bien la guerre en Irak et les liens des États-Unis avec Israël et l'Arabie Saoudite, le thème central est celui de la nouvelle forme de guerre ou d'action armée voulue par Al-Qaïda.

Les attentes du correcteur

On attend du candidat des connaissances de base sur le Proche et le Moyen-Orient (croisades médiévales, situation de Jérusalem, ressources en hydrocarbures, etc.) et surtout une réflexion sur le type de « guerre irrégulière » que promeut Ben Laden.

Mobiliser ses connaissances

- Il faut d'abord maîtriser la chronologie des attentats attribués à Al-Qaïda : si l'organisation terroriste est fondée en 1987, il faut attendre le 29 décembre 1992 pour que ses membres commettent un premier attentat au Yémen contre des soldats américains rejoignant la Somalie. À l'époque où Ben Laden fait cette déclaration, en février 1998, il est fort probable que soient déjà prévues les attaques simultanées contre les ambassades américaines de Nairobi et de Dar es Salaam (Kenya et Tanzanie), qui auront lieu le 7 août suivant.
- Il faut aussi garder à l'esprit que le caractère transnational des organisations terroristes ne signifie pas qu'elles ne disposent pas de réseaux nationaux : les signataires de cette déclaration sont des responsables en place en Égypte, au Bangladesh et au Pakistan. La plupart des attentats commis par Al-Qaïda vont, d'ailleurs, frapper des civils ne vivant pas en Occident.

Problématiser le sujet

Les États-Unis et leurs alliés sont donc confrontés aux menaces d'un « front islamique mondial ». Il ne s'agit plus alors d'une guerre entre États mais d'un conflit opposant un État à une organisation clandestine planétaire, accusant son adversaire de mener une « croisade », une guerre sainte contre les musulmans. La problématique est donc : faut-il voir dans les menaces d'attentats terroristes une nouvelle forme de guerre, dans un contexte de « choc des civilisations » ?

Plan du sujet

I. La présence américaine au Proche et au Moyen-Orient
II. Un « front islamique mondial » ?
III. Djihad et terrorisme

Corrigé : plan détaillé

Les textes en bleu apparaissant dans ce corrigé ne doivent pas figurer dans votre devoir. Nous les avons insérés pour vous guider et vous aider à repérer les parties de l'étude critique des documents.

Les conseils du professeur

Introduction

Al-Qaïda signifie « la base » en arabe. Comment une nébuleuse terroriste tentaculaire peut-elle disposer d'une base ? Peut-être est-ce en Afghanistan que tout commence.

accroche

Recherchés pour terrorisme par les services secrets américains, Oussama Ben Laden et Ayman al-Zawahiri s'exilent, en effet, en Afghanistan et décident de proclamer solennellement, en février 1998, la création du « Front islamique mondial pour le djihad contre les Juifs et les croisés ». C'est ce texte fondateur qui est à analyser. Le réseau Al-Qaïda et ses soutiens y déclarent une « guerre sainte » contre les États-Unis et leurs alliés.

présentation du document

On peut se demander s'il faut voir dans les menaces d'attentats terroristes une nouvelle forme de guerre, dans un contexte de « choc des civilisations ». Nous étudierons, d'abord, les reproches et accusations qui sont portées par Al-Qaïda contre les États-Unis. Puis, nous nous interrogerons sur la représentativité de ces responsables terroristes dans le monde musulman. Enfin, nous analyserons les moyens d'action proposés par Al-Qaïda.

problématique et annonce du plan

I. La présence américaine au Proche et au Moyen-Orient

[argument 1]

La déclaration commence par une évocation des conséquences de la guerre du Golfe qui a opposé, d'août 1990 à février 1991, l'Irak à une coalition de 35 États, dirigée par les États-Unis à la suite de l'invasion et l'annexion du Koweït par l'Irak. Parmi les sanctions prises contre l'Irak, un embargo est mis en place, qui cause plusieurs centaines de milliers de victimes (le chiffre de un million, avancé dans le second paragraphe par Ben Laden, est remis en cause).

On peut préciser que l'année 1996 marque un tournant, avec le lancement par l'ONU en Irak du programme « Pétrole contre nourriture » et la reprise des bombardements en Irak par les États-Unis et le Royaume-Uni. De même, c'est en 1996 que les Israéliens élisent comme Premier ministre Benyamin Netanyahu, chef de la droite nationaliste, opposé aux accords d'Oslo prévoyant la mise en place d'une autonomie palestinienne.

[argument 2]

Le texte évoque aussi la présence américaine en Arabie Saoudite, et leur « emprise » sur « la sainte mosquée de La Mecque », depuis le pacte du Quincy en 1945. Pour rappel, la monarchie saoudienne, principal fournisseur de pétrole pour l'U.S. Navy, a fait partie de la coalition contre l'Irak.

[argument 3]

Enfin, la déclaration souligne l'alliance très étroite entre les États-Unis et l'« État juif » d'Israël et la volonté des islamistes de mettre fin à « l'occupation de Jérusalem » et de « libérer la mosquée d'Al-Aqsa » (avant-dernier paragraphe). C'est, en effet, à la suite de la guerre des Six Jours, en 1967, que Jérusalem-Est est occupée et administrée par Israël. On peut rappeler, cependant, le rôle de Washington dans le processus de paix entre Israéliens et Palestiniens, notamment dans les accords de septembre 1993 entre I. Rabin et Y. Arafat.

[transition]

Le texte accuse donc les États-Unis d'islamophobie. Quels sont les musulmans qui partageraient cette opinion selon le document ?

II. Un « front islamique mondial » ?

[argument 1]

C'est surtout Al-Qaïda qui est l'organisation terroriste la plus connue et la plus active depuis 1992. Mais le texte mentionne d'autres responsables d'associations qui lui ont fait allégeance comme l'organisation paramilitaire du Djihad islamique égyptien ou des organisations du Bangladesh et du Pakistan.

Après la mort d'Oussama Ben Laden le 2 mai 2011, c'est Ayman al-Zawahiri qui est devenu le chef d'Al-Qaïda (jusqu'à sa mort en juillet 2022, à la suite d'une frappe de drone américaine). Parmi les branches les plus connues, on trouve Al-Qaïda au Maghreb islamique (AQMI). En décembre 2019, un attentat dans une base aéronavale des États-Unis est revendiqué par Al-Qaïda dans la péninsule arabique (AQPA).

[argument 2]

Ses responsables sont issus de différents milieux : Ben Laden est l'héritier d'une des plus grandes entreprises de construction au monde (le Saudi Binladen Group), Ayman al-Zawahiri est médecin. En tous cas, ces hommes ne sont pas des oulémas ou des muftis, et n'ont donc pas normalement, selon la tradition musulmane, de légitimité pour prononcer une fatwa, ici une condamnation à mort.

[argument 3]

Pourtant, la déclaration ne cesse de faire référence à la tradition et aux considérations de l'« Ouléma », c'est-à-dire des théologiens de l'Islam. Il s'agit, en fait, du courant néo-fondamentaliste salafiste, qui revendique un retour aux pratiques qui avaient cours dans la communauté musulmane à l'époque du prophète Mahomet et de ses premiers disciples. La rupture au sein du salafisme a lieu justement avec la guerre du Golfe, lorsque des fatwas prononcées par Riyad autorisent les États-Unis à déployer leur armée sur le sol saoudien.

[transition]

Le salafisme « djihadiste » se développe alors et fait du terrorisme son mode privilégié d'action.

III. Djihad et terrorisme

[argument 1]

Le message principal est clair : puisque les Américains « tuent », « pillent » et « terrorisent » les musulmans de la péninsule arabique, il faut les tuer, les piller et les terroriser « dans tous les pays où cela est possible ». On note donc, à la fois, une forme de « loi du talion », « œil pour œil, dent pour dent », mais aussi l'idée que les attentats peuvent être commis n'importe où dans le monde.

On voit bien ici la différence entre Al-Qaïda et Daech. Si l'État islamique (EI) a réussi à former un proto-État califal en Irak et en Syrie entre 2014 et 2019, ce ne fut jamais le cas d'Al-Qaïda.

[argument 2]

L'habileté de la déclaration est de faire passer les attentats suicides comme la poursuite du djihad médiéval, qui avait eu lieu dans le contexte des croisades européennes en Orient. Or, cette « guerre sainte » opposait des royaumes et des empires, c'est-à-dire toujours des États. Le califat des djihadistes d'Al-Qaïda n'est pourtant qu'une illusion.

[argument 3]

Première organisation dédiée au djihad global, Al-Qaïda diffuse à partir de 1996, depuis l'Afghanistan, sa propagande par le biais de cassettes vidéo ou d'entretiens pré-enregistrés relayés par les chaînes satellitaires. C'est la raison pour laquelle la première opération menée par les forces internationales contre l'organisation après les attentats du 11 septembre se déroule en Afghanistan.

Conclusion

Depuis le lancement de la guerre du Golfe, une nouvelle forme d'islamisme, que l'on nomme le « salafisme », se développe dans des milieux intégristes. Il a une dimension politique dans la mesure où il veut, par tous les moyens, imposer une lecture strictement religieuse des règles sociales, mais pas dans le cadre d'une nation ou d'un État. C'est un mouvement à échelle mondiale, organisé en réseaux, cherchant à prendre appui sur les différentes communautés musulmanes. L'idée de « choc des civilisations » est largement critiquable, notamment du fait des menaces proférées par Al-Qaïda contre « l'ennemi proche » (les régimes arabes « infidèles » et « apostats »). Mais les menaces d'attentats terroristes ne constituent pas, à proprement parler, une nouvelle forme de guerre : le but des djihadistes est bien de créer un État, un nouveau califat, mais ils ne disposent pas d'un soutien suffisant de la part des nations musulmanes.

bilan

On pourrait se demander jusqu'à quel point le changement stratégique représenté par les attentats de masse commis par des organisations transnationales a pour corollaire la forme inédite de « guerre préventive » menée, notamment, en Irak pour renverser Saddam Hussein, soupçonné de détenir des armes de destruction massives et de s'allier à Al-Qaïda.

ouverture

SUJET 8

BAC 2023
La Réunion

La dimension politique de la guerre : des conflits interétatiques aux enjeux transnationaux

DISSERTATION

Le modèle de Clausewitz et les conflits du XXIe siècle.

Travail préparatoire

Fiche cours 4
Fiche méthode 1

2 heures

Le jour de l'épreuve, vous aurez 4 heures pour traiter la dissertation et l'étude critique de documents : ne consacrez pas plus de 2 heures au traitement de la dissertation.

Analyser le sujet

Définir les mots du sujet

- Le programme parle, pour les conflits du XXIe siècle, des « guerres irrégulières » et des conflits transnationaux.
- La période à étudier va « d'Al-Qaïda à Daech », c'est-à-dire que l'étude peut commencer avant les attentats du 11 septembre 2001 ; on privilégiera un début en août 1998, avec les attentats simultanés des ambassades américaines en Tanzanie et au Kenya qui ont fait 224 morts, et plus de 4 000 blessés.

Les pièges à éviter

Il est difficile en introduction de définir précisément ce qu'est la guerre puisque le sujet porte justement sur l'évolution des concepts utilisés pour décrire et expliquer le fait guerrier. On peut se contenter de dire qu'un conflit est une situation opposant des États ou des groupes d'individus, avec ou sans lutte armée.
Il faut éviter ici de traiter la première guerre du Golfe (1990), qui n'est pas un conflit du XXIe siècle (hors sujet donc).

Les attentes du correcteur

On attend ici que le candidat expose les différents éléments qui constituent la définition de la guerre par Clausewitz et qu'il confronte ces éléments aux caractéristiques des attaques terroristes islamistes et des réponses militaires des États touchés par ces attentats. Plusieurs penseurs et chercheurs peuvent être mobilisés (Sir Basil Liddell Hart, John Keegan, Raymond Aron, Mary Kaldor, etc.).

Mobiliser ses connaissances

- Il faut se souvenir qu'avec la fin de la guerre froide, les « guerres clausewitziennes » (entre États, avec armistice et traité de paix) diminuent fortement. L'expression de « guerre irrégulière » s'est progressivement imposé pour caractériser les guerres contemporaines dans lesquelles les États ne sont pas les seuls acteurs engagés. La guerre irrégulière est, à la fois, une guerre « sans front » et une guerre « sans frontière ».
- Il est nécessaire de montrer que le terrorisme se mondialise et apparaît désormais comme une nouvelle forme de guerre, en partie, déterritorialisée : Al-Qaïda, dans les années 2000, puis l'État islamique (Daech), dans les années 2010. Ce mode d'action dépasse le cadre traditionnel de la guerre : la négociation politique disparaît au profit de la multiplication à l'échelle planétaire d'attentats justifiés par des idées religieuses.

Problématiser le sujet

Il s'agit, ici, de se demander si les attaques terroristes menées par des organisations clandestines et transnationales contre des États et des civils peuvent être considérées comme des formes de « continuation de la politique par d'autres moyens », selon l'expression célèbre de Clausewitz.

Plan du sujet

I. La définition de la guerre par Clausewitz et sa prospérité
II. Pour les penseurs des « nouvelles guerres », Clausewitz est dépassé
III. Les concepts de Clausewitz sont encore opératoires pour comprendre le terrorisme

Corrigé : plan détaillé

Les textes en bleu apparaissant dans ce corrigé ne doivent pas figurer dans votre devoir. Nous les avons insérés pour vous guider et vous aider à repérer les parties de la dissertation.

Introduction

À la fin de la bataille de Tora Bora, en Afghanistan, en décembre 2001, un journaliste occidental découvre dans les grottes occupées par des membres d'Al-Qaïda un exemplaire annoté d'une édition anglaise du livre *De la guerre* du théoricien militaire prussien Carl von Clausewitz (1780-1831).

accroche

Publié pour la première fois en Allemagne entre 1832 et 1835, *De la guerre*, composé de huit livres de plus de sept cents pages, est toujours un ouvrage de référence pour ceux qui s'intéressent au phénomène de la guerre et des conflits armés. L'ouvrage est basé sur une analyse rigoureuse des guerres du XVIIIe et du début du XIXe siècles, ayant surtout pour caractéristiques d'opposer des États-nations entre eux. Avec la montée des conflits intra-étatiques, des guerres civiles et du terrorisme au cours des deux dernières décennies, certains penseurs considèrent *De la guerre* comme une relique du passé.

analyse du sujet

De la guerre est-il toujours pertinent dans le monde des « guerres irrégulières » actuelles ? La définition de la guerre par Clausewitz peut-elle s'appliquer au terrorisme ? Pour répondre à ces questions, nous verrons d'abord si la définition clausewitzienne de la guerre peut s'appliquer aux grands conflits du XXe siècle. Puis, nous analyserons le point de vue des penseurs des « nouvelles guerres », pour qui Clausewitz est dépassé. Enfin, nous montrerons que les concepts de Clausewitz sont encore opératoires pour comprendre le terrorisme.

problématique et annonce du plan

I. La définition de la guerre par Clausewitz et sa prospérité

[argument 1]

Trois livres sont considérés encore aujourd'hui comme des lectures de base dans toutes les écoles militaires et les centres de réflexion stratégique : *L'Art de la guerre* du Chinois Sun Tzu (VIe siècle av. J.-C.), *La Guerre du Péloponnèse* du Grec Thucydide (Ve s. av. J.-C.) et l'ouvrage *De la guerre* du Prussien Clausewitz. En partant du nouveau type de guerre introduit par la Révolution française et les guerres napoléoniennes, Clausewitz élabore le concept de « guerre absolue », qui vise à la destruction de la force adverse et à l'obtention d'une victoire politique totale par la force des armes.

[argument 2]

Certains critiques comme Sir Basil Liddell Hart ou John Keegan ont affirmé que les penseurs allemands s'étaient inspirés des écrits de Clausewitz pour arriver à la conclusion que la guerre totale et la guerre d'extermination étaient les seules formes de guerre appropriées à leurs objectifs. Raymond Aron s'est opposé à cette lecture de l'œuvre de Clausewitz. On pourrait se demander, d'ailleurs, si la guerre menée par l'administration Bush contre le terrorisme n'est pas aussi une guerre totale.

[argument 3]

À travers les exemples de la guerre de Vendée, de la rébellion du Tyrol et de la guerrilla espagnole, Clausewitz s'est aussi intéressé aux « petites guerres » (dites aujourd'hui « asymétriques ») où les plus faibles peuvent manquer de force tactique mais peuvent, néanmoins, obtenir des effets stratégiques par des actions limitées : avantages de la défense par rapport à l'attaque, usure de l'ennemi. Il aurait, ainsi, grandement influencé des hommes comme Lénine, T. E. Lawrence ou Mao Zedong.

Il est important, dans cette première partie, de rappeler que la vision de la guerre par Clausewitz est très marquée par sa propre expérience des guerres révolutionnaires et napoléoniennes.

[transition]

Pour beaucoup de penseurs, les guerres du XXe siècle (guerres mondiales, guerre froide, guerres d'indépendance) restent des guerres où le rôle de l'État et du territoire est central. Ce ne serait plus le cas après 1991.

II. Pour les penseurs des « nouvelles guerres », Clausewitz est dépassé

[argument 1]

Mary Kaldor, qui illustre la pensée des « nouvelles guerres », affirme que la nature des guerres a changé. Les conflits violents ont tendance à être plus longs, plus envahissants, moins décisifs, fragmentés et avec plus d'acteurs non étatiques qui revendiquent le pouvoir par l'identité plutôt que par le territoire.

[argument 2]

D'autres penseurs, comme Martin van Creveld, considèrent que, si « la guerre est la continuation de la politique par d'autres moyens », c'est que l'État est au cœur de la définition de la guerre, selon Clausewitz. Or, au XXIe siècle, l'État devenant moins acteur, la pensée exprimée par Clausewitz deviendrait donc obsolète.

[argument 3]

Enfin, les développements technologiques, tels que la révolution dans les affaires militaires (RMA), auraient modifié la nature de la guerre en supprimant ou en réduisant les facteurs perturbateurs jugés essentiels par Clausewitz (le danger, l'incertitude, le courage, la peur, la chance et les frictions).

[transition]

Ces critiques ne sont pas partagées par tous les penseurs du fait guerrier.

Après la première partie, sous forme de thèse, on entre ici dans l'antithèse dont l'objectif est de réfuter les arguments avancés précédemment. Peut-être la pensée de Clausewitz permettrait-elle d'éclairer les conflits du XXe siècle, mais pas les « nouvelles guerres » de l'après-guerre froide.

III. Les concepts de Clausewitz sont encore opératoires pour comprendre le terrorisme

[argument 1]

Selon Clausewitz, la guerre aurait trois natures (politique, militaire et populaire) et le politique prendrait toujours le dessus sur les autres. Il est difficile de penser que les attentats islamistes n'ont aucune dimension politique, surtout lorsqu'ils frappent les symboles d'un État.

[argument 2]

Une autre trinité dans la nature de la guerre est mise en avant par Clausewitz : un mélange de passion, de hasard et de raison. A ce niveau-là aussi, l'approche de Clausewitz peut permettre d'analyser les actes terroristes.

[argument 3]

Les attentats du 11 septembre sont un bon exemple de la validité du modèle clausewitzien : primat d'un objectif politique conçu comme raisonnable par la « nation islamiste » (contraindre les États-Unis à mettre fin à leur ingérence au Moyen-Orient), passion meurtrière et usage de la violence terroriste contre des milliers de civils, réduction de la part du hasard et prise en compte de toutes les probabilités par les kamikazes.

Cette dernière partie est, en quelque sorte, la synthèse de votre dissertation. Un des points de divergence chez les analystes de Clausewitz est la définition du mot « politique » : s'agit-il de la politique (celle d'un État ou de son gouvernement) ou du politique au sens large (le pouvoir) ?

Conclusion

De la guerre peut être considéré comme un modèle conceptuel, un cadre permettant de comprendre les complexités de la guerre. Dans sa théorie générale, Clausewitz a inclus de nombreux types de guerre et d'acteurs non étatiques. Bien que la façon dont la guerre est menée puisse évoluer avec le temps, sa nature n'a pas encore fondamentalement changé.

bilan

On peut se demander si le rapprochement entre le terrorisme et la criminalité transnationale organisée ne risque pas de brouiller un peu plus la définition de la guerre contemporaine.

ouverture

SUJET 9

Le défi de la construction de la paix

DISSERTATION

En quoi les traités signés en 1648 en Westphalie jettent-ils les bases d'un système international de résolution des conflits et de construction de la paix ?

Fiche cours 5
Fiche méthode 1

Travail préparatoire

2 heures

Le jour de l'épreuve, vous aurez 4 heures pour traiter la dissertation et l'étude critique de documents : ne consacrez pas plus de 2 heures au traitement de la dissertation.

Analyser le sujet

Définir les mots du sujet

Les traités de Westphalie désignent un ensemble de traités de paix signés entre mai et octobre 1648 dans les villes westphaliennes de Münster et d'Osnabrück. Ces traités ont mis fin à la guerre de Quatre-Vingts ans (1568-1648) entre l'Espagne et les Provinces-Unies. Ils ont surtout permis de conclure la guerre de Trente Ans (1618-1648) dans le Saint-Empire romain germanique, avec les Habsbourg (souverains d'Autriche et d'Espagne) et leurs alliés catholiques d'un côté, luttant contre les puissances protestantes (notamment la Suède et certaines principautés du Saint-Empire) alliées à la France (catholique mais anti-Habsbourg).

Les pièges à éviter

- Il ne faut pas ici traiter de l'évolution du droit international en matière de résolution des conflits. Le sujet est bien centré sur les traités de Westphalie.
- De plus, on ne peut pas se passer d'une contextualisation précise pour comprendre les jeux diplomatiques à l'œuvre dans les négociations.

Les attentes du correcteur

Il convient de montrer comment on passe d'un ordre européen fondé sur les concepts d'« *imperium* » et de « *jus sacerdotium* » à un système basé sur l'équilibre des puissances et la sécularisation ou laïcisation des relations internationales.

Mobiliser ses connaissances

Il faut bien montrer que les deux traités de paix de Münster et Osnabrück, conçus pour apaiser une Europe ensanglantée par l'intolérance religieuse, proposent un rééquilibrage de l'Europe en empêchant la domination de vastes empires. Mais la stabilisation des frontières étatiques en Europe n'a pas du tout pacifié les relations internationales européennes, ni réduit les appétits de puissances territoriales.

Problématiser le sujet

Le jalon 1 de cet axe vise à s'interroger sur l'élaboration d'une sécurité collective au moyen de traités signés à l'issue de grands congrès diplomatiques. On peut donc garder à l'esprit cette question de la place des traités de 1648 dans la mise en place d'un nouveau système de paix généralisée.

Plan du sujet

I. Une remise en cause du système habsbourgeois et pontifical
II. Les nouvelles bases d'un ordre international
III. Les limites du système westphalien

Corrigé : plan détaillé

Les textes en bleu apparaissant dans ce corrigé ne doivent pas figurer dans votre devoir. Nous les avons insérés pour vous guider et vous aider à repérer les parties de la dissertation.

Introduction

En 1618 commence la guerre de Trente Ans, première guerre continentale qui voit s'affronter l'ensemble des puissances européennes dans le conflit entre le Saint-Empire romain germanique et ses États allemands protestants en rébellion. — accroche

À ce contexte guerrier exceptionnel correspond, dans les années 1640, une série d'actions non moins inédites en faveur d'une paix générale. La diplomatie prend une importance nouvelle et c'est par les traités que les belligérants souhaitent aboutir à une issue à ces conflits qui font plusieurs millions de morts. En 1648 sont signés les traités de Westphalie, qui mettent un terme aux principaux affrontements. — analyse du sujet

En quoi ces traités jettent-ils les bases d'un système international de résolution des conflits et de construction de la paix ? Nous verrons, dans un premier temps, comment la guerre de Trente Ans s'est accompagnée d'une remise en question de la suprématie des Habsbourg et du Saint-Siège, traditionnellement garants de l'ordre européen. Puis, nous étudierons les clauses de ces traités pour savoir en quoi ils constituent les fondements d'un nouvel ordre européen. Enfin, nous nous demanderons quelles sont les limites de ce nouveau système de sécurité collective. — problématique et annonce du plan

I. Une remise en cause du système habsbourgeois et pontifical

[argument 1]

Dans la première moitié du XVIIe siècle, les guerres de religion entre catholiques et protestants ont fragilisé l'« *imperium* », le rôle normalement stabilisateur du Saint-Empire romain germanique. Très affaiblis, les Habsbourg voulaient un règlement de paix complet et définitif et étaient prêts à faire des concessions religieuses et territoriales de grande envergure.

[argument 2]

La France, sous les cardinaux Richelieu puis Mazarin, ambitionnait une réduction considérable du pouvoir des Habsbourg, tant en Espagne que dans le Saint-Empire, mais ne souhaitait pas non plus que la Suède devienne trop puissante. La France voulait renforcer l'autonomie des différents princes mais savait que les États allemands préféraient un empereur limité dans son autorité plutôt qu'une fédération dominée par la France et la Suède.

On peut rappeler ici le contexte des premières expansions coloniales. La France (ainsi que l'Angleterre et les Pays-Bas) jalousait les possessions des Habsbourg et leur empire « sur lequel le soleil ne se couchait jamais ».

[argument 3]

Le Saint-Siège disposait traditionnellement du « *jus sacerdotium* » et était bien souvent en position d'arbitre dans les relations entre puissances. Mais avec la Réforme, la position de Rome et du pape s'est affaiblie et la Contre-Réforme n'a pas permis de renverser cette tendance.

[transition]

Rome et les Habsbourg sont donc contraints de faire un certain nombre de concessions concernant leur ancienne hégémonie.

II. Les nouvelles bases d'un ordre international

[argument 1]

Deux villes de Westphalie sont choisies à partir de 1643 pour discuter des traités. Les catholiques optent pour Münster : c'est là que les Provinces-Unies négocient avec l'Espagne et que la France négocie avec le Saint-Empire. Les protestants suédois préfèrent engager leurs pourparlers avec le Saint-Empire à Osnabrück. Chaque puissance a convié ses alliés.

[argument 2]

La Paix d'Augsbourg de 1555, dans laquelle chaque prince avait le droit de déterminer la religion de son propre État (principe du *cuius regio, eius religio*), était, à présent, reconnue par tous les signataires, mais interprétée comme ne concernant que la vie publique. Les options étaient le catholicisme, le luthéranisme et le calvinisme. Les Provinces-Unies et la Suisse obtenaient officiellement leur indépendance. La France, la Suède et les États protestants allemands gagnaient des territoires.

Les principales mesures concernaient surtout le Saint-Empire romain germanique : les différents États étaient reconnus comme des membres souverains de la Diète, libres de contrôler leurs propres affaires indépendamment les uns des autres et de l'empereur. On peut rappeler que l'Angleterre, la Pologne, la Russie et l'Empire ottoman étaient absents de ces traités.

[argument 3]

Parmi les grands principes mis en avant dans les traités, on trouve l'idée de sécurité collective, d'équilibre des puissances, d'égalité des droits pour tous les États indépendamment de leur pouvoir réel et de souveraineté nationale et de non-ingérence religieuse et politique.

[transition]

La paix générale – la *pax universalis* – de Münster et Osnabrück a contribué à la stabilité européenne, car les traités de paix ultérieurs, jusqu'à la Révolution française, se sont appuyés sur elle à plusieurs reprises. Mais ce système westphalien ne connaît-il pas de limites ?

III. Les limites du système westphalien

[argument 1]

Les traités n'ont pas entièrement mis fin à tous les conflits en cours en Europe. Les combats se sont poursuivis entre la France et l'Espagne jusqu'au traité des Pyrénées en 1659. La guerre entre les Pays-Bas et le Portugal a continué jusqu'en 1663.

[argument 2]

Les pertes territoriales ont aussi été parfois mal acceptées : c'est le cas du Sundgau (Sud-Alsace) pour la maison d'Autriche. De plus, si le traité de Westphalie a prononcé la dissolution de l'ancienne organisation impériale, il a facilité la croissance de nouvelles puissances, en particulier l'Autriche, la Bavière et le Brandebourg.

[argument 3]

Les principes des traités de Westphalie ne se sont pas basés sur la condamnation de la guerre. Ni Grotius, ni Richelieu, dont les idées politiques ont servi de bases aux négociations, ne remettent en cause l'idée de « guerre juste ». On peut, d'ailleurs, noter que le renforcement de l'État dans les traités entraîne de nouveaux problèmes en cas de querelles dynastiques (comme le montrent les guerres de succession au XVIIIe siècle).

Dans de nombreux domaines, les traités se voulaient plus une réaffirmation des anciens droits qu'une nouveauté. Une grande partie de ce qui existait déjà dans la pratique, comme l'autonomie des princes, était désormais *de jure* (juridique).

Conclusion

Avec les traités de Westphalie, ce sont les congrès diplomatiques qui s'imposent pour la première fois dans les questions de gestion des conflits. Un nouveau système d'ordre international apparaît, fondé sur la coexistence pacifique entre États souverains. L'agression interétatique est jugulée par un équilibre des puissances et une norme est établie concernant l'inviolabilité des frontières et la non-ingérence dans les affaires intérieures des États souverains.

bilan

Au fur et à mesure que l'influence européenne s'est étendue dans le monde, ces principes westphaliens, en particulier le concept d'États souverains, sont devenus les bases du droit international et de la sécurité collective. Il faut attendre la bipolarisation du monde pendant la guerre froide pour voir cet ordre remis en cause.

ouverture

SUJET 10

Le défi de la construction de la paix

ÉTUDE CRITIQUE DE DOCUMENT

Analysez le document pour montrer quels sont les éléments qui peuvent freiner la construction de la paix par la sécurité collective.

DOCUMENT

Discours du Secrétaire général de l'ONU, Kofi Annan, à l'occasion du centenaire de la première Conférence internationale de la paix à La Haye, le 18 mai 1999.

Nos efforts pour promouvoir la paix et la sécurité internationales au siècle prochain doivent reposer sur un Conseil de sécurité revitalisé et plus efficace. Toutefois, depuis un certain temps, il est, dans une certaine mesure, mis à l'écart. C'est une fâcheuse tendance. Comme l'illustre très bien le cas du Kosovo, des États membres et des organisations régionales prennent des mesures coercitives sans son autorisation. D'autres États ou organisations régionales font fi des sanctions qu'il impose ou refusent de coopérer avec lui, qu'il s'agisse de désarmement, de non-prolifération, des activités du Tribunal pénal international pour l'ex-Yougoslavie et des missions d'enquête sur les droits de l'homme dépêchées par les Nations unies.

Certes, les intérêts nationaux jouent toujours un grand rôle lorsque des États décident de ne pas s'en remettre au régime de sécurité collective. En outre, la prolifération des dispositifs régionaux et sous-régionaux, la préférence manifestée pour ce que l'on appelle « coalitions de pays disposés à agir », les divergences d'opinion de plus en plus fréquentes au sein du Conseil et l'apparition de la superpuissance unique et de nouvelles puissances régionales sont autant de facteurs qui ont contribué à la situation actuelle. [...]

Le cas du Kosovo illustre parfaitement mon propos. Vous vous souviendrez que j'ai dit deux choses quand l'OTAN a décidé de prendre des mesures coercitives sans demander l'autorisation expresse du Conseil de sécurité. J'ai souligné que le Conseil de sécurité avait la responsabilité principale du maintien de la paix et de la sécurité internationales ; mais j'ai fait valoir avec la même insistance que c'était le rejet d'un règlement politique par les autorités yougoslaves qui avait rendu ces mesures indispensables et qu'« à certains moments, le recours à la force peut être légitime dans la recherche de la paix ».

J'ai regretté alors — et je regrette toujours — que le Conseil n'ait pas su réconcilier ces deux priorités et intérêts également impérieux de la communauté internationale. En effet, il est clair que si le Conseil de sécurité ne retrouve pas sa position prépondérante en tant que source unique de légitimité pour le recours à la force, nous risquons de sombrer dans l'anarchie. Mais il est tout aussi vrai que si le Conseil de sécurité ne peut s'élever d'une seule voix contre les violations systématiques des droits de l'homme et les crimes contre l'humanité du type de ceux qui sont commis au Kosovo, les idéaux qui ont inspiré la création de l'Organisation des Nations unies seront trahis.

Travail préparatoire

Fiche cours 5

Fiches méthode 2 3

2 heures

Le jour de l'épreuve, vous aurez 4 heures pour traiter la dissertation et l'étude critique de documents : ne consacrez pas plus de 2 heures au traitement de l'étude critique de documents.

Analyser le sujet

Analyser le document

- Le document est un discours que le Secrétaire général de l'ONU prononce au moment où la guerre réapparaît sur le continent européen, dans les territoires de l'ex-Yougoslavie. L'ONU s'est révélée, ici, impuissante à intervenir et c'est l'OTAN qui a bombardé les forces serbes au Kosovo et aussi en Serbie.
- C'est un discours de diplomate, rempli d'allusions aux difficultés que rencontre l'ONU dans sa recherche de la paix, mais où aucun pays n'est jamais cité nommément.

Les pièges à éviter

La principale difficulté, ici, consiste à ne pas se contenter de paraphraser le document mais à essayer, le plus possible, d'éclairer les sous-entendus de l'auteur.

Les attentes du correcteur

On attend du candidat des connaissances de base sur la situation au Kosovo (rapports entre Serbie et Albanie, intervention militaire de l'OTAN, slavophilie de la Russie, etc.) et surtout une réflexion sur les fondements sur lesquels repose la sécurité collective à la fin des années 1990 (Conseil de sécurité, TNP, CPI, etc.).

Mobiliser ses connaissances

- Il faut, d'abord, bien maîtriser le contexte de la fin de la guerre froide : les États-Unis de Bill Clinton comme seule hyperpuissance mais qui doit tenir compte du jeu à l'ONU des grandes puissances russe et chinoise, l'impuissance de l'ONU face au génocide rwandais (1994) et de l'UE face aux premiers conflits en ex-Yougoslavie (Bosnie), etc.
- Il faut aussi connaître le contexte de la dislocation progressive de la fédération yougoslave : « Grande Serbie » rêvée par le président S. Milošević, accusations de purification ethnique, etc.

Problématiser le sujet

Bloquée dans son action pendant la majeure partie de la guerre froide, l'ONU retrouve un rôle prédominant à partir de 1991. Mais il arrive que les intérêts nationaux et les jeux diplomatiques entre les grandes puissances paralysent encore son fonctionnement. La problématique est donc : comment expliquer que les efforts internationaux en vue d'établir une sécurité collective ne permettent pas d'éviter les guerres et les crimes de masse à la fin des années 1990, y compris sur le sol européen ?

Plan du sujet

I. Des efforts de paix accrus depuis la présidence de Kofi Annan
II. La guerre au Kosovo
III. L'impuissance de l'ONU

Corrigé : plan détaillé

Les textes en bleu apparaissant dans ce corrigé ne doivent pas figurer dans votre devoir. Nous les avons insérés pour vous guider et vous aider à repérer les parties de l'étude critique des documents.

Introduction

Ouverte à La Haye en 1899, la Conférence internationale de la Paix a réuni vingt-sept États qui, pour la première fois, se sont engagés sur la voie du désarmement, de l'interdiction de certaines armes et de la prévention de la guerre. accroche

C'est à l'occasion du centenaire de cette conférence que le Secrétaire général de l'ONU, Kofi Annan, prononce un discours sur l'état de la paix, du multilatéralisme et de la sécurité collective au tournant du siècle. L'homme a succédé en 1997 à Boutros Boutros-Ghali, qui fut le seul Secrétaire général depuis 1961 à ne pas avoir été re-sélectionné pour un second mandat, suite à un veto des États-Unis. présentation du document

On peut se demander comment expliquer, à la fin des années 1990, que les efforts internationaux en vue d'établir une sécurité collective ne permettent pas d'éviter les guerres et les crimes de masse, y compris sur le sol européen. Nous étudierons, d'abord, les progrès réalisés en matière de sécurité collective depuis les années 1990 et, surtout, depuis la présidence de Kofi Annan. Puis, nous nous interrogerons sur la guerre au Kosovo, ses causes et son déroulement. Enfin, nous analyserons l'impuissance de l'ONU pour aboutir à un processus de paix au Kosovo. problématique et annonce du plan

I. Des efforts de paix accrus depuis la présidence de Kofi Annan

[argument 1]

Dans le premier paragraphe du texte, Kofi Annan rappelle le rôle clé du Conseil de sécurité de l'ONU et cite trois de ses principaux moyens d'action : coopération, mission et sanction. Le Conseil est composé de quinze membres, les cinq membres permanents avec droit de veto étant les grandes puissances victorieuses de la Seconde Guerre mondiale, à savoir la Russie, le Royaume-Uni, la France, la République populaire de Chine et les États-Unis.

[argument 2]

Le texte parle aussi de « désarmement » et de « non-prolifération ». Le traité sur la non-prolifération des armes nucléaires, communément appelé TNP, est entré en vigueur en 1970 et a été reconduit, pour vingt-cinq ans encore, en 1995. Quelques États membres des Nations unies n'ont jamais accepté le TNP. Parmi eux se trouvent l'Inde et le Pakistan, qui ont procédé à des essais nucléaires en mai 1998.

On peut préciser que les pouvoirs du Conseil de sécurité comprennent l'établissement d'opérations de maintien de la paix ainsi que l'autorisation d'actions militaires par le biais de résolutions. Ces résolutions sont, généralement, appliquées par les forces de maintien de la paix de l'ONU, des forces militaires fournies volontairement par les États membres et financées indépendamment du budget principal de l'ONU.

[argument 3]

Le texte évoque aussi les « activités du Tribunal pénal international pour l'ex-Yougoslavie ». Créé en 1993 par le Conseil de sécurité, le TPIY marque la volonté de la communauté internationale d'appliquer un droit international pénal aux conflits armés. C'est la première fois qu'un chef d'État en exercice (S. Milošević) est inculpé par une instance judiciaire internationale. On pourrait évoquer aussi la création en 1998 de la Cour pénale internationale (Statut de Rome), non reconnue par « la superpuissance unique » (les États-Unis) et par certaines « nouvelles puissances régionales » comme la Chine.

[transition]

De nombreuses avancées ont lieu dans les années 1990 pour mieux assurer la paix internationale. Mais elles ne peuvent éviter le retour de la guerre sur le sol européen.

II. La guerre au Kosovo

[argument 1]

Dans le dernier paragraphe, le Secrétaire général de l'ONU mentionne « les crimes contre l'humanité du type de ceux qui sont commis au Kosovo ». Il faut rappeler que le Kosovo, majoritairement peuplé d'Albanais musulmans en 1999, était considéré par Belgrade comme le berceau de la Serbie orthodoxe. Depuis que la Yougoslavie avait aboli son autonomie en 1989, de violents affrontements s'y déroulaient entre Serbes et Albanais, qui se sont transformés en véritables massacres dans certains cas.

[argument 2]

Le texte aborde les « mesures coercitives » de l'Organisation du traité de l'Atlantique Nord : entre le 24 mars et le 11 juin 1999, les forces kosovares ont reçu le soutien aérien de l'OTAN. La campagne de bombardement avait pour objectif de remplacer les troupes yougoslaves au Kosovo par des troupes de maintien de la paix mandatées par l'ONU.

Vous pouvez rappeler que le président serbe Slobodan Milošević fut forcé de quitter le pouvoir en octobre 2000. Arrêté en 2001, puis accusé de crime contre l'humanité, il est mort en 2006 avant d'avoir été jugé par le Tribunal pénal international.

[argument 3]

Kofi Annan assume totalement les propos qu'il avait tenus le 24 mars, jour du début du bombardement par l'OTAN, regrettant qu'« à certains moments, le recours à la force peut être légitime dans la recherche de la paix ». L'action armée visait bien, selon lui, à faire stopper les massacres atroces commis au Kosovo. Elle était donc légitime.

[transition]

Mais légitime n'est pas synonyme de légal. La guerre au Kosovo souligne, en effet, toutes les entraves au droit onusien en matière de maintien de la paix.

III. L'impuissance de l'ONU

[argument 1]

Dès le début du texte, Kofi Annan émet le vœu de voir le Conseil de sécurité « revitalisé et plus efficace ». Comme il le rappelle, l'OTAN a agi « sans son autorisation », donc illégalement en vertu du droit international. Ce droit consiste aussi en la possibilité d'ingérence dans les affaires d'un État qui campe dans « le rejet d'un règlement politique », comme ce fut le cas de la Yougoslavie de Milošević.

[argument 2]

Kofi Annan regrette aussi que le Conseil de sécurité n'ait pas pu « s'élever d'une seule voix contre les violations systématiques des droits de l'homme et les crimes contre l'humanité ». Il évoque ici à demi-mot l'attitude des autorités russes et chinoises qui avaient laissé entendre qu'elles opposeraient leur veto à une action armée de l'ONU contre la Yougoslavie.

C'est bien la Résolution 1244, votée par le Conseil de sécurité le 10 juin 1999, qui a autorisé un déploiement militaire et civil dans la province serbe du Kosovo dans le cadre d'une opération de maintien de la paix. Cependant, la coopération entre troupes russes et troupes de l'OTAN ne s'est pas faite sans problèmes.

[argument 3]

Enfin, sans le dire explicitement, Kofi Annan souhaite une réforme du fonctionnement et de la composition du Conseil de sécurité de l'ONU, hérités des rapports de force de 1945 et, donc, en partie inadaptés au monde de l'après-guerre froide.

Conclusion

bilan

Les années 1990 sont marquées par un certain nombre d'avancées mais aussi par des formes d'impuissance en matière de sécurité collective. L'hyperpuissance américaine est alors prête, par exemple, à promouvoir le multilatéralisme. Mais elle refuse parallèlement de reconnaître l'existence de la Cour pénale internationale. La Chine, elle aussi, s'oppose à cette instance de justice internationale et à l'intervention de l'ONU au Kosovo. La Russie la rejoint sur ce dernier point, en soutien au régime yougoslave. Les trois grandes puissances d'après-guerre pèsent donc encore de tout leur poids dans le fonctionnement ou la paralysie de l'ONU durant cette période.

ouverture

La réaction aux attaques terroristes va encore renforcer ce que Kofi Annan appelle « la préférence manifestée pour ce que l'on appelle "coalitions de pays disposés à agir" » : l'intervention militaire en Irak en 2003 en est un parfait exemple.

SUJET 11

Le Moyen-Orient : conflits régionaux et tentatives de paix impliquant des acteurs internationaux

DISSERTATION

Du conflit israélo-arabe au conflit israélo-palestinien : quel processus de paix depuis 1947 ?

Travail préparatoire

Fiche cours 6

Fiche méthode 1

2 heures

Le jour de l'épreuve, vous aurez 4 heures pour traiter la dissertation et l'étude critique de documents : ne consacrez pas plus de 2 heures au traitement de la dissertation.

Analyser le sujet

Définir les mots du sujet

- Attardons-nous sur la date du sujet. Le 29 novembre 1947, l'Assemblée générale des Nations unies a adopté la résolution qui recommandait la création d'États arabe et juif indépendants et un régime international spécial pour la ville de Jérusalem.
- Si le plan a été accepté par l'Agence juive pour la Palestine, les dirigeants et les gouvernements arabes l'ont rejeté, arguant qu'il violait les principes d'autodétermination nationale de la Charte des Nations unies qui accorde aux peuples le droit de décider de leur propre destin.

Les pièges à éviter

Il ne faut pas se contenter d'expliquer dans cette dissertation les conflits successifs entre Israël et ses voisins depuis 1947 : le sujet porte sur les tentatives de résolution de ces affrontements et le rôle qu'ont tenu les acteurs nationaux et internationaux.

Les attentes du correcteur

- On attend, d'abord, la maîtrise d'un certain nombre de connaissances et de notions (sionisme, diaspora, Intifada, Autorité palestinienne, Fatah, Hamas, Hezbollah, bande de Gaza et Cisjordanie, territoires occupés, résolutions 181 et 194, etc.).
- L'enjeu du sujet est de déterminer les acteurs (étatiques et non étatiques) et les modalités du processus de paix en fonction de l'évolution du contexte régional et planétaire.

Mobiliser ses connaissances

- De 1947 à 1973, on assiste à un conflit israélo-arabe sans résolution, avec des guerres « classiques » (1948, guerre du Kippour) et une guerre « préventive » (1967).
- Depuis 1973, la situation se transforme en conflit israélo-palestinien sans solution définitive.

Problématiser le sujet

L'objet de travail conclusif porte sur le Moyen-Orient comme espace de conflits. Il s'agit, à travers l'exemple des affrontements entre Israël et ses voisins, de comprendre comment un conflit régional évolue au gré du concert des nations et des rapports de force entre puissances.

Plan du sujet

I. Les enjeux régionaux et mondiaux du conflit
II. L'impact de la guerre froide (1947-1991)
III. Depuis 1990, des tentatives de paix qui échouent

Corrigé : plan détaillé

Les textes en bleu apparaissant dans ce corrigé ne doivent pas figurer dans votre devoir. Nous les avons insérés pour vous guider et vous aider à repérer les parties de la dissertation.

Les conseils du professeur

Introduction

« Sur le conflit israélo-palestinien, la voix de la France s'est éteinte » déclarait au journal *Le Monde* un ancien diplomate le 17 février 2020. Paris avait donc voix au chapitre dans les guerres qui ont opposé Israël à ses voisins arabes et qui se sont, peu à peu, transformées en conflit israélo-palestinien.

accroche

La particularité de ces conflits est leur écho régional et mondial. Il n'y a donc pas que Paris qui soit concerné par les tensions dans cette région du Proche-Orient mais aussi la plupart des grandes puissances étatiques, des grandes organisations régionales et des acteurs transnationaux.

analyse du sujet

On peut se demander si c'est la multiplication des acteurs impliqués dans ce conflit qui explique l'échec des nombreuses tentatives pour établir la paix. Nous verrons, d'abord, quels sont les enjeux multiples de ces conflits. Puis, nous étudierons l'évolution du processus de paix, en séparant la période 1947-1991, marquée par la bipolarisation du monde, et la période d'après guerre froide.

problématique et annonce du plan

I. Les enjeux régionaux et mondiaux du conflit

[argument 1]

La région est d'abord le berceau du judaïsme (tombeaux des patriarches à Hébron), du christianisme (Saint-Sépulcre) et de l'Islam (mosquée Al-Aqsa). La présence dans de nombreux pays de diasporas issues de l'immigration musulmane et des communautés juives donne une dimension mondiale aux enjeux religieux.

On peut rappeler que les racines du conflit ont été attribuées à la montée simultanée du sionisme et du nationalisme arabe vers la fin du XIXe siècle, bien que les deux mouvements nationaux ne se soient pas affrontés avant les années 1920.

[argument 2]

Avec l'arrivée au pouvoir du nazisme dans les années 1930, l'immigration juive en Palestine s'intensifie (30 % de la population). Le génocide des Juifs d'Europe renforce dans l'opinion internationale la légitimité de l'aspiration à la création d'un État juif. En novembre 1947, la résolution 181 de l'ONU prévoit le partage de la Palestine en deux États, arabe et juif.

[argument 3]

Israël est aussi la seule puissance régionale à posséder l'arme atomique. Sa fabrication remonterait à la crise de 1956 : soucieuse d'endiguer le nationalisme arabe en pleine guerre d'Algérie, la France aurait proposé à l'État hébreu de partager ses recherches.

[transition]

Malgré la résolution de l'ONU, des conflits éclatent en 1948, 1956, 1967 et 1973.

II. L'impact de la guerre froide (1947-1991)

[argument 1]

Le 14 mai 1948, le mandat britannique expire et Israël déclare son indépendance. Les États arabes qui ont refusé le partage onusien décident alors d'entrer en guerre ; c'est un échec pour eux. Non seulement Israël est reconnu par les États-Unis, l'URSS et l'ONU, mais son territoire a augmenté d'un tiers par rapport au projet initial et près de 80 % des Arabes palestiniens qui y vivaient en sont partis. L'État arabo-palestinien disparaît, occupé par l'Égypte et la future Jordanie.

[argument 2]

Israël attaque ses voisins en 1956 (crise de Suez) et en 1967 (guerre des Six Jours). En 1956, dans un contexte mondial de décolonisation, les États-Unis et l'URSS veulent préserver leurs relations dans la région et somment Israël de stopper son intervention. En revanche, seule l'URSS condamne l'offensive de 1967. En 1973, Israël repousse une attaque égypto-syrienne. Pour forcer les Américains à stopper leur aide militaire à l'État hébreu, les pays arabes de l'OPEP décident d'augmenter fortement le prix du pétrole brut : c'est le début du premier choc pétrolier.

[argument 3]

Les accords de Camp David entre l'Égypte et Israël en 1978 marquent la première reconnaissance de l'État hébreu par un État arabe. En novembre 1974, l'OLP de Yasser Arafat entre à l'ONU en tant qu'observateur. En juin 1982, l'État hébreu envahit le Liban pour attaquer les bases de l'OLP. En décembre 1987, dans les territoires palestiniens occupés, commence la première Intifada.

[transition]

La fin du monde bipolaire et les espoirs de paix qui en découlent ont-ils permis d'enclencher concrètement le processus de paix ?

Gardez à l'esprit que la guerre des Six Jours a entraîné un nouvel exode d'environ 250 000 Palestiniens. Israël en a profité et est devenu maître des territoires palestiniens, du Sinaï, du plateau du Golan et de Jérusalem-Est. La nature du conflit a évolué au fil des ans, passant d'un conflit israélo-arabe régional de grande ampleur à un conflit israélo-palestinien plus local, qui a atteint son apogée lors de la guerre du Liban de 1982.

III. Depuis 1990, des tentatives de paix qui échouent

[argument 1]

La fin de la guerre froide et la guerre du Golfe offrent aux États-Unis l'occasion de rééquilibrer à leur avantage les rapports de force régionaux. En 1993 sont signés les accords de Washington : Israël et l'OLP se reconnaissent mutuellement et une Autorité palestinienne est créée. Mais le programme de transfert progressif de souveraineté aux Palestiniens se heurte à l'hostilité d'une partie de la population israélienne (colons) et palestinienne (terrorisme du Hamas soutenu par l'Iran).

[argument 2]

En 2002, la Ligue arabe propose la reconnaissance d'Israël par les pays arabes, en échange d'un retrait complet d'Israël des territoires occupés (y compris Jérusalem-Est) et d'un « règlement juste » du problème des réfugiés palestiniens sur la base de la résolution 194 des Nations unies. L'Autorité palestinienne exerce aujourd'hui sa souveraineté sur un territoire discontinu et très morcelé, entrecoupé de nombreuses enclaves sous contrôle israélien.

On peut également rappeler qu'en 2017, Israël et plusieurs États arabes sunnites dominés par l'Arabie saoudite ont formé une coalition semi-officielle pour faire face à l'Iran – un geste que certains ont qualifié de « suspension du conflit israélo-arabe ».

[argument 3]

Le 7 octobre 2023, l'attaque du Hamas contre Israël provoque une intervention militaire de Tsahal dans la bande de Gaza. La nature des crimes commis est jugée par la Cour internationale de justice. Des pourparlers s'engagent, notamment par l'intermédiaire de l'Égypte, du Qatar et des États-Unis.

Conclusion

bilan

Malgré un processus de paix à long terme et la réconciliation générale d'Israël avec l'Égypte et la Jordanie, les Israéliens et les Palestiniens ne sont pas parvenus à un accord de paix définitif. Les questions clés sont la reconnaissance mutuelle et la sécurité, les frontières, les droits sur l'eau, le contrôle de Jérusalem, les colonies israéliennes, la liberté de circulation des Palestiniens et le droit au retour des Palestiniens. Les acteurs mondiaux (ONU, États-Unis, URSS/Russie, Royaume-Uni, France) et régionaux (UE, Ligue arabe) ne sont pas parvenus à susciter un accord israélo-palestinien durable.

ouverture

Les événements de 2023 font craindre une internationalisation du conflit avec les tirs du Hezbollah depuis le Liban, l'intervention des houthis yéménites et l'envoi dans la région de deux porte-avions américains.

SUJET 12

BAC 2022
Asie-Pacifique

Le Moyen-Orient : conflits régionaux et tentatives de paix impliquant des acteurs internationaux

ÉTUDE CRITIQUE DE DOCUMENTS

En analysant les documents, en les confrontant et en vous appuyant sur vos connaissances, répondez à la question suivante : Comment la diversité des acteurs contribue-t-elle à la permanence de la violence et de la guerre au Moyen-Orient ?

DOCUMENT 1

Les grands conflits depuis 1948

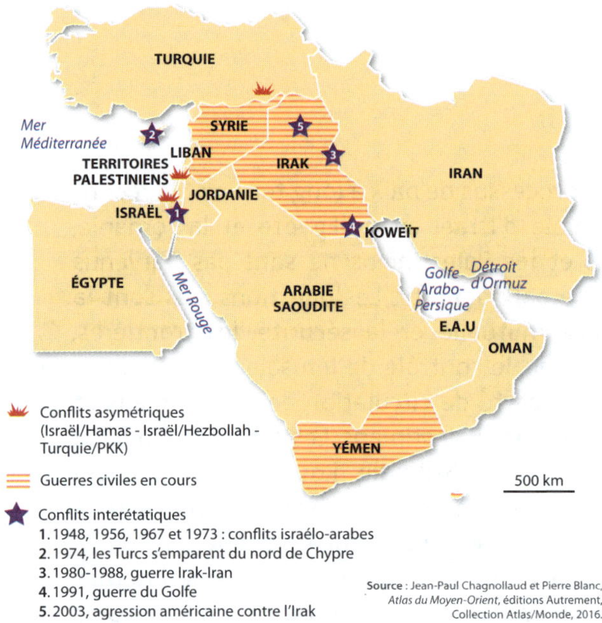

Source : Jean-Paul Chagnollaud et Pierre Blanc, *Atlas du Moyen-Orient*, éditions Autrement, Collection Atlas/Monde, 2016.

Le PKK, Parti des travailleurs du Kurdistan formé en 1978, est une organisation politique armée du peuple kurde considérée comme terroriste par une partie de la communauté internationale, dont la Turquie.

DOCUMENT 2

Le Moyen-Orient, carrefour des extrêmes

Tout se passe comme si on avait, au Moyen-Orient, un répertoire de la diversité des formes de violence interne et internationale, avec une créativité sans égale. Cela vaut aussi bien pour la diversité des conflits que pour la galaxie des combattants et pour la convergence des multiples facteurs qui conduisent à la violence. D'autres régions ont pu connaître des dérives comparables, l'ex-Yougoslavie, par exemple, mais pas de façon aussi durable, répétitive, cumulative.

Pour la diversité des formes de violence, sans prétendre à l'exhaustivité, peuvent être distingués les conflits entre États, les conflits interétatiques qui ont un impact extérieur, les interventions internationales, les actions meurtrières provenant d'entités non étatiques ou dirigées contre elles, voire contre des individus [...].

La galaxie des combattants correspond à cette diversité [...]. Aux armées régulières s'ajoutent la présence et l'action fréquente de milices, de forces paramilitaires curieusement dénommées « sociétés militaires privées » là où il ne s'agit que de mercenaires. On parle parfois de « privatisation » de la guerre là où il s'agit plutôt de gestion privée puisque ces groupes agissent à la demande et pour le compte d'États. Des forces spéciales interviennent souvent dans les conflits de façon semi clandestine. Les services de renseignement participent souvent de façon couverte aux diverses formes de violence, surtout pour la répression interne. De façon plus bénigne, les forces de la paix incarnées par les Casques bleus n'ont qu'un rôle tout à fait marginal, et la Force intérimaire des Nations unies au Liban (Finul)[1] fait exception. Quant au terrorisme, il semble être une spécialité de la région, qui est en outre une grande exportatrice. Cette galaxie conduit à relativiser fortement la distinction entre militaires et civils, et même entre combattants et non-combattants [...].

S'il est une région qui démontre concrètement l'échec historique de la guerre, c'est bien le Moyen-Orient. Tout se passe en outre comme si les facteurs belligènes convergeaient. Lorsque des conflits se développent, ils découlent le plus souvent d'un ensemble complexe de motifs [...].

Plus généralement, l'insécurité générale de la région est en elle-même un élément qui facilite le recours à la violence.

« Le Moyen-Orient, carrefour des extrêmes »,
Serge Sur, *Questions internationales*, n° 103-104, septembre-décembre 2020.
(Serge Sur est rédacteur en chef de la revue *Questions internationales*.)

1. La Force intérimaire des Nations unies au Liban a été établie en mars 1978 par le Conseil de sécurité pour s'interposer dans la guerre civile.

Travail préparatoire

Fiches cours 4 5 6
Fiches méthodes 2 3

2 heures

Le jour de l'épreuve, vous aurez 4 heures pour traiter la dissertation et l'étude critique de documents : ne consacrez pas plus de 2 heures au traitement de l'étude critique de documents.

Analyser le sujet

Analyser les documents

- Le sujet s'appuie sur l'OTC « Le Moyen-Orient : conflits régionaux et tentatives de paix », mais l'axe 1 « La dimension politique de la guerre » et l'axe 2 « Le défi de la construction de la paix » sont à mobiliser.
- Les auteurs des deux documents ne se rattachent pas aux mêmes domaines de recherche et d'enseignement. Serge Sur est un spécialiste du droit international et notamment des questions de sécurité et de désarmement. Jean-Paul Chagnollaud est professeur de sciences politiques, spécialiste du Moyen-Orient, et plus précisément de la question palestinienne. Pierre Blanc est docteur en géopolitique, spécialiste du Proche-Orient et de la Méditerranée.

Les pièges à éviter

- Il faudra être vigilant aux passages du document 2 qui évoquent les facteurs de conflit. Notamment : « Les facteurs belligènes... » On ne peut attendre des candidats un long paragraphe sur ce point puisque aucune précision supplémentaire n'est apportée dans le document. Toutefois, comme il s'agit d'un passage incontournable du cours, les élèves qui détaillent les causes économiques, sociales, religieuses, politiques, géopolitiques et ethniques ne seront pas pénalisés.

- Le texte proposé élargit la réflexion sur d'autres formes de violence et de guerre à l'échelle d'autres États (ex-Yougoslavie) et à l'échelle mondiale avec l'exportation du terrorisme. Or, ces exemples ne font pas partie du cadre géographique du sujet à traiter.

Les attentes du correcteur

- Les deux jalons de l'objet de travail conclusif s'intéressent à des conflits majeurs au Moyen-Orient et à leurs « prolongements ». On valorisera donc les mises au point récentes des guerres civiles en cours dans le document 1 (Syrie, Irak).
- Le texte et la carte élargissent tous les deux la réflexion sur d'autres formes de violence et de guerre au Moyen-Orient à l'échelle d'autres États (Turquie, Chypre, Yémen). On valorisera aussi l'analyse des caractéristiques des autres conflits annexes au Moyen-Orient évoqués dans les deux documents (conflit asymétrique : Turquie/PKK ; conflit interétatique en 1974 : les Turcs s'emparent du Nord de Chypre ; 1980-1988 : guerre Iran/Irak ; guerre civile au Yémen).
- L'annotation de la carte ne porte que sur le PKK : le Hamas et le Hezbollah sont donc censés être connus des candidats.

Mobiliser ses connaissances

- On attend du candidat qu'il étudie la typologie de la diversité des formes de la violence et de la guerre au Moyen-Orient : conflits interétatiques, asymétriques et guerres civiles avec le développement du terrorisme, conflits internationaux avec l'intervention d'armées étrangères et de l'ONU.
- Il doit présenter la diversité des acteurs au Moyen-Orient avec des armées régulières, des forces spéciales, des services secrets des États du Moyen-Orient et d'États étrangers, des sociétés militaires privées, des forces internationales, des civils, des milices et des organisations terroristes.

Problématiser le sujet

- En quoi les conflits du Moyen-Orient impliquent-ils à la fois des acteurs régionaux et internationaux (étatiques et non étatiques) ? En quoi la variété de combattants civils et militaires explique-t-elle la permanence des formes de violence et de guerre ?

Plan du sujet

I. Les multiples formes de violence et de guerre au Moyen-Orient
II. Une « galaxie de combattants »

Corrigé : plan détaillé

Les textes en bleu apparaissant dans ce corrigé ne doivent pas figurer dans votre devoir. Nous les avons insérés pour vous guider et vous aider à repérer les parties de l'étude critique des documents.

Les conseils du professeur

Introduction

Comme le montre la carte du document 1, le Moyen-Orient est, pour les Occidentaux, la région comprise entre la rive orientale de la mer Méditerranée (depuis l'Égypte) et la ligne tracée par la frontière entre l'Iran et le Pakistan.

accroche

Les auteurs du document 1 sont Jean-Paul Chagnollaud, président de l'iReMMO (Institut de recherche et d'études Méditerranée Moyen-Orient), et Pierre Blanc, rédacteur en chef de la revue *Confluences Méditerranée*. L'auteur du document 2 est Serge Sur, directeur de l'*Annuaire français de relations internationales (AFRI)* et rédacteur en chef de la revue *Questions internationales*. Le document 1 est une carte à l'échelle régionale intitulée « Les grands conflits depuis 1948 » et extraite de l'*Atlas du Moyen-Orient* paru en 2016 aux éditions Autrement. La légende présente une

présentation des documents

typologie des principales formes de violence et de guerre au Moyen-Orient depuis la naissance de l'État d'Israël en 1948. Le document 2 est un article qui s'intitule « Le Moyen-Orient, carrefour des extrêmes » ; il est extrait du numéro 103-104 de la revue *Questions internationales* parue en septembre-décembre 2020.

Cet article introduit un dossier, « Le Moyen-Orient : des guerres sans fin », démontrant que le Moyen-Orient est le théâtre de violences diverses et de guerres globales.

On peut définir de façon générale les acteurs comme l'ensemble des agents (individus, groupes de personnes, organisations) susceptibles d'avoir, directement ou indirectement, une action sur le cours des événements. La guerre désigne un conflit armé, opposant au moins deux groupes humains, limité dans le temps et dans l'espace et provoquant des pertes humaines parmi les forces armées. La violence consiste en l'utilisation de la force pour contraindre, dominer, tuer, détruire ou endommager. Le terme renvoie surtout ici aux autres formes de conflits que la guerre régulière.

Comment, à partir d'exemples de plusieurs types de conflits, peut-on expliquer et analyser les différents niveaux de violence et de guerre des nombreux belligérants au Moyen-Orient depuis la création de l'État d'Israël en 1948 ? Nous étudierons d'abord les différentes formes que prennent la violence et la guerre au Moyen-Orient avant de nous intéresser aux combattants qui prennent part à ces conflits.

problématique et annonce du plan

I. Les multiples formes de violence et de guerre au Moyen-Orient

[argument 1]

Dans le document 1, l'auteur évoque « un répertoire de la diversité des formes de violence ». Il pointe notamment « les conflits entre États » et « les interventions internationales ». Ces informations peuvent être complétées à l'aide du document 1. L'année 1948 marque ainsi le premier conflit israélo-arabe : l'Égypte, la Syrie, la Transjordanie, l'Irak et le Liban, opposés au plan de partage de l'ONU, attaquent Israël. Le 29 octobre 1956 se produit la crise de Suez et la deuxième guerre contre l'Égypte de Nasser, avec le soutien dans un premier temps de la France et de la Grande-Bretagne (à qui s'opposent alors les États-Unis et l'URSS). Du 5 au 10 juin 1967 a lieu la guerre des Six Jours, où Israël déclenche une offensive contre l'Égypte, la Syrie et la Jordanie. Enfin, du 6 au 25 octobre 1973, le monde assiste à la guerre du Kippour avec l'attaque de l'État hébreu par l'Égypte et la Syrie ; le choc pétrolier qui s'ensuit a des conséquences majeures. La carte mentionne aussi les deux guerres du Golfe contre l'Irak : celle de 1991 menée par une coalition d'États sous l'égide de l'ONU et celle de 2003 menée par les États-Unis et des alliés comme le Royaume-Uni et la Pologne, mais pas la France ni l'Allemagne.

[argument 2]

Le document 2 mentionne également « les conflits interétatiques qui ont un impact extérieur », « les actions meurtrières provenant d'entités non étatiques ou dirigées contre elles, voire contre des individus » et « le terrorisme, [...] spécialité de la région ». On retrouve des conflits asymétriques (Israël/Hamas, Israël/Hezbollah) et des guerres civiles dans le document 1. Il est important ici de définir les notions étudiées. Une guerre asymétrique oppose la force armée d'un État à des combattants civils aux ressources matérielles plus limitées. Les combattants se servent des points faibles de l'adversaire pour parvenir à leur but, souvent politique ou religieux. Une guerre irrégulière est une guerre non conventionnelle, qui recouvre l'emploi de moyens tels que la guérilla (résistance, insurrection), le terrorisme, les missiles balistiques, les armes chimiques ou les cyberattaques.

[argument 3]

Ces conflits possèdent différents niveaux de violence des nombreuses variantes du terrorisme. On peut ainsi citer l'OLP et l'Intifada, ou encore les attentats des organisations terroristes (du Hamas sunnite, du Hezbollah chiite) en Israël ainsi que les autres attentats et les assassinats dans les territoires palestiniens dans la guerre israélo-palestinienne. Il convient également de

> On peut aussi mentionner « les forces de la paix incarnées par les Casques bleus [...] et la Finul au Liban ». Mais les caractéristiques des interventions de l'ONU dans les conflits israélo-arabes et dans la guerre du Golfe en 1991 (résolutions, missions, coalitions) sont à valoriser car le jalon sur les actions de l'ONU concerne les mandats de Kofi Annan entre 1997 et 2006.

> On peut préciser que dans ce type de guerre « sans front » et « sans frontière », il n'existe plus de respect du traditionnel droit de la guerre, qui protège prisonniers et civils.

> L'OLP (Organisation de libération de la Palestine), créée en 1964,

parler du djihadisme global d'Al-Qaïda et de Daech (en Syrie, en Irak) avec leurs réseaux. On sait que ces deux groupes terroristes ont réussi à internationaliser leur lutte. Enfin, on doit évoquer les guerres civiles à la suite de l'intervention de la Syrie (Liban) ou celles qui ont suivi le « printemps arabe » (Syrie, Irak).

est une structure politique, mais aussi paramilitaire, de résistance armée (jusqu'en 1988). L'Intifada désigne la « révolte des pierres » contre l'armée israélienne dans les territoires occupés (et la bande de Gaza et la Cisjordanie) dans la période 1987-1993, puis 2000-2005.

[transition]

Comment ces différentes formes de violence et de guerre sont-elles liées à l'existence d'une multitude d'acteurs qui s'affrontent au Moyen-Orient ?

II. Une « galaxie de combattants »

[argument 1]

Le document 2 évoque : « les armées régulières », la présence de « milices, de forces paramilitaires et de forces spéciales » et une distinction qui se brouille « entre militaire et civil, entre combattant et non-combattant », mettant en valeur la diversité des acteurs de la violence et de la guerre au Moyen-Orient. On a bien sûr évoqué le cas des civils manifestants (comme l'Intifada) et des terroristes. Le terrorisme désigne l'usage de la violence (sabotages, attentats, assassinats, prise d'otages), en dehors du droit de la guerre, en vue de créer un climat de peur dans un pays. On a aussi mentionné les armées régulières des États en guerre (Israël, Syrie, Égypte). Outre les militaires et les commandos, il faut souligner le rôle des *« contractors »* des sociétés militaires privées (bien que le mercenariat soit officiellement interdit) : Academi, Wagner dans la deuxième guerre du Golfe, dans les guerres civiles en Syrie et en Irak.

On peut préciser qu'Academi, précédemment connue sous le nom de Blackwater, est une société militaire privée (SMP) américaine ayant recours au mercenariat. Cette société a notamment travaillé en Irak pour le compte du gouvernement des États-Unis.

[argument 2]

Le document 2 évoque aussi les services secrets, qui « participent souvent de façon couverte aux diverses formes de violence ». Il faut rappeler les actions des services secrets dans les différents conflits pendant et après la guerre froide (CIA, KGB, Mossad, services secrets syriens, égyptiens et irakiens) qui luttent contre leurs ennemis étatiques et non étatiques (réseaux terroristes).

[argument 3]

On peut souligner que beaucoup de ces acteurs obéissent à des injonctions religieuses ou idéologiques. Le djihadisme est ainsi le combat contre des non-musulmans par une invocation des textes sacrés de l'Islam et au nom de l'idéologie islamiste. Il prône l'utilisation de la violence afin d'instaurer un État islamique ou de rétablir un califat. L'islamisme est l'idéologie politique et religieuse qui prône l'utilisation de la violence pour développer l'Islam ou lutter contre ses adversaires désignés. Le sionisme est la doctrine politique ayant pour objectif l'implantation d'un foyer national juif en Palestine passant par la migration des Juifs vers la Palestine ottomane puis mandataire. Après 1948, les principaux partis politiques israéliens (Parti travailliste, Likoud notamment) se réclament tous du sionisme, mais leurs lectures en sont différenciées en fonction de leurs opinions politiques.

L'ONU définit les actes terroristes comme « l'équivalent en temps de paix des crimes de guerre ».

Conclusion

La myriade de combattants, civils et militaires, régionaux et extérieurs au Moyen-Orient, issus d'organisations publiques et privées, permet de comprendre pourquoi les conflits dans cette zone géographique du monde prennent des formes variées et sont extrêmement difficiles à stopper ou à mettre en pause. Ce sont toutes les formes de guerre et de violence qui sont présentes au Moyen-Orient : guerres interétatiques, guerres civiles, guerres irrégulières, guerres asymétriques, etc.

bilan

On pourrait se demander si, en parallèle à ces multiples aspects du fait guerrier, la construction de la paix n'obéit pas elle aussi au Moyen-Orient à tout un panel d'actions (on peut citer l'exemple des efforts communs de l'Égypte, du Qatar et des États-Unis afin de proposer un cessez-le-feu entre Israël et le Hamas) avec des géométries très variables selon les époques et les adversaires en présence.

ouverture

Thème 3

Histoire et mémoires

Soldats français lors de la bataille de Verdun, 1916.

SUJET 13

Histoire et mémoires des conflits

ÉTUDE CRITIQUE DE DOCUMENTS

En analysant les documents, en les confrontant et en vous appuyant sur vos connaissances, montrez que la responsabilité allemande établie dans le traité de Versailles est perçue de façon très différente selon les acteurs du conflit.

DOCUMENT 1

Le traité de Versailles vu par un de ses rédacteurs.
Dans son dernier ouvrage, Georges Clemenceau répond aux attaques du Maréchal Foch tout en rédigeant une sorte de testament politique.

Quelles rencontres de sensations, de 1871 à 1919, au vif des Allemands revenus à Versailles, dans cette même galerie des Glaces, pour mettre leur propre sceau à la déchéance de ce même empire germanique proclamé hier au même endroit, parmi les chamarrures théâtrales d'uniformes guerriers, les *Hoch* !, les chocs de talons, les cris de victoire, les cliquetis de l'or et du fer !
Un demi-siècle pour le total effondrement d'un rêve « colossal » dissipé dans les meurtrières incohérences d'un impérial dégénéré !

Hier, le chef de leur délégation, le comte de Brockdor-Rantzau venait nous demander notre projet de traité. Le Germain, debout, tout raidi d'insolence, nous lisait une page qui commençait ainsi :
« Enfin, vous allez donc satisfaire votre haine... » et M. Lloyd George de me dire tout bas :
« Qu'allez-vous lui répondre ? »
À quoi ma réplique fut :
« Je vais lui mettre mon papier sous le nez en lui disant : "Voilà ce que vous aurez à signer." ». Ce qui fut fait. [...]

Tout à coup, un sursaut de la foule muette. Sur un banc de velours, entre deux fenêtres, on venait de placer, bien en vue, trois grimaçantes figures de l'infernale tragédie, yeux exorbités, mâchoires tordues, visages ravinés de toutes les balafres – trois grands blessés de guerre, invités à la place d'honneur, en rappel d'affreuses tortures héroïquement acceptées.

Georges Clemenceau, *Grandeurs et misères d'une victoire*, Plon, 1930.

DOCUMENT 2

Le traité de Versailles vu par un ancien chancelier allemand.

Jamais n'a été infligée à un peuple, avec plus de brutalité, une paix aussi accablante et aussi ignominieuse qu'au peuple allemand la paix honteuse de Versailles. Dans toutes les guerres des derniers siècles, des négociations entre vainqueur et vaincu avaient précédé la conclusion de la paix. [...]

Mais une paix sans négociations préalables, une paix dictée comme celle de Versailles, est aussi peu une vraie paix qu'il n'y a transfert de propriété quand un brigand renverse à terre un malheureux et le contraint ensuite à remettre son porte-monnaie. [...]

Pour garder le géant enchaîné, on a mis deux sbires à ses flancs, la Pologne et la Tchécoslovaquie, qui ont reçu le droit, conservé aussi par les États vainqueurs, d'augmenter librement leurs forces militaires, tandis que notre armée, autrefois la plus forte et la plus brave du monde, était réduite à n'être qu'une force de police à peine suffisante pour maintenir l'ordre intérieur.

Bernhard von Bülow, *Mémoires du chancelier prince de Bülow*, Tome 3, trad. Henri Bloch et Paul Roques, Plon, 1931.

Travail préparatoire

Fiche cours 7

Fiches méthode 2 3

2 heures

Le jour de l'épreuve, vous aurez 4 heures pour traiter la dissertation et l'étude critique de documents : ne consacrez pas plus de 2 heures au traitement de l'étude critique de documents.

Analyser le sujet

Analyser les documents

- Au sortir du conflit, le débat sur les causes et les responsabilités de la Première Guerre mondiale devient primordial pour la paix car les négociateurs font le lien entre les causes et la responsabilité, d'où le devoir de réparer. C'est donc un enjeu politique entre vainqueurs et vaincus, comme dans les sociétés.

- Au-delà, le débat devient une question politique et historique majeure durant l'entre-deux-guerres. Désormais la responsabilité de la guerre devient un enjeu de politique intérieure : pour les Français, « l'Allemagne paiera », tandis qu'outre-Rhin, une frange importante de la population considère le traité de Versailles comme un *diktat*.

Les pièges à éviter

Il ne s'agit pas ici de rappeler les causes immédiates ou lointaines de la guerre, ni de chercher à mesurer la culpabilité de l'Allemagne dans le déclenchement du conflit.

Les attentes du correcteur

Il faut montrer les deux points de vue irréconciliables des auteurs sur le traité de Versailles et sur la primauté du droit.

Mobiliser ses connaissances

- Il faut se rappeler le cadre du traité de Versailles. L'article 231 oblige l'Allemagne à accepter la responsabilité du déclenchement de la guerre, ce qui permet aux Alliés de réclamer des réparations. Pour les dirigeants alliés, il s'agit de la reconnaissance d'une responsabilité et non d'une culpabilité.
- Mais ce distinguo est peu audible pour les Allemands (qui estiment avoir mené une guerre juste, et pour les opinions publiques des pays ravagés par le conflit, qui considèrent dans l'immédiat après-guerre que l'Allemagne est bien coupable). Les protestations sont alors unanimes en Allemagne, dans tous les partis, et ne cessent de ressurgir dans les discours officiels, même lors du rapprochement avec la France en 1925.

Problématiser le sujet

La problématique amène à montrer que la responsabilité allemande définie et établie dans le traité de Versailles est ressentie de manière très diverse suivant les belligérants.

Plan du sujet

I. L'affaiblissement de l'Allemagne par le traité de Versailles
II. Un traité pour amener la paix par le droit ?
III. Un moment important dans l'histoire des relations européennes

Corrigé : plan détaillé

Les textes en bleu apparaissant dans ce corrigé ne doivent pas figurer dans votre devoir. Nous les avons insérés pour vous guider et vous aider à repérer les parties de l'étude critique des documents.

Les conseils du professeur

Introduction

accroche

Le traité de Versailles, signé le 28 juin 1919 entre l'Allemagne et les Alliés, ne cesse d'obséder les dirigeants européens durant l'entre-deux-guerres comme le montrent ces extraits d'ouvrages publiés après la mort de leurs auteurs en 1929 : *Grandeurs et misères d'une victoire* de Georges Clemenceau et les *Mémoires du chancelier prince de Bülow*.

présentation des documents

Bernhard von Bülow, chancelier de 1900 à 1909 à l'origine d'une politique étrangère agressive, a échoué dans sa mission auprès de l'Italie durant la guerre. Georges Clemenceau, le *leader* des Radicaux, patriote intransigeant, est le « Père la victoire ». Mais il est écarté par les parlementaires et, amer, rédige cette sorte de testament politique pour répondre aux attaques du maréchal Foch. Ces deux responsables politiques majeurs ne sont plus au pouvoir quand ils rédigent leurs mémoires et défendent leur action. Le contexte a changé. L'Europe est sortie de l'immédiat après-guerre, la France et l'Allemagne tentent une politique de rapprochement.

problématique et annonce du plan

La comparaison de ces extraits de mémoires nous permet-elle d'appréhender les perceptions du traité de Versailles de part et d'autre du Rhin ? Nous verrons d'abord que le premier objectif du traité est d'affaiblir l'Allemagne. Puis, nous nous demanderons si le chemin vers la paix s'appuie réellement sur le droit. Enfin, nous étudierons les conséquences du traité sur la perception des conflits par les Européens.

I. L'affaiblissement de l'Allemagne par le traité de Versailles

[argument 1]

On peut parler pour le traité de Versailles d'un affaiblissement programmé du voisin et ancien ennemi. Clemenceau ne cache pas sa volonté d'alors de casser le militarisme et l'impérialisme allemands : « mettre leur propre sceau à la déchéance de ce même empire germanique » ; « le total effondrement d'un rêve colossal ».

[argument 2]

Von Bülow détaille les moyens de l'affaiblissement pour mieux les condamner : les réparations et les pertes de territoires (« transfert de propriété ») ; la fin de la puissance militaire par un désarmement imposé (« une force de police à peine suffisante ») ; la surveillance de l'Allemagne (« pour garder le géant enchaîné, on a mis deux sbires à ses flancs, la Pologne et la Tchécoslovaquie »). Pour cette dernière, il fait allusion aux traités passés par la France avec les États d'Europe orientale et à l'aide militaire à la Pologne.

On peut rappeler que Clemenceau n'a, en fait, jamais voulu détruire l'Allemagne, ou annexer des portions de son territoire. Il se méfiait de l'Allemagne « éternelle » et a voulu assurer la sécurité de la France en l'affaiblissant et en obtenant des accords de sécurité des Anglo-Saxons.

[argument 3]

Le ton est celui de la guerre dans les deux textes. Les Alliés sont des « brigands » imposant une « paix [...] accablante et [...] ignominieuse ». Clemenceau assimile les Allemands aux « chamarrures théâtrales d'uniformes guerriers ». On peut se demander s'il ne s'agit pas ici de deux ennemis irréconciliables.

[transition]

Conçu pour affaiblir l'Allemagne, le traité de Versailles n'a-t-il pas cherché à s'appuyer sur le droit pour bâtir la paix ?

II. Un traité pour amener la paix par le droit ?

[argument 1]

La paix par le droit était un thème évoqué durant la guerre par les Alliés et correspondait surtout à la volonté du président Wilson : l'application des quatorze points dont une diplomatie ouverte et le refus d'une paix hégémonique.

Expliquez que pour Clemenceau, le traité de Versailles répare l'injustice de 1871 et l'Allemagne doit payer le prix de la défaite.

[argument 2]

Von Bülow pointe l'écart entre cet objectif et la réalité. La paix ne respecte pas ces principes car elle a été dictée « sans négociations préalables ». Certains gestes sont en outre interprétés comme des formes d'humiliation : les Allemands n'entrent pas par la même entrée que les autres délégations et doivent cheminer dans des salons où sont alignés des soldats. Ils quittent le château au milieu d'une foule muette. En revanche, von Bülow ne s'attarde pas sur les violations allemandes des règles, comme l'invasion de la Belgique neutre.

[argument 3]

Pour Clemenceau, cette paix obéit à une autre conception : la justice plus qu'un droit théorique, avec la présence de « trois grimaçantes figures de l'infernale tragédie, yeux exorbités, mâchoires tordues, visages ravinés de toutes les balafres ». Selon lui, la « force ne peut rien établir de solide, si elle n'est pas au service de la justice ». Les Allemands n'ont pas le même point de vue sur cette paix et vivent le traité comme une humiliation, un « vol », une paix « ignominieuse ».

La présence de trois « gueules cassées » doit rappeler aux représentants de l'Allemagne leur responsabilité dans les ravages de la guerre.

[transition]

Entre droit et justice, les points de vue ont divergé. Ces oppositions ont nourri un profond ressentiment chez certains anciens dirigeants européens.

III. Un moment important dans l'histoire des relations européennes

[argument 1]

Clemenceau et von Bülow, nés dans les années 1840, sont âgés et ont connu la guerre de 1870. Du fait de leurs camps opposés, ils n'en ont pas la même perception. Ce rappel montre que pour eux, la guerre s'inscrit dans une suite de conflits, notamment franco-allemands, alors même que les États européens tentent de se rapprocher. Ils sont peut-être plus en adéquation avec le sentiment général des populations : le refus de la guerre mais sans réconciliation.

Gardez à l'esprit que le soutien des Allemands à la politique de Locarno est alors fragile.

[argument 2]

La paix ne s'est pas faite uniquement entre la France et l'Allemagne : il s'agit d'une paix européenne. L'ancien chancelier Von Bülow attaque les « vainqueurs » de manière générale et Clemenceau rappelle la présence majeure des Alliés à Versailles, avec notamment Lloyd George.

[argument 3]

L'Europe en sort transformée. L'Allemagne, principale puissance continentale, ne disposant plus de la force militaire, est amoindrie. De nouveaux États sont nés sur les ruines des empires. Cependant, les deux dirigeants ne font pas référence à l'affaiblissement général de l'Europe.

Conclusion

Les visions des deux hommes politiques sont antagonistes. Pour von Bülow, l'Allemagne a été injustement victime de la haine des Alliés. Pour Clemenceau, le traité de Versailles a mis fin aux rêves de domination de l'Allemagne à l'origine du conflit. | bilan

Malgré des tentatives de rapprochement des responsables politiques de la seconde moitié des années 1920, et les efforts de réconciliation des différents mouvements pacifistes, ces idées sont largement partagées par les opinions publiques de l'époque, particulièrement en Allemagne. Il faudra attendre les travaux des historiens, notamment, pour remettre en cause la responsabilité unilatérale de l'Allemagne. | ouverture

SUJET 14

BAC 2022
Métropole, sujet de remplacement

Histoire et mémoires des conflits

DISSERTATION

Expliquez la citation de l'historien Pierre Nora : « Si la mémoire divise, l'Histoire réunit ».

Travail préparatoire

Fiche cours 7
Fiche méthode 1

2 heures

Le jour de l'épreuve, vous aurez 4 heures pour traiter la dissertation et l'étude critique de documents : ne consacrez pas plus de 2 heures au traitement de la dissertation.

Analyser le sujet

Définir les mots du sujet

- Il faut rappeler que le travail des historiens se fonde sur l'étude d'archives et est effectué de manière scientifique afin de viser à l'objectivité. L'historien croise les sources et étudie de manière méthodique les archives afin qu'elles puissent servir de « preuves ».
- La mémoire peut faire partie des sources étudiées par l'historien (les témoignages) mais elle est subjective. Ce n'est qu'avec une approche distanciée que l'historien peut l'analyser.
- La mémoire est faite d'oubli car elle est fluctuante alors que l'histoire, basée sur l'étude des faits, est une lutte contre l'oubli, elle vient compléter et corriger la mémoire.

Les pièges à éviter

Ne pas oublier de montrer les différences d'approches de l'histoire et de la mémoire des faits historiques : il est nécessaire d'opposer une méthode scientifique et objective à l'approche émotionnelle, l'étude croisée des archives à l'approche singulière et personnelle des événements.

Les attentes du correcteur

Il faut bien maîtriser les évolutions parallèles – mais dissociées – de l'histoire des conflits et des mémoires de ces événements guerriers, pour montrer que la vérité historique et l'apaisement mémoriel sont des processus lents et complexe.

Mobiliser ses connaissances

- Il faut s'appuyer ici prioritairement sur les deux jalons étudiés en cours : « Un débat historique et ses implications politiques : les causes de la Première Guerre mondiale » et « Mémoires et histoire d'un conflit : la guerre d'Algérie ».
- On peut rappeler que Pierre Nora est membre de l'Académie française et connu pour ses travaux sur les « lieux de mémoire » et leurs liens avec le « sentiment national » (1984-1993). La citation (approximative malheureusement) est extraite d'un entretien pour le journal *Les Échos* (1er juillet 2007) : « Je suis convaincu que l'histoire a une vertu thérapeutique et qu'elle est une des très rares possibilités de conciliation entre des mémoires antagonistes. Car *si l'histoire rassemble, la mémoire divise* et sépare. L'historien n'est certes pas le seul juge du passé mais il en est l'ultime garant. »

Problématiser le sujet

En référence avec le programme, le sujet invite à critiquer la citation lapidaire de Pierre Nora en se demandant quelles relations entretiennent l'histoire et les mémoires des grands conflits du XXe siècle.

Plan du sujet

I. Au cours du conflit, une histoire manipulée
II. Premières explications, premiers travaux
III. Le temps de la vérité et de l'apaisement

Corrigé : plan détaillé

Les textes en bleu apparaissant dans ce corrigé ne doivent pas figurer dans votre devoir. Nous les avons insérés pour vous guider et vous aider à repérer les parties de la dissertation.

Les conseils du professeur

Introduction

L'historien Pierre Nora affirme que « l'histoire rassemble, la mémoire divise » (*Les Échos*, juillet 2007).

accroche

Par « mémoire », il faut entendre l'ensemble des souvenirs (collectifs et individuels), sous forme de différentes traces, liés aux événements majeurs du XXe siècle (Première et Seconde Guerres mondiales, guerre d'Algérie, etc.). Ces souvenirs font l'objet de commémorations mais sont aussi, parfois, à l'origine des revendications de ceux qui en sont porteurs, souvent liées à des enjeux idéologiques, politiques ou culturels du temps présent. Le travail de l'historien consiste à évacuer au maximum les dimensions affective et idéologique qui s'attachent immanquablement aux mémoires, pour chercher à établir avec le plus d'objectivité et de rationalité possible la vérité et la réalité des faits du passé. Le travail sur les mémoires est rendu d'autant plus complexe pour l'historien qu'elles contiennent des amnésies et de la sélectivité (volontaires ou non), voire des mythes et des légendes.

analyse du sujet

Entre opposition et complémentarité, quels rapports l'histoire et les mémoires des conflits entretiennent-elles ? Pour répondre à cette question, nous verrons d'abord qu'au cours des conflits, l'histoire est manipulée pour justifier la guerre et que le travail historique est impossible. Nous montrerons ensuite qu'au lendemain des conflits, c'est l'histoire des vainqueurs qui prévaut, malgré l'apparition progressive de premiers travaux historiques. Enfin, nous analyserons comment survient le temps de la vérité et de l'apaisement, avec une histoire en débat.

problématique et annonce du plan

I. Au cours du conflit, une histoire manipulée

[argument 1]

Dès le début des conflits, les gouvernements orientent l'histoire pour faire porter la responsabilité des hostilités à l'ennemi. Cela légitime et justifie leur action militaire. En 1914, la France se présente ainsi comme la victime de l'agression allemande, qui, elle, revendique mener une guerre préventive contre la menace russo-française. Le révolutionnaire russe Lénine accuse le système impérialiste et capitaliste. Selon lui, la guerre aurait été voulue par les puissants pour renforcer leur domination. Pendant la Grande Guerre, chaque camp pointe la responsabilité de l'autre : Paris met en avant le fait que c'est l'Allemagne qui lui a déclaré la guerre. Berlin rappelle que la mobilisation russe a débuté une semaine avant sa déclaration de guerre et qu'elle est à l'origine de l'embrasement général. En temps de guerre, même si la responsabilité est le plus souvent multiple, les explications complexes sont remplacées par des schémas simplistes afin de susciter la haine de l'ennemi.

Il faut montrer que, dans une logique d'intérêts, tous les pays affirment ne mener qu'une guerre défensive pour protéger leur territoire et leurs acquis.

Opposez les différents points de vue et prenez du recul sur les discours pour exposer les volontés politiques.

[argument 2]

Durant les conflits, les autorités contrôlent l'information et déploient une propagande empêchant les historiens d'étudier les événements en cours. Ces derniers n'ont également pas le recul ni les archives nécessaires pour mener leur travail à bien. Chaque pays peut alors mettre en avant la cause qui l'arrange. Ainsi, pour la Grande Guerre, l'Empire allemand se voit comme encerclé par des ennemis et estime devoir mettre un terme à cette menace, la Russie met en avant son devoir d'assistance envers la Serbie et le Royaume-Uni rappelle que c'est l'Empire allemand qui a violé la neutralité belge.

[argument 3]

Durant la guerre d'Algérie, les opposants français au conflit sont muselés comme le journaliste communiste Henri Alleg qui est kidnappé en juin 1957 et torturé par l'armée française. Son livre, *La Question* (1958), est interdit. La presse est également contrôlée et les informations allant contre les intérêts français sont censurées.

[transition]

Au sortir des guerres, est-il possible d'écrire une histoire objective et de laisser s'exprimer les mémoires conflictuelles ?

II. Premières explications, premiers travaux

[argument 1]

Une fois le conflit terminé, les vainqueurs peuvent imposer leur vision du conflit. Après l'armistice du 11 novembre 1918, l'Allemagne, fortement affaiblie, est obligée de reconnaître qu'elle porte la responsabilité de cette guerre avec ses alliés par l'article 231 du traité de Versailles (28 juin 1919). Si le traité est ratifié, l'opinion publique allemande ne comprend pas sa dureté et le considère comme un *diktat*. Après la guerre d'Algérie, le Front de libération nationale se présente ainsi comme le seul acteur de l'indépendance algérienne, occultant la participation à la lutte contre la France des autres mouvements nationalistes, tel le Mouvement national algérien (MNA) de Messali Hadj.

En 1944, l'écrivain Robert Brasillach a eu cette formule pour questionner l'objectivité de l'histoire : « L'histoire est écrite par les vainqueurs. »

[argument 2]

Puis c'est au tour des historiens de commencer à livrer leurs premières études. Ainsi, l'historien et ancien combattant Pierre Renouvin retrace les principales causes de la guerre. Le grand historien des relations internationales s'interroge dès 1925 (*Les origines immédiates de la guerre*) sur ce qu'il appelle les « forces profondes » ayant conduit à la guerre, particulièrement le complexe militaro-industriel très puissant en Allemagne mais aussi influent en France et en Grande-Bretagne. S'esquisse alors l'idée d'une responsabilité collective dans le déclenchement du conflit.

[argument 3]

L'enseignement du conflit est également décisif. Si les jeunes Allemands sont formés dans un esprit de revanche par rapport au traité de Versailles à partir de 1933, en France, l'historien Jules Isaac prend conscience de la nécessité de ne pas élever les jeunes Français dans la haine de l'Allemagne. Inspecteur général de l'instruction

On peut préciser qu'en 1988 est organisé le premier colloque universitaire sur la guerre d'Algérie.

publique et auteur de manuels pour les élèves, il explique que les responsabilités sont certes inégalement partagées, mais que la France doit en assumer une part aux côtés des empires allemand et austro-hongrois, dans le déclenchement du conflit. Il faudra ensuite attendre les années 1980 pour que l'on puisse réellement commencer à voir s'édifier un travail scientifique cohérent sur la guerre d'Algérie.

La guerre n'est donc plus occultée mais, comme l'écrit Benjamin Stora, elle est encore « ensevelie ».

[transition]

Lever le voile sur les épisodes douloureux des conflits est un processus long et complexe. Comment arriver à une histoire empreinte de vérité et à des mémoires apaisées ?

III. Le temps de la vérité et de l'apaisement

[argument 1]

Lorsqu'il s'agit de conflits, le travail historique s'appuie particulièrement sur les archives officielles. En France, les historiens ont eu accès aux documents concernant la guerre d'Algérie à partir de 1992 alors qu'en Algérie, elles restent confidentielles. En attendant cette ouverture des archives, les historiens français, comme Benjamin Stora, se sont surtout appuyés sur des témoignages. Avec le temps, les témoins veulent parfois laisser une trace et offrent un regard personnel sur le conflit.

Ce regard apporte des informations précieuses mais reste le point de vue d'une personne qu'il faut compléter et recouper par d'autres sources.

[argument 2]

On peut se demander si la disparition progressive des acteurs des conflits ne tend pas à faciliter le travail des historiens dans la mesure où s'apaisent les mémoires. Avec le temps, les recherches des historiens s'améliorent car ils ont accès à davantage d'archives, profitent des travaux de leurs prédécesseurs et peuvent croiser les sources. Différentes thèses font alors surface et peuvent parfois bousculer les certitudes de la société. En 1961, l'historien allemand Fritz Fischer, pourtant ancien membre du parti nazi, explique que l'Empire allemand souhaitait à tout prix accéder au rang de puissance mondiale au risque calculé et assumé de déclencher la guerre. La confrontation des travaux des historiens français avec ceux des Allemands ou des Algériens permet progressivement de surmonter les analyses partisanes et nationalistes.

[argument 3]

En France, une loi reconnaît en 1999 la guerre d'Algérie comme un conflit armé et non plus comme une succession de simples « événements » ou une « pacification », selon les termes longtemps employés par les autorités françaises. Les noms des rues ou des monuments inscrivent les faits dans les mémoires (mémorial de la guerre d'Algérie, 2002 ; place Maurice Audin, 2003). Les hommes politiques assument la responsabilité de leurs prédécesseurs, à l'instar d'Emmanuel Macron qui a reconnu l'aspect systématique de la torture sur ordre de l'État français pendant la guerre d'Algérie. Mais, en Algérie, les archives ne sont toujours pas ouvertes et c'est le FLN qui oriente l'histoire. Dans d'autres cas, les liens entre les pays permettent de tourner la page et d'assumer une mémoire commune plutôt que divisée. Angela Merkel et François Hollande se sont ainsi retrouvés à Verdun pour la commémoration du centenaire de cette bataille où plus de 300 000 Français et Allemands ont perdu la vie.

Il est important de garder un œil objectif, même sur les avancées : 72 chefs d'État et délégations étaient à Paris pour la cérémonie du 11 novembre 2018. Pour autant, les services de l'Élysée ont relégué le président serbe dans une tribune secondaire, déclenchant un incident diplomatique. La Serbie a dû rappeler qu'elle a perdu 1,2 million d'hommes dans le conflit.

Conclusion

bilan

La tâche des historiens n'a pas été et n'est pas encore toujours aisée. Au-delà de la difficulté d'écrire l'histoire immédiate des conflits, ils se trouvent en effet confrontés depuis quelques décennies à une « demande sociale d'histoire ». Elle émane du grand public et surtout des victimes et de leurs descendants, sur certains faits longtemps occultés ou oubliés, volontairement ou non, par exemple l'usage de la torture par l'armée française au cours de la guerre d'Algérie. Ils sont même sollicités à titre de témoins « experts » dans certains procès. Ils sont aussi impliqués, à leur corps défendant, lors de polémiques fortement médiatisées à propos des revendications de certains groupes de mémoire concernant la guerre d'Algérie (anciens combattants, pieds-noirs, etc.).

ouverture

On peut se demander jusqu'à quel point l'écriture d'une histoire commune entre anciens ennemis reste un enjeu diplomatique, utilisée alternativement, par l'un ou l'autre des États, pour servir des discours politiques.

SUJET 15

Histoire, mémoire et justice

ÉTUDE CRITIQUE DE DOCUMENT

En analysant le document et en vous appuyant sur vos connaissances, montrez comment, pour assurer sa défense et contester sa responsabilité dans la guerre, le dirigeant serbe Radovan Karadžić n'hésite pas à manipuler les faits et l'histoire.

DOCUMENT

Depuis longtemps jusqu'à cette affaire-ci, on n'a pas connu de situation où un grand nombre de personnes honorables, essentiellement des Serbes, ont été condamnées à de longues peines d'emprisonnement qu'ils purgent dans différents pays européens, loin de leurs pays ; et, en même temps, il y a eu tellement d'auteurs de crimes contre des Serbes, des assassins, qui sont libres. Alors, on peut évidemment faire semblant que ça ne s'est pas produit, mais ça s'est produit et on s'en souviendra bien plus longtemps encore que l'affaire Dreyfus. Ça fera l'objet d'études ; on se tournera sur les événements et on verra comment la justice a été rendue. [...]

Il n'y a pas eu une seule famille qui n'a pas, en son sein, des témoins ou des personnes qui ont été tuées pendant la Deuxième Guerre mondiale. Et il aurait donc été juste que le Procureur dise que s'il n'y avait pas eu de génocide contre les Serbes en Bosnie-Herzégovine et en Croatie il y a 50 ans, peut-être même plus encore, [...] des gens comme Karadžić[1] ou d'autres n'auraient pas eu à se défendre. [...]

Beara[2] a fait référence à deux présidents ou à deux chefs [avec qui il aurait échangé], mais un témoin a déclaré que Beara voulait impressionner les autres et leur montrer qu'il était lié à un commandant, mais le témoin lui-même n'y a pas cru et il n'a pas pu trouver de lien avec moi. Franz Kos [autre chef militaire] est également venu déposer ici, et il a déclaré qu'il n'avait jamais entendu aucune référence au président

Karadžić comme ayant ordonné que ces unités participent à des crimes quels qu'ils soient, c'est-à-dire des exécutions.

Extraits de la défense de Radovan Karadžić au Tribunal pénal international pour l'ex-Yougoslavie, audiences du 1er et du 7 octobre 2014.

1. Radovan Karadžić (né en 1945) fut le président des Serbes de Bosnie (1992-1996). Il parle ici de lui-même à la troisième personne du singulier.
2. Ljubiša Beara : colonel qui avait la responsabilité des prisonniers bosniaques musulmans à Srebrenica.

Travail préparatoire

Fiche cours 8
Fiches méthode 2 3

2 heures *Le jour de l'épreuve, vous aurez 4 heures pour traiter la dissertation et l'étude critique de documents : ne consacrez pas plus de 2 heures au traitement de l'étude critique de documents.*

Analyser le sujet

Analyser le document

- Le TPIY lance un mandat d'arrêt contre Radovan Karadžić dès 1996. Il est arrêté à Belgrade le 21 juillet 2008. Radovan Karadžić comparaît devant la Cour du TPIY pour la première fois le 31 juillet 2008. Son procès commence le 26 octobre 2009. Après dix ans de procédures complexes ralenties par les jugements en appel, il est définitivement condamné en 2019 à la prison à perpétuité.
- Le texte regroupe des extraits de ses audiences d'octobre 2014.

Les pièges à éviter

Il ne s'agit pas ici de paraphraser le document mais, bien au contraire, de montrer que les principales lignes de défense de Radovan Karadžić sont en fait des contre-vérités.

Les attentes du correcteur

- Il faut insister sur la responsabilité de Karadžić et sur l'importance de ce procès. Radovan Karadžić n'a été arrêté que quinze ans après la création du Tribunal pénal pour l'ex-Yougoslavie.
- La défense de Karadžić au TPIY se tient à La Haye en 2014.

Mobiliser ses connaissances

- Il faut se souvenir du cadre historique. La guerre en Yougoslavie est en lien direct avec la disparition de l'URSS, concernant un pays qui avait conservé ses distances avec les Soviétiques mais avait fait fi des particularismes régionaux. Ce « réveil des nationalismes » secoue le pays en 1991 avec deux mouvements qui vont contribuer à la conflagration : d'une part, un mouvement sécessionniste des républiques les plus riches du pays ; d'autre part, un nationalisme pan-serbe qui se pense comme dominant la fédération.
- La guerre civile débute alors et se cristallise autour de la Bosnie-Herzégovine où les groupes nationaux sont à la fois les plus équilibrés démographiquement et les plus enchevêtrés. Alors même qu'elle s'émancipe, un territoire en son sein fait lui-même sécession : la République serbe de Bosnie, dirigée par Radovan Karadžić.
- Dans ce contexte complexe, les responsabilités existent. Il ne s'agit pas de prendre parti pour un peuple contre un autre – les exactions n'ont pas été l'apanage d'un seul camp – mais de distinguer les responsabilités politiques et militaires qui ont été clairement identifiées par la communauté internationale.
- Le second enjeu est de démonter le discours euphémisant caractéristique des situations de violences de masse en montrant ce que signifie la « purification ethnique ».

Problématiser le sujet

La problématique amène à montrer comment le dirigeant serbe n'hésite pas à manipuler les faits et l'histoire pour assurer sa défense et contester sa responsabilité dans la guerre.

Plan du sujet

I. La justice des vainqueurs ?
II. Une défense légitime des Serbes ?
III. Un homme incompris ?

Corrigé : plan détaillé

Les textes en bleu apparaissant dans ce corrigé ne doivent pas figurer dans votre devoir. Nous les avons insérés pour vous guider et vous aider à repérer les parties de l'étude critique des documents.

Les conseils du professeur

Introduction

Le Tribunal pénal international pour l'ex-Yougoslavie (TPIY) a été créé le 25 mai 1993, en pleine guerre de Bosnie, par la résolution 827 de l'ONU, avec pour mission la traduction en justice des personnes présumées responsables de crimes graves (violation de la convention de Genève, violation des lois de la guerre, crime contre l'humanité, génocide), commis depuis le début de la guerre en ex-Yougoslavie en 1991. Il est le premier tribunal pénal international depuis celui de Nuremberg en 1945.

accroche

Les historiens ont montré que Radovan Karadžić, président des Serbes de Bosnie (1992-1996), a organisé des opérations de « purification ethnique » durant la guerre en Bosnie, entraînant la mort de 10 000 civils à Sarajevo entre 1992 et 1996 et le massacre de 8 000 musulmans bosniaques à Srebrenica en 1995. Nous avons ici un extrait de sa défense devant le TPIY.

présentation des documents

Comment, pour assurer sa défense et contester sa responsabilité dans la guerre, le dirigeant serbe Radovan Karadžić manipule-t-il les faits et l'histoire ? Nous verrons d'abord sa première ligne de défense : celle d'une justice orientée car antiserbe. Puis nous étudierons son deuxième argument : celui de légitime défense dans un contexte de guerre civile. Enfin, nous nous intéresserons à son troisième élément de contre-vérité : celui d'un dirigeant impuissant face aux massacres commis par son armée.

problématique et annonce du plan

I. La justice des vainqueurs ?

[argument 1]

La première ligne de défense de Radovan Karadžić consiste à affirmer que des violences ont été commises dans tous les camps, alors que seuls les Serbes sont jugés. Si l'on ne peut contester la première partie de son argument, la seconde partie est néanmoins douteuse : dans le processus de reconnaissance historique, celle des responsabilités est rarement simultanée. La culpabilité des uns, jugée ou à établir, n'exonère pas celle des autres.

Entre 1999 et 2011, le TPIY fait autorité dans sa mission mais après 2012, il est affaibli par des acquittements contestés de responsables militaires, puis par le suicide par empoisonnement en plein tribunal de l'homme politique croate de Bosnie, Slobodan Praljak, en 2017.

[argument 2]

Par ailleurs, c'est un point doublement faux. D'abord, des responsables croates et bosniaques ont également été inquiétés par la justice, même si certains sont décédés avant leur procès (Izetbegović, leader politique des musulmans de Bosnie ou Tudjman, président de la Croatie). De plus, entre 1993 et 2017, durant 10 800 jours de procès, le TPIY a engagé 161 procédures pour des crimes commis pendant la guerre civile en ex-Yougoslavie. Le tribunal a condamné 90 personnes et en a acquitté une vingtaine. 17 sont décédées avant la fin de leur jugement (dont le président de la Serbie Slobodan Milošević), les poursuites ont été abandonnées pour 25 autres. Les peines prononcées vont de quelques années d'emprisonnement jusqu'à la prison à vie.

[argument 3]

Ensuite, il est bon de souligner que les prévenus ne sont pas convoqués devant le tribunal pour leur nationalité mais pour leurs responsabilités dans les crimes commis. Or, l'armée des « Serbes de Bosnie » a commis de nombreux crimes de masse durant la guerre de Bosnie (le massacre de Srebrenica notamment). La présence de plusieurs responsables de premier plan n'est donc pas incongrue.

N'oubliez pas de mettre entre guillemets les expressions qui ne sont pas de votre fait.

[transition]

Karadžić n'est donc pas accusé parce qu'il est Serbe mais bien parce qu'il était responsable de son pays et de son armée. Voyons à présent sa seconde ligne de défense.

II. Une défense légitime des Serbes ?

[argument 1]

La seconde ligne de défense de Karadžić consiste à inscrire ce combat dans l'histoire : il convoque la situation pendant la Seconde Guerre mondiale où des Croates ont pris le parti des nazis et identifie le procès qui lui est fait à l'affaire Dreyfus. Les Croates seraient donc porteurs des fautes de leurs ancêtres et les Serbes les premières victimes – et par extension, lui-même – du conflit.

La paraphrase seule est à proscrire. Elle n'est utile que pour amener une explication ou une interprétation.

[argument 2]

Or, c'est bien la responsabilité d'un homme politique de conduire son peuple à dépasser les haines ancestrales. Par ailleurs, s'il y a eu des violences de guerre et des crimes contre l'humanité à cette époque, il n'y a pas eu de « génocide » contre les Serbes, à proprement parler. C'est-à-dire qu'ils n'ont pas été les cibles d'une politique visant à faire disparaître tout ou partie d'un groupe identifié suivant sa culture, sa religion ou son origine. Convoquer la notion de génocide est une façon ici de se défendre de l'accusation portée contre lui. Les Serbes n'auraient donc fait que se défendre.

Rappelez la définition officielle des termes et opposez-la à la définition partiale qui peut être donnée.

[argument 3]

À l'inverse, bien que l'armée de Radovan Karadžić ait laissé en vie une partie de la population bosniaque (les plus jeunes et les femmes), le TPIY a reconnu le caractère génocidaire des tueries qu'elle a commises à Srebrenica, en les qualifiant de « massacres constitutifs de génocide ». En effet, l'armée Serbe a délibérément organisé le meurtre des hommes bosniaques au seul prétexte de leurs origines ethniques.

[transition]

Karadžić n'a pas fait que défendre son pays contre les violences des Croates ou des Bosniaques. La vengeance n'est pas une excuse politique. Quel est enfin son troisième argument ?

III. Un homme incompris ?

[argument 1]

Personne ne peut apporter la preuve que Karadžić a donné des ordres pour faire tuer des civils puisque, d'après lui, il ne les a jamais donnés. Au contraire, dans d'autres déclarations, il prétend avoir tout fait pour préserver la paix et les civils des violences. Les témoignages seraient faux, tronqués ou mal compris. Le militaire qui l'accuse a seulement voulu faire croire qu'il était proche du pouvoir, mais a sans aucun doute menti.

[argument 2]

Le responsable local du massacre de Srebrenica (juillet 1995) est le général Ratko Mladić, commandant de l'armée de la République serbe de Bosnie, dont le président est alors Radovan Karadžić. Au vu des liens entre les deux personnages et du fait que l'armée ne décidait pas de façon autonome de ses actions, la responsabilité de Karadžić est reconnue, bien qu'il affirme ne jamais avoir donné l'ordre de tuer des civils.

[argument 3]

Le procureur du TPIY reconnaît que Karadžić n'a pas tué de ses propres mains, argument qui est une ligne de défense commune des responsables de violence de masse qui rejettent la responsabilité sur les exécutants. Or, le procureur précise que ces violences répondaient à un projet politique construit par l'accusé et mis en œuvre sous ses ordres par son armée.

On peut rappeler que la protection dont Karadžić a bénéficié après la guerre civile pour échapper aux enquêteurs pendant onze années prouve, par défaut, le lien qu'il a entretenu avec les nationalistes de la Serbie. Ils n'auraient sans doute pas soutenu ainsi un homme politique qui serait allé contre leurs intérêts.

Conclusion

Radovan Karadžić essaie de placer le débat sur le plan de la légitimité de la réaction de l'époque : défense légitime de la part d'un peuple (les Serbes) oppressé et agressé, avec des leaders (lui, en l'occurrence) responsables et voulant préserver la paix, mais mal compris ou calomniés. La ligne de défense de Karadzic ne nie pas la réalité des massacres mais prétend qu'il n'en a jamais donné l'ordre, qu'il n'a pas été compris puisque lui voulait protéger les civils.

bilan

Créé pour juger les responsables de crimes de guerre, de crimes contre l'humanité et de génocides pendant la guerre en ex-Yougoslavie (en Croatie, en Bosnie-Herzégovine et au Kosovo), le TPIY a fermé le 31 décembre 2017. Il n'y a plus désormais de tribunal pénal international en activité. Seule la Cour pénale internationale (CPI) de La Haye, opérationnelle depuis 2002, peut désormais le faire, mais ses compétences sont limitées, ne serait-ce que parce que la Russie et les États-Unis ont refusé de ratifier le traité international qui lui a donné naissance.

ouverture

SUJET 16

BAC 2024
Métropole

Histoire, mémoire et justice

DISSERTATION

Juger les crimes de masse et les génocides depuis 1945.

Travail préparatoire

Fiche cours 8
Fiche méthode 1

2 heures

Le jour de l'épreuve, vous aurez 4 heures pour traiter la dissertation et l'étude critique de documents : ne consacrez pas plus de 2 heures au traitement de la dissertation.

Analyser le sujet

Définir les mots du sujet

- Le cadre chronologique est à la fois large et précis : large parce qu'il court sur plus de 60 ans, précis puisqu'il exclut *de facto* la Seconde Guerre mondiale.
- Le sujet nécessite une définition de ce qu'est un « crime de masse » : crime collectif et planifié envers des civils. Un génocide est un crime de masse dirigé contre un groupe national, ethnique ou encore religieux.
- Le sujet invite aussi à une réflexion sur le lien entre justice et violences de masse et non une histoire de ces différentes violences.

Les pièges à éviter

Il ne s'agit donc pas d'être exhaustif sur tous les crimes de masse et à caractère génocidaire qui ont pu se dérouler depuis 1945.

Les attentes du correcteur

- Il faut bien montrer les liens entre justice, histoire et mémoires et préciser leur nature.
- La justice intervenant après les crimes, en général à l'issue des conflits, il s'agit d'exposer son rôle dans la reconstruction des sociétés.

Mobiliser ses connaissances

- Il faut maîtriser les connaissances sur la sortie du génocide qui s'est déroulé au Rwanda entre le 6 avril et la mi-juillet 1994, et plus précisément la prise en charge par des cours de justice villageoises, les *gacaca* (prononcez « gatchatcha »), de la situation judiciaire critique des années qui ont suivi.
- Il faut aussi bien connaître la mise en place d'une justice internationale dans le cadre des violences de masse qui se sont produites dans l'ex-Yougoslavie.

Problématiser le sujet

La problématique met au premier plan le rôle de la justice et permet donc d'éviter de rentrer dans une suite de descriptions de crimes de masse où seule l'issue judiciaire serait évoquée. Comment la justice peut-elle répondre au défi des violences de masse et ainsi aider à la construction de l'histoire et à l'apaisement des mémoires ?

Plan du sujet

I. La définition de nouvelles catégories de crimes
II. Génocide et justice au Rwanda
III. Crime de masse et justice dans l'ex-Yougoslavie

Corrigé : plan détaillé

Les textes en bleu apparaissant dans ce corrigé ne doivent pas figurer dans votre devoir. Nous les avons insérés pour vous guider et vous aider à repérer les parties de la dissertation.

Les conseils du professeur

Introduction

1945 : l'opinion publique mondiale prend conscience de l'étendue des crimes perpétrés par les nazis en Europe et par les troupes japonaises en Asie. Il est alors évident, pour éviter l'impunité des responsables prisonniers ou en fuite, pour permettre aux rescapés et aux familles de victimes d'être prises en compte et pour essayer d'empêcher la répétition de tels crimes, que la justice doit se saisir de cette question.

accroche

Les procès de Nuremberg et de Tokyo sont les premières réponses judiciaires qui permettent de définir de nouvelles catégories de crimes. Car si les crimes contre les civils ne sont pas des nouveautés dans l'histoire, leur mise en œuvre méthodique atteint un niveau encore inconnu. S'appuyant sur les réflexions des juristes, les notions de « génocide » et de « crime contre l'humanité » s'imposent à côté de celle de « crime de guerre ». Toutefois, l'année 1945 ne voit pas se terminer les violences contre les civils. D'autres situations les exposent à nouveau fortement à la violence, notamment lors des guerres de l'ex-Yougoslavie ou durant le génocide des Tutsi au Rwanda en 1994.

analyse du sujet

Comment des crimes collectifs d'un type nouveau sont-ils jugés à différentes échelles à partir de 1945 ? Pour répondre à cette question, nous verrons d'abord que de nouvelles catégories de crimes ont été progressivement définies. Nous montrerons ensuite comment le génocide des Tutsi a pu être jugé au Rwanda. Enfin, nous analyserons la mise en place du Tribunal international pour l'ex-Yougoslavie.

problématique et annonce du plan

I. La définition de nouvelles catégories de crimes

[argument 1]

Le premier massacre de masse de type génocidaire de l'histoire contemporaine est celui des Hereros et des Namas en 1904-1905, exterminés par les Allemands dans leur colonie du Sud-Ouest africain. Mais c'est l'ampleur du génocide des Juifs au cours de la Seconde Guerre mondiale, après celui perpétré par les Ottomans contre les Arméniens en 1915, qui appelle la définition d'un nouveau type de délit en droit international. Le terme « génocide » est forgé par le juriste juif polonais Raphaël Lemkin, et entre dans le droit international en 1948.

On peut rappeler que l'ampleur des pertes civiles lors du second conflit mondial et le nombre important de victimes de la Shoah (près de 6 millions), expliquent cette prise de conscience de la nécessaire qualification juridique de ces types de crimes.

[argument 2]

Les catégories « crime de génocide » et « crime contre l'humanité » sont apparues lors des procès de Nuremberg, à l'issue de la Seconde Guerre mondiale : le crime de génocide vise la destruction de tout ou partie d'un groupe national pour des raisons religieuses ou raciales, tandis que le crime contre l'humanité est l'atteinte aux droits fondamentaux des populations civiles. Il y a trois critères essentiels qui qualifient le génocide : l'objectif d'anéantissement, les motifs raciaux, religieux ou ethniques à l'origine de cette volonté, et enfin la programmation organisée de cet anéantissement.

[argument 3]

La qualification de « crimes contre l'humanité » s'est étendue depuis la Seconde Guerre mondiale. L'importance croissante des guerres civiles peut expliquer cette évolution : ainsi, au-delà des massacres de populations civiles, le crime contre l'humanité comprend aussi l'esclavage, l'enlèvement, l'apartheid, l'enrôlement d'enfants-soldats. Autant de catégorisations qui n'apparaissent pas dans la Charte de Nuremberg de 1948. Les accusés peuvent être des individus ou des personnes juridiques. L'imprescriptibilité de ces types de crimes permet le jugement, jusque des décennies après.

[transition]

La définition claire des génocides et des crimes de masse a permis de juger plus facilement les actes terribles commis au Rwanda.

II. Génocide et justice au Rwanda

[argument 1]

Les événements du printemps et de l'été 1994 au Rwanda ont concerné une grande partie de la population. Dans ce pays principalement rural et connaissant une forte densité, la plupart des victimes ont été tuées par des connaissances. Les meurtriers étaient fréquemment accompagnés de tueurs expérimentés, notamment les *Interahamwe*, ces groupes de jeunes qui ont reçu un entraînement militaire avant le début du génocide. Que les personnes aient été victimes ou bourreaux, toutes ont assisté physiquement au génocide qui s'est déroulé dans les espaces publics, à la vue de tous. Le nombre total de victimes (800 000 selon le rapport de l'ONU en 1999) est très élevé par rapport à la population totale du Rwanda et sur une période relativement brève (cent jours environ). Il est par ailleurs important de souligner que les trois quarts de la population tutsi ont péri dans ces massacres, ce qui signifie que l'entreprise génocidaire aurait pu être totale si la guerre et la victoire du Front patriotique rwandais n'y avait pas mis fin à la mi-juillet 1994.

> Dans votre copie, les mots étrangers doivent être écrits entre guillemets. Sur un texte saisi à l'ordinateur, ils sont en italique.

[argument 2]

Deux justices se sont alors articulées pour permettre de sortir du génocide et pour apaiser la société. D'un côté, une justice internationale qui a poursuivi et jugé les responsables politiques et militaires, en général réfugiés hors du Rwanda après la fin de la guerre et la victoire du FPR. En novembre 1994, le TPIR est ainsi mis en place pour juger les dirigeants impliqués dans le génocide des Tutsi du Rwanda. Il fonctionne jusqu'en 2015 et met en accusation 93 personnes. D'un autre côté, la justice locale a jugé tous les criminels et tous les participants restés au Rwanda.

> Si le TPIR est apte à juger les principaux responsables du génocide, il est inadapté pour juger l'immense masse des acteurs de ce « génocide de voisins ».

[argument 3]

À la sortie du génocide, ce sont les cours de justice classiques qui ont pris en charge le jugement des génocidaires présumés. Mais face à l'afflux de dossiers à instruire et de personnes à juger, il a fallu trouver une autre solution plus efficace « en s'inspirant d'un mode de gestion des conflits utilisé pour régler les différends fonciers ou familiaux » (Florent Piton). Néanmoins, il ne s'agissait pas de laisser tout le processus à l'appréciation des villageois eux-mêmes, et la création des *gacaca* s'est accompagnée de textes réglementaires stricts permettant de codifier les peines. La loi créant les *gacaca* est promulguée en 2001 mais les premiers jugements ne sont intervenus qu'en 2005 sur des secteurs pilotes. Il faut attendre juillet 2006 pour que ce fonctionnement soit généralisé à tout le territoire. Les *gacaca* ont jugé jusqu'en 2012. Il s'agissait donc bien d'une justice transitionnelle. Cette approche a cependant été importante puisqu'elle a permis de mettre en évidence une société qui s'appuie sur ses propres pratiques, avec des moyens très limités, pour inventer une démarche originale et efficace. Elle a permis d'éviter que l'impunité ne devienne la norme, notamment pour les crimes mineurs comme les pillages, et que les prévenus restent des années sans être jugés.

Florent Piton est un historien et l'auteur du livre *Le génocide des Tutsi au Rwanda*, 2018.

[transition]

Au Rwanda, la justice locale s'est articulée avec la justice internationale, alors que dans le cadre de l'ex-Yougoslavie, l'essentiel des jugements a été traité par la justice internationale. La principale différence vient de la large participation de la population aux massacres au Rwanda. En Yougoslavie, les violences de masse se sont inscrites dans un cadre militaire, d'où des responsabilités plus faciles à déterminer.

III. Crime de masse et justice dans l'ex-Yougoslavie

[argument 1]

La justice internationale prend toute sa mesure avec les tribunaux de Nuremberg (1945-1946) et de Tokyo (1946-1948), qui sont néanmoins des tribunaux militaires. Un demi-siècle plus tard, à la faveur de la fin de la bipolarisation de la guerre froide, et en plein conflit yougoslave, la communauté internationale décide de la création d'un tribunal spécial pour juger les crimes de guerre et les crimes contre l'humanité qui sont manifestement en train d'être commis. Il y a une double volonté derrière cette décision de la communauté internationale : d'abord, montrer qu'elle réagit, malgré le fait qu'elle ait été impuissante sur le plan diplomatique ; ensuite, éviter l'impunité de ces actes en déterritorialisant les jugements à venir, puisqu'il apparaît illusoire d'attendre des protagonistes eux-mêmes qu'ils puissent rendre une justice impartiale. La justice internationale renaît donc dans ce contexte de violences de masse se déroulant en direct sur les téléviseurs des Occidentaux.

L'ONU adopte une résolution pour fonder le TPIY en février 1993, ce qui n'empêche toutefois pas que soient commis les crimes les plus graves, en 1995, avec les massacres de Srebrenica

[argument 2]

Le TPIY n'a jamais prétendu juger tous les criminels de guerre, juste les donneurs d'ordre, c'est-à-dire les responsables politiques et militaires des crimes contre l'humanité ; ceux qui, par leurs réseaux politiques et par leur statut médiatique, étaient les plus susceptibles d'échapper à la justice. Ce sont donc les crimes de guerre, les crimes contre l'humanité et les complicités de génocide qui sont jugés par le TPIY. Le nombre d'accusés est à la fois conséquent pour un tribunal et relativement réduit par rapport au nombre de combattants ayant pris part aux violences. Tous les accusés ont bénéficié d'un procès équitable avec de longues séances de débats et des avocats ayant accès à toutes les pièces du dossier.

[argument 3]

Les principaux responsables politiques et militaires ont été capturés et condamnés par la justice internationale. Mais la lenteur de cette justice a fait qu'une partie des prévenus est décédée avant la fin des procès. Notons également qu'il a parfois été difficile d'arrêter les responsables. Ainsi, Radovan Karadžić, le chef politique des Serbes de Bosnie, n'a été arrêté que quinze ans après la création du Tribunal pénal pour l'ex-Yougoslavie.

Conclusion

La justice est un moment essentiel pour permettre aux victimes d'obtenir une reconnaissance, très souvent posthume ; elle permet aussi à leurs proches de mettre en mots le drame qu'ils ont vécu. Dans une société d'extrême pauvreté, la prise en compte de ces délits, notamment en imposant des réparations, a permis d'aider à pacifier les rapports sociaux et a été l'un des outils de la reconstruction de la société rwandaise actuelle. De même, le TPIY a surtout permis aux victimes de se sentir écoutées et aux accusés de ne pas pouvoir se targuer d'une sorte d'impunité. Lorsque des massacres contre des civils ont eu lieu, alors même que les massacreurs sont des concitoyens, la sortie du conflit est particulièrement difficile. Il faut éviter les actes de vengeance individuels qui peuvent entretenir longtemps les violences, et donner la parole aux victimes et aux rescapés pour leur permettre de reprendre leur place dans la société. En organisant des procès publics, médiatisés, où les protagonistes ont pu s'exprimer sans entrave, et en permettant à la justice d'aller au terme des procédures, le TPIY a contribué au rétablissement de la paix civile.

bilan

La réconciliation passe par la justice, la repentance et la commémoration des crimes passés mais également par un hommage aux victimes. Au Rwanda, les cérémonies rappelant le génocide sont des actes politiques forts impliquant l'État, la population, la communauté internationale : le 25e anniversaire des massacres a été organisé très solennellement en avril 2019. À l'inverse, en ex-Yougoslavie, le processus mémoriel est fort peu engagé, la réconciliation entre les populations et entre les États de l'ancienne Yougoslavie tardant également. Les projets d'adhésion à l'UE, notamment pour la Serbie et la Bosnie-Herzégovine, offrent cependant l'espoir d'une perspective de réconciliation.

ouverture

SUJET 17

L'histoire et les mémoires du génocide des Juifs et des Tsiganes

DISSERTATION

Comment expliquer la reconnaissance tardive et partielle du génocide des Tsiganes ?

Travail préparatoire

Fiche cours 9
Fiche méthode 1

2 heures *Le jour de l'épreuve, vous aurez 4 heures pour traiter la dissertation et l'étude critique de documents : ne consacrez pas plus de 2 heures au traitement de la dissertation.*

Analyser le sujet

Définir les mots du sujet

- Les Tsiganes furent victimes d'une mosaïque de politiques aboutissant à un génocide à l'échelle de l'Europe. On estime le nombre de victimes dans toute l'Europe compris entre 250 000 et 500 000, soit entre 25 et 50 % de la population Tsigane d'avant-guerre. Dans le Reich, les nazis ont pratiqué une politique d'internement, d'assassinat et de déportation. À l'est de l'Europe, durant la Seconde Guerre mondiale, les *Einsatzgruppen* ont été chargés de leur élimination méthodique. Sur la seule année 1943, ce sont près de 23 000 Tsiganes qui sont déportés et décèdent à Birkenau. En Croatie (Jasenovac), Roumanie ou Slovaquie, les Tsiganes sont victimes de massacres. En France et en Italie, ils font l'objet d'un internement systématique, même si la France les rejette plus pour leur nomadisme que pour des raisons raciales.
- Les persécutions envers les Tsiganes en Allemagne nazie, chez ses alliés et dans les territoires occupés ont été qualifiées de « génocide » par l'ONU.

Les pièges à éviter

Il ne s'agit pas toutefois ici de rappeler l'histoire de cette tragédie mais de montrer comment cette histoire a pu émerger en parallèle avec la prise en compte progressive des mémoires du génocide.

Les attentes du correcteur

- Il faut montrer la situation particulière des Tsiganes par rapport aux Juifs notamment. Leur mode de vie, avant et après leur extermination, explique en partie la faible visibilité du drame qu'ils ont vécu.
- Les étapes de cette reconnaissance doivent aussi être soulignées.

Mobiliser ses connaissances

- Il faut maîtriser les connaissances sur la particularité des violences de masse contre les Tsiganes. Les Roms et les Sinti sont victimes de persécutions à travers l'ensemble de l'Europe occupée.
- Selon les territoires, les violences de masse se traduisent par des internements forcés, des assassinats ou des déportations.
- L'année 1943 est le moment de l'accélération de la politique menée par les autorités allemandes. Le « camp des familles » tsiganes à Birkenau mérite une attention particulière, tout comme les « expérimentations médicales ». Les Tsiganes, auxquels le régime hitlérien impute le caractère de « race hybride », intéressent les scientifiques nazis qui cherchent à isoler le secret génétique de la race aryenne. Beaucoup sont transformés en « matériel humain ».

Problématiser le sujet

Il faut mettre en évidence les spécificités de la mémoire du génocide des Tsiganes : une persécution à l'échelle européenne d'intensité variable selon les territoires, une exclusion politique et sociétale qui se poursuit après la guerre, une reconnaissance partielle et tardive.

Plan du sujet

I. Après la guerre, une poursuite des politiques de ségrégation
II. La constitution tardive d'associations communautaires à l'échelle européenne
III. La rareté des travaux historiques s'appuyant sur des sources fiables

Corrigé : plan détaillé

Les textes en bleu apparaissant dans ce corrigé ne doivent pas figurer dans votre devoir. Nous les avons insérés pour vous guider et vous aider à repérer les parties de la dissertation.

Les conseils du professeur

Introduction

Le terme Tsigane (ou Tzigane) est le nom utilisé aujourd'hui pour désigner de manière générique les groupes des Roms, des Manus (ou Sinti) et des Kalé (ou Gitans), populations nomades parties de l'Inde du nord-ouest aux environs de l'an mille et arrivées en Europe à la fin du Moyen Âge. Ces populations ont en commun une origine indienne ainsi qu'une langue, le romani.

accroche

Sous Adolf Hitler, un décret complémentaire aux lois de Nuremberg fut publié le 26 novembre 1935, classant les Tsiganes comme « ennemis de l'État racial », les plaçant ainsi dans la même catégorie que les Juifs. Néanmoins, les violences de masse subies par les Tsiganes ont longtemps été occultées et ont été infiniment moins étudiées que la question de la Shoah.

analyse du sujet

Comment expliquer la reconnaissance tardive et partielle du génocide des Tsiganes ? Pour répondre à cette question, nous verrons d'abord que les Tsiganes continuent d'être marginalisés après la guerre. Nous montrerons ensuite que leurs revendications communautaires ont été peu nombreuses, donnant lieu à peu de commémorations. Enfin, nous analyserons le rôle de l'absence des travaux historiques dans l'occultation de la mémoire du génocide.

problématique et annonce du plan

I. Après la guerre, une poursuite des politiques de ségrégation

[argument 1]

La référence au génocide des Tsiganes ne figure pas parmi les chefs d'accusation du tribunal de Nuremberg.

Ce sont les grands absents de ces procès. Les victimes tsiganes du régime hitlérien n'ont pas été une seule fois mentionnées durant le procès de Nuremberg et plusieurs pays européens ont continué de garder ces populations dans les camps d'internement pendant plusieurs mois.

On peut rappeler qu'en France, la Libération ne sonne pas la fin du calvaire des Tsiganes. En effet, plusieurs centaines d'entre eux vivent encore dans les camps fin 1945, et ce n'est que le 1er juin 1946, soit plus d'un an après l'armistice, que les derniers Tsiganes quittent le camp des Alliers, en Charente.

[argument 2]

Le mutisme au sujet des victimes tsiganes est dû à la fois au mépris que les pays européens ont longtemps éprouvé vis-à-vis de cette population, et à la culture tsigane elle-même. Ces victimes, ignorées des grands juges européens, ont continué à garder le silence après les procès. En effet, comme le mentionne Marie-Christine Hubert[1], pour les Tsiganes, « le défunt [...] appartient au présent. On respecte sa mémoire en respectant son intégrité, donc en gardant le silence. » Il s'agit de « se souvenir sans commémorer » (Michael Stewart, cité par Andrej Kotljarchuk).

[argument 3]

Le parcours de Ceija Stojka (1933-2013) est assez représentatif de la lenteur de la reconnaissance de la mémoire du génocide des Tsiganes. Née en Autriche, victime des persécutions nazies, Ceija Stojka est déportée à l'âge de 10 ans et survit à Auschwitz-Birkenau, Bergen-Belsen, puis Ravensbrück. Elle commence à témoigner de son expérience concentrationnaire dans les années 1980, par des poèmes et des œuvres picturales qu'elle réalise en usant de toutes sortes de supports (papier, toile, carton) et techniques (acrylique, gouache, encre, stylo bille...). Il faut attendre 2018 pour qu'une exposition lui soit consacrée, à Paris, à La Maison rouge.

[transition]

Longtemps marginalisés, les Tsiganes ont aussi mis beaucoup de temps à s'unir pour revendiquer la reconnaissance des massacres dont ils avaient été victimes.

1. Marie-Christine Hubert, « Une mémoire longtemps occultée », *Mémoires des guerres*, Pierre Allorant et Noëlline Castagnez (dir.), PUR, 2015.

II. La constitution tardive d'associations communautaires à l'échelle européenne

[argument 1]

Un premier congrès mondial Rom se tient à Londres en avril 1971 ; mais il faut attendre encore plusieurs années pour que la voix de certains activistes soit entendue. L'Allemagne (ou la RFA) est la première à reconnaître le sort particulier des Tsiganes. En 1979, le parlement de la RFA admet le caractère racial des persécutions contre les Tsiganes. En 1982, le chancelier de RFA Helmut Schmidt reconnaît le génocide des Tsiganes. La mémoire des Tsiganes est reconnue progressivement à partir de la fin du XXe siècle. La parole des derniers survivants y contribue. Les témoignages individuels sont relayés par une démarche communautaire. Dans le cadre des nouvelles perspectives mémorielles et de l'émergence d'un devoir de mémoire, les victimes tsiganes sont reconsidérées.

Attention, le terme « Tsiganes » (*Zigeuner*) n'est pas employé en Allemagne, où il a une connotation péjorative puisque c'était celui employé par les nazis (*cf.* la lettre Z pour reconnaître les prisonniers) ! C'est aussi la raison pour laquelle les Tsiganes eux-mêmes préfèrent l'orthographe avec un « s ».

[argument 2]

La dimension européenne du génocide des Tsiganes implique une dimension européenne de sa mémoire. Mais l'anti-tsiganisme reprend de la force dans les années 1990, quand une vague de migrants d'origine rom se déplace en Europe après l'ouverture du bloc. Le mémorial de Berlin aux Sintis et aux Roms, décidé en 1992, n'a été inauguré par la chancelière allemande Angela Merkel qu'en 2012. Il s'agit d'une œuvre de l'artiste israélien Dani Karavan, un triangle au centre d'une eau noire. La forme choisie rappelle la marque imposée aux déportés tsiganes par les nazis. Autour de la fontaine, on peut lire le poème en trois langues (allemand, anglais et romani) « Auschwitz » du Rom italien Santino Spinelli. Ce mémorial a été construit face au Parlement allemand, près de ceux dédiés aux victimes de la Shoah et aux homosexuels tués par les nazis. Son placement et sa forme sont une façon de restaurer les Tsiganes et de rappeler leur souffrance dans la mémoire collective, au même titre que les autres victimes du régime nazi.

Vous pouvez retranscrire le poème : « Visage effondré/Yeux éteints/Lèvres froides/Silence/Un cœur déchiré/Sans souffle/Sans mots/Pas de larmes » Dans ce cas, les vers doivent être séparés par un signe / et débuter par une majuscule si c'est le choix qu'a fait le poète.

[argument 3]

Cette reconnaissance présente toutefois des limites. Ainsi, dans de nombreux pays d'Europe de l'Est, les populations tsiganes continuent d'être victimes de préjugés. Les criminels responsables de leurs persécutions n'ont pas été jugés en tant que tels.

[transition]

Peu enclins à témoigner, les Tsiganes font aussi l'objet de peu de travaux de la part des historiens.

III. La rareté des travaux historiques s'appuyant sur des sources fiables

[argument 1]

Ce n'est que dans les années 1990 que le linguiste britannique Ian Hancock introduit le mot *Porajmos*, dérivé du verbe « dévorer » en langue romani, pour désigner le génocide des Tsiganes. Il est à rapprocher du terme romani *Samudaripen* (« meurtre de masse ») forgé par le linguiste français Marcel Courthiade. En 1997 a lieu l'ouverture du centre de documentation culturel sur les Sintis et Roms d'Allemagne.

[argument 2]

C'est seulement dans les années 2000 que se développe la mémoire du génocide des Tsiganes, essentiellement grâce au travail réalisé à partir des archives. Une exposition permanente sur le génocide des Tsiganes à Auschwitz est ouverte en 2001. Le point de départ fut la publication du *Memorial Book* qui permet de donner une identité aux victimes tsiganes de Birkenau. Puis l'exploitation des archives nationales s'est étendue à des pays comme l'Allemagne, la Russie, la Roumanie, la Slovaquie. Le soutien des États est essentiel puisqu'il permet l'ouverture de musées ou les fouilles archéologiques des sites du génocide. Le 23 octobre 2007, le président roumain Traian Băsescu a présenté des excuses publiques pour le rôle de son pays dans le génocide.

[argument 3]

Depuis les années 2010, notamment à partir de la reconnaissance de l'Union européenne du génocide des

Tsiganes (2011), on note une multiplication des travaux et initiatives. La date du 2 août, en référence à la liquidation dans les chambres à gaz des derniers 3 000 Tsiganes qui restaient à Birkenau dans la nuit du 2 au 3 août 1944, a été retenue en 2015 comme journée de commémoration européenne du génocide des Tsiganes. En France, en octobre 2016, François Hollande reconnaît la responsabilité du régime de Vichy dans l'internement de Tsiganes lors d'une cérémonie d'hommage sur le site d'un ancien camp à Montreuil-Bellay, le plus grand des 31 camps gérés par les autorités françaises. Mais les projets de loi portant sur la reconnaissance officielle du génocide tsigane sont plusieurs fois rejetés.

D'autres lieux, comme le camp de Lety en République tchèque, sont réhabilités et rénovés grâce au financement de l'État. Il y a donc un processus de réappropriation des espaces du génocide pour en faire des lieux de mémoire.

Conclusion

bilan

La reconnaissance de la mémoire du génocide des Tsiganes est tardive et partielle. Après la guerre, de nombreux États poursuivent une politique de ségrégation qui ne leur permet pas d'accéder à l'égalité des droits. Ils restent victimes de nombreux préjugés. La constitution d'associations communautaires à l'échelle européenne est tardive. L'établissement de la mémoire est aussi contraint par la rareté des travaux historiques s'appuyant sur des sources fiables. Les Tsiganes sont désormais partagés entre le silence respectueux que leur dicte leur culture et la reconnaissance de leur statut de victimes du génocide auquel ils ont droit.

ouverture

Aujourd'hui, les mémoires des victimes empruntent de nouveaux supports. Les sites web, les encyclopédies en ligne, mais aussi les appels à témoigner via les réseaux sociaux (en témoigne le hashtag #RomaHolocaust) montrent que les organisations internationales restent des acteurs majeurs de la libération des mémoires. Devoir de mémoire et devoir d'histoire sont indispensables, surtout à l'heure où, partout en Europe, les droits de la communauté tsigane, probablement la plus importante minorité ethnique du continent, subissent de graves violations.

SUJET 18

L'histoire et les mémoires du génocide des Juifs et des Tsiganes

ÉTUDE CRITIQUE DE DOCUMENT

En analysant le document et en vous appuyant sur vos connaissances, montrez comment le tableau de David Olère participe à l'élaboration de la mémoire du génocide des Juifs.

DOCUMENT

David Olère*, *Les Inaptes au travail*,
huile sur toile (131 × 162 cm) réalisée après 1945,
United States Holocaust Memorial Museum, Washington.

*David Olère (1902-1985) est un peintre, sculpteur et décorateur juif polonais installé à Paris, qui a été déporté au camp d'Auschwitz entre mars 1943 et mai1945. Il a été membre des *Sonderkommando* du Crématorium III de Birkenau : les unités de prisonniers chargées d'éliminer les cadavres du camp.

Travail préparatoire

Fiche cours 9
Fiches méthode 2 3

2 heures

Le jour de l'épreuve, vous aurez 4 heures pour traiter la dissertation et l'étude critique de documents : ne consacrez pas plus de 2 heures au traitement de l'étude critique de documents.

Analyser le sujet

Analyser le document

- David Olère est né à Varsovie en 1902. Installé à Paris à partir de 1923, il est naturalisé français en 1937. Il est arrêté par la police française le 20 février 1943, interné à Drancy et déporté à Auschwitz le 2 mars par le convoi 49. Il témoigne dans l'après-guerre de cette expérience particulière à travers ses dessins et tableaux.
- Cette huile sur toile a pour but de montrer que les déportés les plus faibles sont condamnés à mourir dans les plus brefs délais. Dès leur arrivée sur le quai, à la descente du train, c'est la sélection. D'un geste de la main, les SS font le tri, désignant ceux qui iront au travail forcé. Ceux qui sont considérés comme « inaptes au travail », sont directement menés à la chambre à gaz (bébés, enfants, vieillards, infirmes, femmes enceintes, personnes trop âgées...). Les trois quarts environ des déportés périssent à leur arrivée. David Olère est arrivé dans un convoi de 1 000 personnes, dont 881 sont envoyées directement à la chambre à gaz.

Les pièges à éviter

- Il ne faut pas seulement analyser l'œuvre mais aussi montrer qu'il s'agit d'un témoignage d'un déporté qui a vécu au plus près de ce qu'il essaie de représenter picturalement.
- Il ne s'agit pas non plus de juger la qualité artistique ou la beauté de l'œuvre mais vous devez extraire les éléments artistiques (choix des couleurs, symbolisme, composition...) et les interpréter pour expliquer le message personnel, subjectif, et la portée de l'œuvre dans la connaissance du génocide.

Les attentes du correcteur

- L'œuvre artistique est l'un des moyens d'expression possibles de la mémoire du génocide. Toute mémoire est individuelle et subjective, et l'art semble particulièrement bien convenir pour exprimer de façon personnelle le souvenir de l'expérience, les traumatismes des rescapés. Il s'agit donc ici de montrer en quoi une œuvre singulière, celle de David Olère, qui a côtoyé de près la mort en tant que *Sonderkommando*, nous donne une représentation subjective mais précise du génocide et donc participe à la mémoire de celui-ci.
- Il faut également montrer qu'en peignant une scène vécue, particulière mais quotidienne des camps, le peintre se fait porte-parole d'une réalité qui a touché toutes les victimes de ces lieux de mort.

Mobiliser ses connaissances

- Il est nécessaire de se souvenir du fonctionnement des camps d'extermination, ces « usines de la mort », avec leurs processus (de la sélection à la crémation, en passant par le travail forcé et le gazage) et leurs acteurs (déportés, SS, *Sonderkommandos*...).
- Il convient aussi de mobiliser vos connaissances en art avec un vocabulaire adapté (symbolisme, contrastes, plans...).

Problématiser le sujet

La problématique amène à montrer comment le tableau de David Olère participe à l'élaboration de la mémoire du génocide des Juifs.

Plan du sujet

I. Un tableau en plusieurs plans
II. Une mise à mort des Juifs représentée de façon crue et symbolique
III. Un artiste qui parvient à intégrer le spectateur dans son œuvre

Corrigé : plan détaillé

Les textes en bleu apparaissant dans ce corrigé ne doivent pas figurer dans votre devoir. Nous les avons insérés pour vous guider et vous aider à repérer les parties de l'étude critique des documents.

Les conseils du professeur

Introduction

Le peintre David Olère est un rescapé du camp d'Auschwitz-Birkenau et des marches de la mort, puisqu'il est évacué à la fin de la guerre vers Buchenwald. Il a été au plus près de la mort puisqu'il était membre des *Sonderkommandos*, ces équipes chargées de ramasser les cadavres après la chambre à gaz et de les brûler dans les fours crématoires. Destiné à périr rapidement comme tous les *Sonderkommandos* car c'étaient des témoins gênants du processus génocidaire, David Olère n'a survécu que parce qu'il est parvenu à être utile aux SS, grâce à ses talents d'illustrateurs et à sa connaissance de plusieurs langues, tels que le polonais, le russe, le yiddish, le français, l'anglais et l'allemand. — accroche

Dès l'après-guerre, l'artiste a besoin de témoigner à travers ses dessins et peintures de l'expérience traumatisante qu'il a vécue. Son œuvre *Les Inaptes au travail* se focalise sur le moment de la sélection à l'arrivée au camp. C'est une huile sur toile mesurant 1,31 m de largeur sur 1,62 m de hauteur. L'œuvre est conservée au Mémorial de l'héritage juif de New York. Elle a été réalisée entre 1946 et 1962. — présentation du document

Comment le tableau de David Olère participe-t-il à l'élaboration de la mémoire du génocide des Juifs ? Nous verrons d'abord que la composition en plusieurs plans témoigne de l'organisation des camps. Puis nous étudierons l'équilibre entre réalisme et symbolisme présent dans l'œuvre. Enfin, nous nous intéresserons à la façon qu'a l'artiste d'intégrer le spectateur dans son univers apocalyptique. — problématique et annonce du plan

I. Un tableau en plusieurs plans

[argument 1]

L'accent est mis sur les personnages du premier plan. Il s'agit d'une famille de six personnes : deux femmes, deux jeunes garçons, une jeune fille et un bébé. Il n'y a pas d'hommes car les « aptes au travail » ont été conduits dans le camp et ses commandos. Les personnages prennent presque tout le champ de vision et forment un triangle au-dessus duquel flotte un cadavre translucide, ressemblant à un spectre. Ils sont juifs, comme on peut le comprendre grâce à l'étoile de David que l'on devine sous le châle de la vieille femme. Le triangle créé par leur position peut être complété par des lignes verticales, reprises à l'arrière-plan par les cheminées, les poteaux des barbelés, les silhouettes, le mirador...

On peut rappeler que le témoignage de David Olère est constitué essentiellement de dessins et de toiles qui sont certifiés authentiques quant à la représentation des événements et des lieux. On a pu comparer ses nombreuses esquisses réalisées au fusain ou à l'aquarelle avec les photos prises par les SS ; elles se sont avérées similaires et d'une précision d'architecte.

[argument 2]

Au second plan, on aperçoit des silhouettes qui effectuent des travaux forcés sous la surveillance de gardiens. Des déportés tirent une charrette, un autre est battu, un autre encore est étendu au sol, comme mort. C'est le camp avec toutes ses horreurs. On peut voir sur la gauche des fils barbelés électrifiés, et tout à droite un mirador. Au dernier plan, on observe des cheminées, celles des fours crématoires. Les couleurs qui dominent sont des couleurs sombres (beaucoup de gris) dont seul le rouge du ciel, sanguin, se distingue (au-dessus des cheminées).

[argument 3]

Les traits des visages des personnages sont particulièrement détaillés. Les personnes vivantes représentées attirent l'œil, non seulement parce qu'elles sont placées au premier plan mais aussi parce que la pâleur de leur peau est l'élément le plus clair du tableau, avec les travailleurs en arrière-plan et le cadavre au-dessus. Le jeu du clair-obscur vient ici renforcer le premier plan.

[transition]

À la représentation soignée en plans, l'artiste ajoute un mélange de réalisme et de symbolisme.

II. Une mise à mort des Juifs représentée de façon crue et symbolique

[argument 1]

L'artiste cherche à témoigner du processus de sélection à l'arrivée au camp : ici, femmes et enfants de moins de 15 ans sont condamnés. Les éléments de décor en arrière-plan traduisent l'environnement carcéral extrêmement dur dans lequel les personnages viennent d'arriver. À l'opposé, le style de David Olère s'apparente à l'expressionnisme, et plus précisément au fauvisme : il use d'aplats larges, de contours nets, durs et de couleurs vibrantes pour exprimer des émotions et des sentiments forts. Les couleurs sont vives, contrastées, violentes. Dans ce choix de couleurs s'exprime la subjectivité de l'artiste, l'émotion, l'horreur ressentie, pour faire naître chez le spectateur une réaction émotionnelle similaire. Les personnages centraux portent des bagages, des effets personnels, des jouets, de la nourriture : ils sont à l'image de tout un chacun, mais en souffrance extrême. Ils ne pouvaient pas savoir en partant qu'ils seraient tous tués. On leur a dit qu'on allait les « réinstaller à l'Est ». Le contraste entre ce qui les attend et ce qu'ils amènent, l'absurdité de ces camps et l'ordinaire de leurs tenues, des objets emmenés... rend d'autant plus violente la scène que le spectateur s'identifie à eux.

[argument 2]

La femme plus âgée est le personnage central auquel semblent se raccrocher les autres personnes. La grand-mère est montrée comme le pilier de la famille. Tous s'appuient sur elle. Elle est aussi la « mémoire » de la famille, son appartenance à une culture, un peuple. Mais à son air résigné et fataliste, on voit qu'elle sait ce qui va leur arriver et qu'ils ne pourront pas y échapper. Ainsi, des plus âgés aux nourrissons, c'est tout un peuple que l'on veut rayer de la surface de la Terre. Leurs expressions sont aussi symboliques de l'effroi de la Shoah. Leurs bouches ouvertes sur un cri muet de ce qui les attend dans la chambre à gaz.

Ce tableau montre les spécificités du camp d'Auschwitz par rapport aux autres camps de la mort. Il s'agit d'un camp mixte, d'extermination et de concentration. Une partie des déportés juifs est sélectionnée pour travailler dans les usines. Ils y rejoignent des non Juifs (opposants politiques, homosexuels, prisonniers russes, droits communs, etc.).

[argument 3]

L'artiste est réaliste car les personnages du premier plan, le paysage, sont tirés de la réalité du camp de Birkenau. En revanche, le personnage fantomatique en hauteur n'existe pas : il symbolise la mort qui les attend et qui a déjà touché de nombreux déportés. Le bras de ce spectre enserre déjà la femme la plus âgée. Le rouge du ciel symbolise la violence et la mort dans les chambres à gaz, puis lorsque les cadavres sont brûlés. Les dégradés de couleurs rouge/orangé donnent une atmosphère d'apocalypse à la scène.

[transition]

L'artiste ne se contente pas de représenter la mise à mort ; en alliant symbolisme et réalisme, il essaie au maximum de susciter la compassion du spectateur.

Le bras visible au premier plan est celui d'un SS Totenkopf, reconnaissable à son uniforme et au crâne sur la manchette. Ces « formations à tête de mort » étaient des unités SS chargées de la gestion des camps de concentration et d'extermination et ont été les principaux exécutants du génocide nazi.

III. Un artiste qui parvient à intégrer le spectateur dans son œuvre

[argument 1]

Le spectateur ressent de l'empathie pour les victimes, les bourreaux ne sont pas représentés, si ce n'est par le bras et le fusil au premier plan à gauche, et par les silhouettes au second plan. Cette « absence » du SS symbolise l'aspect inhumain de cette scène. Le SS, bourreau anonyme, n'est que le rouage actif de l'idéologie nazie. Il n'a aucune interaction avec les déportés. Il porte des gants pour ne pas les toucher. Il les pousse vers la mort de son fusil. Il est un signe de la déshumanisation qui règne dans le camp. D'ailleurs, les personnages le regardent-ils vraiment ? Sans doute pas, la grand-mère a le regard vide et les autres la regardent. Peindre est pour David Olère le moyen de ne pas oublier, ni les morts, ni les bourreaux. Ces derniers sont peu visibles sur la toile mais ils sont désignés clairement comme les responsables de la barbarie, dans leurs actes violents de l'arrière-plan et par leur inhumanité de l'avant-plan.

[argument 2]

Celui qui regarde le tableau devine le sort des déportés et ressent de la compassion. Les corps sont déjà très amaigris du fait des nombreuses privations subies dans les ghettos ou dans l'interminable transport en train. La mort est évoquée par les corps courbés, pliés et déjà décharnés des personnes, leur extrême pâleur, les yeux vides, les cris d'effroi ou les râles qu'ils semblent émettre. La mort est aussi évoquée par la poupée inerte que porte le garçon. La mort est surtout représentée par le cadavre transparent qui flotte au-dessus d'eux et qui semble les emporter. Ce corps flottant est celui des morts qui, brûlés, partent en fumée. La fumée à l'arrière-plan dessine les deux lettres des coupables : les SS.

[argument 3]

À l'arrière-plan, il semble que les déportés des *Sonderkommando* poussent des chariots de cadavres en provenance des chambres à gaz vers les fours crématoires. Il faut se souvenir que c'était une des tâches que le peintre devait effectuer quotidiennement à Birkenau. C'est sans doute la raison pour laquelle le peintre a mis autant de lumière sur cette scène d'arrière-plan qu'il en a mis sur le visage des personnages au premier plan. On ressent ainsi de l'émotion en imaginant le peintre représenter pudiquement sa terrible besogne. Olère a voulu ici exorciser les souvenirs de sa déportation. Autre détail glaçant : le peintre signe son tableau de son nom et de son matricule de déporté, 106144. David Olère a vu et connu ce qu'il a peint. Des années, des décennies plus tard, il reste un déporté et c'est en tant que tel qu'il témoigne à travers ses œuvres. En ce sens, ses peintures sont des preuves que ne peuvent réfuter les négationnistes.

Rappelez ce que sont les négationnistes dans ce contexte : ceux qui nient ou minimisent les faits historiques qualifiés de crimes contre l'humanité par le tribunal de Nuremberg. Dans un sens plus large, le terme désigne les personnes qui refusent de reconnaître des faits historiques en raison de convictions politiques ou racistes.

Conclusion

Ainsi, *Les Inaptes au travail* de David Olère participe à la construction de la mémoire du génocide des Juifs, car il expose en détails une étape du processus génocidaire (la sélection) et parce que le tableau, à travers quelques personnages, symbolise le sort de millions de déportés. En peignant le destin de ces femmes et enfants, David Olère leur rend hommage et perpétue la mémoire des victimes de la Shoah. David Olère veut redonner des témoignages des camps, de la vie du camp, les principaux documents et photos ayant été détruits par les nazis avant leur fuite. Par l'art, on peut résister, témoigner : David Olère se sert du dessin, de la peinture et de la sculpture comme des outils qui permettent de lutter contre l'oubli, la négation de l'horreur, et cherche par tous les moyens à disposition d'un artiste à nous faire comprendre ce qu'a représenté la Shoah. C'est l'objet de son témoignage : témoigner par l'art de l'indicible, pour que rien ne soit oublié de ces anonymes menés à la mort. | bilan

On pourrait s'intéresser aussi à d'autres peintres ou dessinateurs qui ont contribué à la mémoire de ce génocide : Felix Nussbaum, Roman Kramsztyk, Malvina Schalková, Julius C. Turner, Zoran Mušič, Leo Haas, Walter Spitzer, Léon Delarbre, Serge Smulevic ou encore Miklos Bokor. | ouverture

Thème 4

Le patrimoine : enjeux géopolitiques

Des soldats français protégeant la mosquée Djinguereber, à Tombouctou, en 2015.

SUJET 19

Usages sociaux et politiques du patrimoine

ÉTUDE CRITIQUE DE DOCUMENTS

Analysez les documents pour montrer en quoi ces deux tableaux témoignent de l'usage symbolique du patrimoine de Versailles dans les relations entre l'Allemagne et la France.

DOCUMENT 1

La galerie des Glaces lors de la proclamation de l'Empire allemand, le 18 janvier 1871

Anton von Werner (1843-1915), détail de l'huile sur toile, 3e version, 167 × 202 cm, 1885, Fondation Otto von Bismarck, Friedrichsruh, Allemagne.

DOCUMENT 2

La galerie des Glaces lors de la signature du traité de Versailles, le 28 juin 1919

William Orpen (1878-1931), huile sur toile, 152 × 127 cm, 1919, Imperial War Museum, Londres.

Travail préparatoire

Fiche cours 10

Fiches méthode 2 3

2 heures

Le jour de l'épreuve, vous aurez 4 heures pour traiter la dissertation et l'étude critique de documents : ne consacrez pas plus de 2 heures au traitement de l'étude critique de documents.

Analyser le sujet

Analyser les documents

- Le 18 septembre 1870, lors de la guerre franco-prussienne et avant le Siège de Paris, le château de Versailles devient le quartier général de la Troisième Armée, commandée par le prince héritier de Prusse, Frédéric. Quatre mois plus tard, le 18 janvier 1871, c'est dans la galerie des Glaces qu'est proclamé l'Empire allemand, victorieux des armées de Napoléon III. Le chancelier Bismarck tient sa revanche après les honteuses défaites de sa nation contre Louis XIV et Napoléon Ier.

- C'est pour laver cette humiliation que les Alliés choisissent, sur proposition de la France, d'organiser la signature du traité de paix de la Première Guerre mondiale dans cette même Galerie, le 28 juin 1919.

Les pièges à éviter

Il ne s'agit pas ici de s'étendre sur les relations franco-prussiennes ou franco-allemandes, ni sur les causes de la guerre de 1870 ou de celle de 1914-1918. L'autre point de vigilance concerne l'analyse d'œuvres picturales. Il faut bien différencier la description objective du tableau et l'interprétation plus personnelle que l'on peut en faire.

Les attentes du correcteur

On attend du candidat des connaissances sur le patrimoine versaillais et, plus particulièrement, sur la galerie des Glaces, joyau du Château. Le repérage chronologique doit aussi être bien maîtrisé concernant cette période de conflits (1870-1919).

Mobiliser ses connaissances

- La construction de la galerie des Glaces est l'œuvre de Louis XIV et de son architecte Jules Hardouin-Mansart, entre 1678 et 1684.
- Si le nom des principaux personnages représentés sur les deux tableaux ne figure pas en note, il n'est pas indispensable de les connaître tous, hormis Bismarck, Guillaume Ier, Clémenceau et Wilson.

Problématiser le sujet

Il convient de montrer dans cette étude que le château de Versailles est, non seulement, utilisé symboliquement lors des deux événements mais que les peintres eux-mêmes se servent des images associées à son patrimoine pour offrir une lecture particulière de chacune des deux cérémonies.

Plan du sujet

I. Deux œuvres de commande par deux témoins de la guerre
II. Deux événements qui ne sont pas centrés sur la France
III. Versailles, symbole de grandeur ou d'impuissance ?

Corrigé : plan détaillé

Les textes en bleu apparaissant dans ce corrigé ne doivent pas figurer dans votre devoir. Nous les avons insérés pour vous guider et vous aider à repérer les parties de l'étude critique des documents.

Les conseils du professeur

Introduction

Dans ses *Considérations sur les causes de la grandeur des Romains* (1734), Montesquieu écrit : « Je hais Versailles, parce que tout le monde y est petit ». Comment, en effet, ne pas être écrasé par la somptuosité de l'endroit ?

accroche

Les deux tableaux à analyser ont été peints par des témoins des événements, invités pour laisser une trace picturale pour la postérité. Le premier a été réalisé par un peintre né à Francfort (Oder), connu pour ses peintures d'histoire portant sur les grands événements politiques et militaires du royaume de Prusse. Le second est l'œuvre d'un artiste irlandais qui travaillait principalement à Londres et qui avait été envoyé par la Grande-Bretagne sur le front occidental en tant qu'artiste de guerre officiel pendant le conflit de 1914-1918.

présentation des documents

En quoi ces deux tableaux témoignent-ils de l'usage symbolique du patrimoine de Versailles dans les relations entre l'Allemagne et la France ? Pour y répondre, nous verrons, d'abord, qu'il s'agit, dans les deux cas, de

problématique et annonce du plan

tableaux commandés pour immortaliser chacun des événements versaillais. Puis, nous nous interrogerons sur le fait que les deux événements en question ne sont pas centrés sur la France. Enfin, nous étudierons l'usage symbolique que les deux peintres font de Versailles dans leur tableau.

I. Deux œuvres de commande par deux témoins de la guerre

[argument 1]

Les deux tableaux s'inscrivent dans un contexte de fin de conflit entre les armées allemande et française. Anton von Werner et William Orpen ont participé indirectement à ces conflits et ont assisté aux cérémonies qu'ils représentent dans leurs œuvres.

[argument 2]

Grâce à la protection du grand-duc Frédéric Ier de Bade, Anton von Werner ne participa qu'à la phase finale de la guerre franco-prussienne (mi-octobre à fin novembre 1870), au quartier général de la Troisième Armée, à Versailles. Werner avait alors 27 ans. En janvier 1871, il est déjà retourné à l'Académie des Beaux-arts de Karlsruhe quand le prince héritier Frédéric l'invita à assister à l'avènement de son père et à immortaliser la scène.

[argument 3]

Orpen a été l'une des premières personnes choisies comme artiste de guerre par le ministère britannique de l'Information en 1917. Sur le front occidental, il avait commencé à s'identifier beaucoup plus aux hommes qui mouraient qu'aux grands personnages dont il peignait les portraits. Orpen est, ensuite, devenu le peintre officiel de la Conférence de la paix et a été chargé de peindre trois toiles pour immortaliser les débats.

[transition]

Les deux hommes sont présents dans la galerie des Glaces mais peignent des événements qui ne sont pas directement liés à la France.

On peut rappeler que Werner avait été nommé directeur de l'École royale des Beaux-arts de Berlin en 1875. Il réalisa plusieurs versions de la *Proclamation* mais seule a été conservée celle que la famille Hohenzollern avait offerte en 1885 à Bismarck, à l'occasion de son soixante-dixième anniversaire. C'est la raison pour laquelle l'œuvre se trouve aujourd'hui dans la dernière résidence de Bismarck à Friedrichsruh, dans le Land Schleswig-Holstein, au nord de l'Allemagne.

II. Deux événements qui ne sont pas centrés sur la France

[argument 1]

Le tableau de Werner immortalise l'instant où son protecteur, le grand-duc Frédéric Ier de Bade, à la gauche de l'Empereur, lève le bras pour saluer l'avènement de Guillaume Ier. À la droite de l'empereur se trouve son fils, le prince héritier Frédéric. Derrière les trois hommes, sur le piédestal, se tiennent les princes allemands et les représentants des villes hanséatiques. Otto von Bismarck est mis en valeur au pied de la scène, en uniforme blanc de parade.

On peut se demander qui Werner souhaitait mettre le plus en relief dans son tableau : Frédéric Ier de Bade, son protecteur ? Otto von Bismarck, à qui le tableau doit être offert ? Guillaume Ier et son fils Frédéric, qui ont commandé l'œuvre ?

[argument 2]

Le tableau de Orpen représente la signature du traité de Versailles par les représentants de l'Allemagne (de dos). Le portrait de groupe représente les militaires, les diplomates et les hommes politiques qui ont assisté à la conférence. Au centre se trouvent Thomas Woodrow Wilson, président des États-Unis, tenant des papiers, Georges Clémenceau, Président du Conseil en France et David Lloyd George, Premier ministre britannique.

[argument 3]

Dans les deux cas, la France n'apparaît pas comme centrale dans le tableau, même si Georges Clémenceau est représenté au milieu des signataires.

[transition]

Pourtant, ce sont bien les miroirs de la galerie des Glaces qui constituent l'arrière-plan des deux œuvres. S'agit-il d'un simple décor ou d'un symbole utilisé par les deux peintres ?

III. Versailles, symbole de grandeur ou d'impuissance ?

[argument 1]

En représentant en arrière-plan les grands miroirs de la galerie des Glaces de Versailles, la toile de Werner devient l'expression de la victoire sur la France. Dans la version de 1885, compte tenu de l'exiguïté de la scène, Werner n'a pas pu inclure dans le tableau les peintures du plafond de la galerie, œuvre de Charles Le Brun glorifiant Louis XIV comme le conquérant des campagnes et des villes allemandes (notamment le passage du Rhin, 1672).

[argument 2]

Dans le tableau de Orpen, les hommes sont éclipsés par la hauteur des miroirs. En haut, on peut voir les mots « Le Roy Gouverne par lui-même » (donc seul), inscription qui témoignait à l'origine de l'instauration du règne personnel de Louis XIV en 1661. Ici, la mise en évidence de ces mots fait semble-t-il référence aux interminables querelles de la Conférence, l'Allemagne prétendant ne pas pouvoir respecter les sanctions imposées et les alliés n'étant pas parvenus à trouver un compromis.

Il faut rappeler que cette galerie est un chef-d'œuvre de l'illusion optique, avec ses dix-sept fenêtres cintrées (de 12,5 mètres de haut) qui comportent chacune vingt et un miroirs, soit un total de 357 glaces où le public voit se refléter, à la fois, les images des décors de la galerie et celles des parterres et du jardin.

[argument 3]

Dans la vision d'Orpen, c'est l'extravagance de l'architecture qui plante le décor, réduisant les hommes politiques à une simple note de bas de page. Leur monde soi-disant ordonné est déformé et brisé par les miroirs qui se trouvent derrière eux. Orpen est, d'ailleurs, représenté deux fois, comme une figure indistincte mais visible dans les miroirs déformants derrière les personnages principaux. Nous voyons aussi, ce qui est plus important, l'absence de tout autre public. Personne ne regarde. Il s'agit, peut-être, d'indiquer que les vanités personnelles qui ont façonné le Château perdurent malgré les horreurs de la guerre.

Conclusion

bilan

Ces deux œuvres illustrent la volonté de revanche qui obsède les dirigeants allemands et français à la fin du XIXe siècle et au début du XXe siècle. Versailles et sa somptueuse galerie des Glaces deviennent les instruments pour laver les humiliations antérieures. Bismarck et Guillaume Ier viennent parader dans le joyau de Louis XIV, sous les peintures des exploits du Roi-Soleil sur le Rhin.

Clémenceau et l'état-major français y obligent les représentants de l'Allemagne à accepter une paix honteuse. Mais l'œuvre de Orpen se veut plus critique que celle de Werner. L'Irlandais semble se demander si les dorures et les éclats de la galerie des Glaces ne symbolisent pas plutôt l'artifice des dirigeants, plus préoccupés par leurs calculs politiques que par l'établissement d'une paix durable.

Lorsque les nazis occupent Versailles à partir du 15 juin 1940, les troupes allemandes se trouvent confrontées à ces mémoires antagonistes. Entre répulsion et fascination, des milliers de soldats allemands jouent les touristes dans la Galerie des Glaces, en dégradant parfois les lieux mais sans provoquer de dégâts irréversibles.

ouverture

SUJET 20

Usages sociaux et politiques du patrimoine

DISSERTATION

Quelle est la nature du conflit entre la Grèce et le Royaume-Uni concernant les marbres du Parthénon, appelés aussi marbres Elgin ?

Travail préparatoire

Fiche cours 10
Fiche méthode 1

2 heures

Le jour de l'épreuve, vous aurez 4 heures pour traiter la dissertation et l'étude critique de documents : ne consacrez pas plus de 2 heures au traitement de la dissertation.

Analyser le sujet

Définir les mots du sujet

Les marbres Elgin, également connus sous le nom de marbres du Parthénon, sont une collection de sculptures classiques en marbre réalisées sous la supervision de l'architecte et sculpteur Phidias. Elles faisaient, à l'origine, partie du temple du Parthénon et d'autres bâtiments de l'Acropole d'Athènes. Elles ont été envoyées à Londres par Lord Elgin, ambassadeur britannique à Constantinople. Ces pièces représentent plus de la moitié de ce qui reste aujourd'hui de la décoration sculpturale du Parthénon.

Les pièges à éviter

Il est important ici de ne pas oublier que ce conflit entre la Grèce et le Royaume-Uni dépasse largement le cadre de ces deux pays. Il ne faut donc pas omettre de parler des enjeux et acteurs internationaux.

Les attentes du correcteur

La toile de fond de ce conflit est, en effet, le débat international sur la propriété des biens culturels. Il faut ici évoquer les arguments des deux camps : celui des non-restitutionnalistes et celui des restitutionnalistes.

Mobiliser ses connaissances

Il faut rappeler le contexte de l'enlèvement des marbres par Lord Elgin et de leur transfert au British Museum et expliquer le contentieux entre la Grèce, qui considère ces frises comme un patrimoine national inaliénable, et le British Museum pour lequel ces œuvres font partie du patrimoine mondial.

Problématiser le sujet

Le sujet invite à présenter les éléments avancés dans le débat sur le retour éventuel à Athènes des éléments des frises du Parthénon conservés, principalement, au Royaume-Uni.

Plan du sujet

I. Un premier débat : l'enlèvement des Marbres était-il légal ?
II. Un second débat : les revendications du gouvernement grec
III. Un troisième débat : les appels britanniques et internationaux pour rapatrier les marbres en Grèce

Corrigé : plan détaillé

Les textes en bleu apparaissant dans ce corrigé ne doivent pas figurer dans votre devoir. Nous les avons insérés pour vous guider et vous aider à repérer les parties de la dissertation.

Les conseils du professeur

Introduction

accroche

À la fin du XVIIIe siècle, la Grèce faisait partie de l'Empire ottoman. La sympathie pour la cause de l'indépendance grecque s'est répandue dans toute l'Europe, et de nombreuses personnalités se sont préoccupées de la préservation des monuments anciens.

En novembre 1798, Thomas Bruce, septième comte d'Elgin, a été nommé ambassadeur britannique auprès de la Sublime Porte. En juillet 1801, les troupes britanniques ont aidé les Turcs à reprendre Le Caire aux Français. L'Empire ottoman devait se montrer reconnaissant envers l'ambassadeur britannique. Entre 1801 et 1803, les agents du comte d'Elgin ont retiré environ la moitié des sculptures survivantes du Parthénon, ainsi que des sculptures des Propylées et de l'Erechthéion. Beaucoup de ces sculptures avaient été endommagées par l'explosion du dépôt de poudre du Parthénon en septembre 1687. Les marbres ont été transportés par mer en Grande-Bretagne jusqu'en 1806.

analyse du sujet

Cette opération d'enlèvement des marbres du Parthénon a suscité immédiatement des polémiques. Quels arguments sont avancés pour justifier la restitution ou la non-restitution des marbres Elgin à la Grèce ? Nous nous demanderons, d'abord, si l'enlèvement des marbres s'est fait dans un cadre légal. Puis, nous étudierons la pertinence des revendications des autorités grecques. Enfin, nous nous intéresserons aux différents appels internationaux pour rapatrier les marbres à Athènes.

problématique et annonce du plan

I. Un premier débat : l'enlèvement des Marbres était-il légal ?

[argument 1]

En Grande-Bretagne, dès l'annonce de l'arrivée des Marbres, l'acquisition de la collection a été soutenue par certains, tandis que d'autres, comme Lord Byron, ont comparé les actions du comte à du vandalisme ou à du pillage et de la spoliation.

On peut rappeler que Byron considérait les ruines antiques de la Grèce comme le lieu de sépulture d'une civilisation perdue et, par conséquent, celles-ci prenaient, pour lui, un caractère sacré.

[argument 2]

Lors d'un débat public au Parlement en 1816, Elgin prétendit avoir obtenu un décret officiel (un firman) de la Sublime Porte en juillet 1801, après la victoire contre la France en Égypte. Ce firman n'a pas été retrouvé dans les archives ottomanes malgré leur richesse en documents de la même période et sa véracité est contestée. Il est probable que la seule autorisation dont bénéficiait Elgin portait sur la fouille des remblais et la conservation des petits objets provenant de ce nettoyage de surface. Il est possible aussi que, pour expédier les marbres depuis le port du Pirée, Elgin ait soudoyé le Disdar, le commandant militaire d'Athènes.

Leur enlèvement par Elgin équivalait donc à une profanation, comme il l'a écrit dans son poème *« Childe Harold's Pilgrimage »*.

[argument 3]

Disculpé de toute accusation par le Parlement britannique en 1816, le Comte a alors vendu les Marbres au gouvernement. Ils ont ensuite été transmis au British Museum, où ils sont maintenant exposés dans la galerie Duveen, spécialement construite à cet effet en 1936 et inaugurée en 1939.

[transition]

L'acquisition des marbres par le Royaume-Uni est donc entachée de suspicions. On n'est certes pas dans le cas d'un pillage totalement illégal et à des fins d'enrichissement personnel mais de nombreux doutes planent sur l'accord des autorités ottomanes pour l'enlèvement des Marbres et leur transport jusqu'à Londres. D'autres arguments ont été avancés par la Grèce.

II. Un second débat : les revendications du gouvernement grec

[argument 1]

Après avoir obtenu son indépendance de l'Empire ottoman en 1832, le nouvel État grec a lancé une série de projets pour restaurer ses monuments et récupérer les œuvres d'art pillées. Les efforts pour rapatrier les marbres en Grèce se sont intensifiés dans les années 1980 par l'intermédiaire de la ministre grecque socialiste de la culture de l'époque, Melina Mercouri.

On peut rappeler qu'entre 1834 et 1842, la diplomatie grecque, à la demande du souverain Othon, essaya de racheter ou d'échanger les Marbres. Mais les négociations n'aboutirent pas.

[argument 2]

La Grèce ne demande que la restitution des sculptures du Parthénon ; elle a bien conscience que la satisfaction de toutes les demandes de restitution viderait de leurs œuvres la plupart des grands musées du monde (voir la déclaration de Munich de 18 directeurs des plus grands musées du monde en décembre 2002). L'objectif est simplement de réunir les sculptures puisque les frises font partie d'une seule et même œuvre d'art.

[argument 3]

À cet effet, le gouvernement a fait bâtir un Nouveau Musée de l'Acropole, inauguré en 2009. La pollution atmosphérique exclut la possibilité de replacer les sculptures sur le temple lui-même. Le musée présente une galerie spéciale ayant une vue directe sur le Parthénon, avec une reconstitution grandeur nature de la frise, où les éléments manquants sont clairement indiqués et où un espace est déjà prévu en cas de retour à Athènes des parties conservées au British Museum.

[transition]

Les directeurs du British Museum n'ont pas exclu d'accepter ce qu'ils appellent un « prêt temporaire » au nouveau musée, mais ils déclarent que ce serait à la condition que la Grèce reconnaisse les revendications de propriété du British Museum. Or, ce n'est pas à l'ordre du jour pour les autorités grecques. D'autres arguments sont avancés par les restitutionnalistes hors de Grèce.

III. Un troisième débat : les appels britanniques et internationaux pour rapatrier les marbres en Grèce

[argument 1]

Toutes les parties concernées s'accordent pour reconnaître que le Parthénon est l'un des plus grands monuments culturels du monde. Il existe, aujourd'hui, de nombreuses organisations qui militent activement pour le retour des Marbres, dont plusieurs sont réunies au sein de l'Association internationale pour la réunification des sculptures du Parthénon, fondée en novembre 2005. En septembre 2008, une pièce du Parthénon que Lord Elgin avait confiée au consul britannique, en Sicile, a été rendue à la Grèce par le musée archéologique de Palerme.

[argument 2]

En 2014, l'UNESCO a proposé une médiation entre la Grèce et le Royaume-Uni pour résoudre le conflit. L'UNESCO se prononce, en effet, en faveur du principe de la préservation de l'intégrité des monuments du patrimoine culturel mondial. Mais cette proposition a été rejetée par le British Museum au motif que l'UNESCO travaille avec des organismes gouvernementaux et non avec les administrateurs de musées.

On peut rappeler qu'entre décembre 2014 et janvier 2015, le British Museum a prêté une pièce de sa collection de marbres d'Elgin au Musée national de l'Ermitage à Saint-Pétersbourg pour célébrer son 250e anniversaire. Cette première a suscité une grande controverse.

[argument 3]

L'Union européenne est également saisie. Avec l'annonce du Brexit, le gouvernement grec s'est tourné vers la commission européenne pour solliciter le rapatriement des sculptures, mais la demande a été refusée en novembre 2017.

Conclusion

bilan

Le devenir des frises du Parthénon soulève des enjeux multiples, à la fois moraux, esthétiques, juridiques, politiques et diplomatiques. Tous les grands acteurs internationaux du patrimoine, de la culture et des musées sont interpellés et appelés à intervenir dans la querelle entre le British Museum et les autorités grecques. Même l'opinion publique britannique est majoritairement favorable à un prêt à long terme des Marbres à la Grèce.

ouverture

Des solutions peuvent donc être trouvées. Le Musée du Palais de Beijing et le Musée national du Palais de Taïwan ont ainsi organisé une exposition commune à Taipei, réunissant les œuvres de la dynastie Qing séparées depuis qu'elles avaient été emportées de Chine par les forces nationalistes en retraite en 1948.

SUJET 21

Patrimoine, la préservation entre tensions et concurrences

ÉTUDE CRITIQUE DE DOCUMENT

Analysez le document pour montrer en quoi la destruction, la protection et la reconstruction du patrimoine représentent ici des enjeux géopolitiques majeurs.

DOCUMENT

Tombouctou célèbre la reconstruction de ses mausolées, détruits par les djihadistes.

Tombouctou renaît de ses cendres. Plus de trois ans après la destruction des mausolées de la cité légendaire du Nord-Ouest du Mali, victime de l'obscurantisme des djihadistes, la ville a repris possession de ses monuments, reconstruits à l'identique, jeudi 4 février.

Pulvérisés au nom de la lutte contre « l'idolâtrie » ordonnée par le groupe djihadiste touareg malien Ansar Dine, c'est par une cérémonie de sacralisation, avec lecture intégrale du Coran et prière collective, que s'est achevée la patiente œuvre de réhabilitation des sanctuaires de saints musulmans.

L'ancien grand centre intellectuel de l'Islam, qui a connu son apogée au XVe siècle, classé par l'UNESCO au Patrimoine mondial de l'humanité en péril, comptait « 16 cimetières et mausolées qui étaient des composantes essentielles du système religieux dans la mesure où, selon la croyance populaire, ils étaient le rempart qui protégeait la ville de tous les dangers ».

Quatorze de ces mausolées avaient été détruits par des groupes djihadistes liés à Al-Qaïda, qui ont dicté leur loi dans cette région de mars-avril 2012 jusqu'au déclenchement, en janvier 2013, d'une opération militaire internationale à l'initiative de la France, qui se poursuit actuellement.

« C'est un symbole fort pour la paix », s'est félicité lors de la cérémonie Sane Chirfi, représentant de la famille responsable du mausolée

Alpha Moya, l'un des tout premiers vandalisés. « Les mausolées sont des symboles de rassemblement, de regroupement, parce que parmi les saints de Tombouctou, il y a des saints de toutes les ethnies ».

« On avait vu la dureté des images, la brutalité des destructions, et aujourd'hui, ce mausolée, nous sommes très heureux qu'il soit debout », a confié le représentant de l'UNESCO, qui a conduit le projet, Lazare Eloundou.

Malgré l'importance de ces mausolées pour la population, qui voue un grand respect aux saints décédés, seuls étaient conviés à la cérémonie les représentants des familles chargées de leur gestion, des responsables maliens, dignitaires coutumiers et religieux ainsi que des diplomates.

Mais ils seront bientôt accessibles à tous les habitants, a assuré le directeur de cabinet du ministre de la Culture, Almamy Ibrahim Koreissi : « Il s'agit de remettre en activité ces monuments-là ; que ceux qui avaient l'habitude de les fréquenter puissent revenir se recueillir dans ces mausolées ».

La réhabilitation des mausolées a été achevée sur le plan architectural en septembre 2015, le même mois que la première comparution devant la Cour pénale internationale (CPI) d'un suspect, Ahmad Al Faqi Al Mahdi, membre d'Ansar Dine, accusé d'avoir dirigé les dégradations contre neuf mausolées et une mosquée.

Reportage de France 24, 5 février 2016.

Travail préparatoire

Fiche cours 11
Fiches méthodes 2 3

2 heures

Le jour de l'épreuve, vous aurez 4 heures pour traiter la dissertation et l'étude critique de documents : ne consacrez pas plus de 2 heures au traitement de l'étude critique de documents.

Analyser le sujet

Analyser le document

- Aux XIVe et XVe siècles, Tombouctou, aux portes du Sahara, était un immense centre soufiste, une branche spirituelle de l'Islam.

Vingt-cinq mille étudiants s'instruisaient auprès des oulémas musulmans (érudits religieux). Les manuscrits produits par les savants vénérés, les mausolées dans lesquels ils ont été enterrés ainsi que les célèbres mosquées font rayonner, depuis cette époque, la ville malienne du Nord. Comme le précise le texte, ces sépultures constituent aussi un rempart psychologique solide autour de la ville ; pour ses habitants, elles la protègent de tout malheur.

- Les trois grandes mosquées de Tombouctou, Djingareyber, Sankoré et Sidi Yahi, ainsi que les 16 mausolées qui s'y trouvent ont été inscrits sur la liste du patrimoine mondial de l'UNESCO en 1988.
- En janvier 2012, plusieurs mouvements et groupes armés livrent des combats contre les autorités maliennes au nord du pays. Les Touaregs du Mouvement national de libération de l'Azawad (MNLA) et ceux du groupe armé salafiste djihadiste Ansar Dine s'emparent de la région en mars 2012 et finissent par s'affronter. Une trentaine de membres d'Ansar Dine décident de profaner les mausolées, malgré les mises en garde répétées de l'UNESCO et d'une partie de la communauté internationale.

Les pièges à éviter

Face à un texte riche en informations, il ne faut pas se contenter d'une simple paraphrase mais bien expliquer l'évolution de la situation.

Les attentes du correcteur

On attend du candidat une mise en perspective des événements cités dans le texte, car il s'agit d'une situation tout à fait exceptionnelle pour l'UNESCO et pour l'ONU dans son ensemble, où le patrimoine mondial est considéré, à la fois, dans ses dimensions militaires et judiciaires.

Mobiliser ses connaissances

- Il faut maîtriser la situation politique et militaire évoquée dans le texte : rébellion touarègue, rôle des islamistes, intervention onusienne, etc.
- Il convient aussi de connaître la politique de l'UNESCO en matière de reconstruction et le droit international concernant le patrimoine.

Problématiser le sujet

La problématique amène à se demander dans quelle mesure la destruction, la protection et la reconstruction des mausolées soufis du Mali entre 2012 et 2016 représentent des enjeux géopolitiques majeurs au niveau international.

Plan du sujet

I. La destruction des mausolées en 2012
II. Les reconstructions de 2015-2016
III. L'évolution du cadre de protection

Corrigé : plan détaillé

Les textes en bleu apparaissant dans ce corrigé ne doivent pas figurer dans votre devoir. Nous les avons insérés pour vous guider et vous aider à repérer les parties de l'étude critique des documents.

Les conseils du professeur

Introduction

La destruction du patrimoine est en première ligne des conflits modernes. Les attaques contre la culture sont devenues des armes de guerre, dans une stratégie de nettoyage culturel qui vise, à la fois, les personnes et les supports de leur identité, les institutions du savoir et de la liberté de pensée. En mars 2001, à Bâmiyân, dans le centre de l'Afghanistan, deux immenses statues de bouddhas, érigées entre le IIIe et le VIIe siècles après J.-C., sont détruites à l'explosif par les talibans. Cette action déclenche une vague d'indignation. *(accroche)*

Une profonde émotion se produit aussi, en 2012, à l'annonce de la destruction des mausolées des saints maliens par des islamistes en guerre contre le gouvernement de Bamako. Le document est un extrait *(présentation du document)* du reportage que France 24 tourne à Tombouctou au moment de la dernière reconstruction de ces mausolées, en février 2016.

En quoi la destruction, la protection et la reconstruction de ces mausolées représentent-elles des enjeux géopolitiques majeurs au niveau international ? Pour y répondre, nous verrons d'abord comment les mausolées ont été profanés. Puis, nous étudierons leur reconstruction en 2015 et 2016. Enfin, nous nous intéresserons à l'évolution profonde du cadre de protection patrimoniale que ces événements ont engendrée.

problématique et annonce du plan

I. La destruction des mausolées en 2012

[argument 1]

Comme le précise le texte, les « groupes djihadistes liés à Al-Qaïda » ont « dicté leur loi » dans la région de Tombouctou à partir de mars 2012. Dès le mois d'avril, la Directrice générale de l'UNESCO appelle l'ensemble des belligérants à assurer la protection des biens culturels. Le 4 mai, elle condamne la profanation du mausolée Sidi Mahmoud par le groupe Ansar Dine. Le 24 mai, l'UNESCO invite le gouvernement du Mali à demander l'inscription de Tombouctou sur la liste du patrimoine mondial en péril.

[argument 2]

L'ensemble est « classé par l'UNESCO au Patrimoine mondial de l'humanité en péril » le 28 juin. Ansar Dine déclare que ces ingérences sont inacceptables et rappelle que, pour les islamistes wahhabites, les saints sont une hérésie (une « idôlatrie » dit le texte) et que les tombes ne doivent jamais être vénérées. En réaction, deux jours plus tard, les destructions commencent. Neuf mausolées sont profanés en juillet, dont deux faisant partie de la mosquée Djingareyber, la plus importante de la ville. De nouvelles destructions ont lieu en octobre. Au total, « quatorze de ces mausolées » ont été détruits. En plus de ceux reconnus par l'UNESCO, dix autres mausolées s'écroulent sous les coups de pioches et de burins.

Le texte n'évoque pas cette chronologie des destructions. On comprend la situation terrible dans laquelle s'est trouvée l'UNESCO qui, voulant sauver les œuvres de la démolition, a déclenché, malgré elle, la réaction destructrice des islamistes.

[argument 3]

Ces actes sont condamnés par l'Organisation de coopération islamique (OCI), l'Organisation islamique internationale pour l'éducation, la culture et la science (ISESCO) et la France. La Communauté économique des États de l'Afrique de l'Ouest (CEDEAO) a même suggéré d'envoyer une force d'intervention armée dans le pays.

[transition]

De par la nature particulière de ces mausolées, l'UNESCO envisage rapidement la possibilité d'opérations de réhabilitation et de reconstruction.

II. Les reconstructions de 2015-2016

[argument 1]

Le texte évoque le « déclenchement, en janvier 2013, d'une opération militaire internationale à l'initiative de la France ». Un an plus tard, en mars-avril 2014, un chantier pilote permet la reconstruction des deux mausolées qui se trouvaient aux abords de la mosquée Djingareyber. Les travaux sont confiés à un groupe de maçons locaux. Entre février et juillet 2015, 8 autres mausolées sont rebâtis.

On peut rappeler que, traditionnellement, après chaque saison des pluies, les mausolées étaient crépis. Les maçons maliens ont donc conservé les traditions de construction, ce qui a permis d'envisager les projets de rebâtir les tombes détruites.

[argument 2]

En février 2016 a donc lieu « une cérémonie de sacralisation, avec lecture intégrale du Coran et prière collective ». C'est donc à cette date que « s'est achevée la patiente œuvre de réhabilitation des sanctuaires de saints musulmans ». Le projet a été conduit par « le représentant de l'UNESCO, Lazare Eloundou », chef du bureau Afrique du Centre du patrimoine mondial.

[argument 3]

Les projets sont financés avec le concours de la Suisse, de l'Union européenne, de la France, de la Norvège, des Pays-Bas, du Bahreïn, de la Croatie, de l'Île Maurice, d'Andorre et grâce au soutien logistique de la Mission multidimensionnelle intégrée des Nations unies pour la stabilisation au Mali (MINUSMA).

[transition]

La situation du patrimoine malien est donc exceptionnelle à plus d'un titre. Cela pousse l'UNESCO et la communauté internationale à faire évoluer le cadre législatif et judiciaire de la protection du patrimoine mondial.

III. L'évolution du cadre de protection

[argument 1]

La reconstruction des mausolées sonne le glas de la Charte de Venise sur la conservation et la restauration des monuments et des sites (1964), qui affirmait que « tout travail de reconstruction devra être exclu » et qu'en cas de « recomposition des parties existantes mais démembrées [...] les éléments d'intégration seront toujours reconnaissables ». Comme le montre le cas malien, la reconstruction est maintenant acceptée par l'UNESCO.

[argument 2]

Une autre nouveauté réside aussi dans le fait que les résolutions adoptées par le Conseil de sécurité sur la situation au Mali ont toutes condamné la destruction du patrimoine culturel en appelant à sa protection, lui accordant, de ce fait, une place centrale. La MINUSMA est aussi la première opération de maintien de la paix de l'ONU à laquelle le Conseil de sécurité a donné un mandat de sauvegarde du patrimoine culturel.

[argument 3]

Le texte évoque enfin la date de « septembre 2015 », « première comparution devant la Cour pénale internationale (CPI) d'un suspect, Ahmad Al Faqi Al Mahdi, membre d'Ansar Dine, accusé d'avoir dirigé les dégradations contre neuf mausolées et une mosquée ». La CPI a finalement reconnu le suspect coupable de crime de guerre et l'a condamné à neuf années de prison.

On peut rappeler que ce procès marque une nouvelle étape dans la pleine reconnaissance de la destruction délibérée du patrimoine comme crime de guerre, après des décennies d'efforts déployés par l'UNESCO et par la communauté internationale, notamment depuis la destruction de la Vieille Ville de Dubrovnik en Croatie, et du Vieux pont de Mostar, en Bosnie-Herzégovine, qui ont renforcé la base juridique et la prise de conscience mondiale que de tels crimes ne peuvent rester impunis.

Conclusion

Le texte montre bien, à travers le cas de Tombouctou, que la protection du patrimoine est un enjeu majeur pour la sécurité des peuples, inséparable de la protection des vies humaines. À chaque moment de la guerre au nord du Mali s'impose la nécessité de préserver les biens inscrits dans la liste du patrimoine mondial de l'humanité. Leur destruction par l'aveuglement et le fanatisme des islamistes provoque une vague d'émotion internationale et précipite la chute des rebelles. Le processus de paix, de justice et de réconciliation passe aussi par la condamnation d'un des auteurs de ces profanations et par ses excuses présentées aux communautés touchées par les destructions.

bilan

En juillet 2016, le Comité du patrimoine mondial a inscrit les Villes anciennes de Djenné au Mali sur la liste du patrimoine mondial en péril du fait de l'insécurité dans la région qui ne permet pas la mise en œuvre des mesures de protection du bien. L'UNESCO reste mobilisée.

ouverture

SUJET 22

Patrimoine, la préservation entre tensions et concurrences

DISSERTATION

Dans les années 2010, quels sont les enjeux pour Venise d'une inscription sur la liste du patrimoine mondial en péril ?

Travail préparatoire

Fiche cours 11
Fiche méthode 1

2 heures

Le jour de l'épreuve, vous aurez 4 heures pour traiter la dissertation et l'étude critique de documents : ne consacrez pas plus de 2 heures au traitement de la dissertation.

Analyser le sujet

Définir les mots du sujet

Située sur la côte Nord-Est de l'Italie, Venise, surnommée « la Sérénissime », est l'une des premières destinations touristiques au monde. La ville, sa lagune et ses 118 îlots ont été inscrits sur la liste du patrimoine mondial de l'UNESCO en 1987. Venise était si importante pour l'organisation qu'elle est la seule ville au monde où un bureau spécifique a été créé pour s'en occuper. Depuis les années 2000, les principales menaces et problèmes identifiés sont liés, le plus souvent, à la surfréquentation touristique : pollution, déchets, mouvement des vagues *(moto ondoso)* induit notamment par le trafic maritime, perte de sédiments et érosion des vasières, des marais salants et du fond de la lagune, perte progressive de la population résidente dans le centre historique et sur les îles.

Les pièges à éviter

Le sujet, qui s'inscrit dans la période 2012-2019, ne concerne pas le phénomène des hautes eaux mais plutôt celui de la réglementation de la circulation des croisières.

Les attentes du correcteur

Il s'agit, ici, de montrer la complexité de la gestion d'un des plus importants sites touristiques du monde, soumis à une pression démographique, écologique, économique et politique telle qu'aucune solution durable ne voit le jour depuis plus de quinze ans.

Mobiliser ses connaissances

Il faut expliquer pourquoi, devant l'incapacité des autorités nationales, régionales et locales à protéger efficacement Venise, l'UNESCO a menacé d'inscrire la ville sur la liste du patrimoine mondial en péril.

Problématiser le sujet

Le sujet invite à s'interroger sur la nature des blocages qui empêchent la Sérénissime de pouvoir envisager la mise en place d'un tourisme durable et qui ont, un temps, laissé penser à de nombreux acteurs que la seule solution passait par une mise sous tutelle internationale.

Plan du sujet

I. Venise, capitale du tourisme culturel et de l'industrie de croisière
II. La proposition de l'UNESCO d'inscrire Venise sur la liste des sites en péril
III. Un renoncement de l'UNESCO ?

Corrigé : plan détaillé

Les textes en bleu apparaissant dans ce corrigé ne doivent pas figurer dans votre devoir. Nous les avons insérés pour vous guider et vous aider à repérer les parties de la dissertation.

Les conseils du professeur

Introduction

accroche

En 2017, l'artiste Lorenzo Quinn réalise à Venise une installation de grande envergure où des mains géantes se déploient à la surface du Grand Canal pour soutenir le Palazzo Sagredo qui s'effondre.

analyse du sujet

La situation de Venise est, en effet, très problématique. La surfréquentation touristique entraîne un nombre élevé de nuisances et met en danger l'avenir même de la ville, construite sur pilotis, et de sa lagune.

problématique et annonce du plan

Pourquoi a-t-il même été envisagé, pendant un temps, de placer le patrimoine de la ville sous contrôle international, en déclarant les biens de Venise « en péril » ? Pour répondre à cette question, nous verrons d'abord l'impact du tourisme sur la cité de l'Adriatique. Puis, nous étudierons la proposition de l'UNESCO d'inscrire Venise sur la liste des sites en péril. Enfin, nous nous interrogerons sur les raisons qui ont poussé l'organisation à renoncer à cette solution.

I. Venise, capitale du tourisme culturel et de l'industrie de croisière

[argument 1]

On estime que 26 à 30 millions de touristes visitent actuellement Venise chaque année – un chiffre qui devrait passer à 38 millions d'ici 2025. 60 000 à 80 000 touristes en moyenne visitent la ville chaque jour. Plus de 2 millions de personnes par an arrivent à Venise sur des bateaux de croisière. Le secteur touristique représente plus de 3 milliards de dollars par an de chiffre d'affaires.

Mais la ville ne compte que 54 500 résidents permanents alors qu'elle en accueillait 175 000 dans les années 1950.

[argument 2]

Depuis 2012, l'UNESCO demande aux autorités italiennes d'apporter des éclaircissements au sujet d'un certain nombre de grands projets d'infrastructures, de navigation et de construction sur le territoire du bien protégé, et au sujet des progrès accomplis dans l'adoption d'un décret prévu afin d'interdire la navigation de grands navires de croisière et cargos dans la lagune.

On peut rappeler que de nombreux Vénitiens dénoncent l'impact de ces grands navires sur la cité. Un impact visuel, tout d'abord, car la taille des bateaux de croisières est gigantesque, leur présence brisant l'harmonie architecturale de Venise. Mais c'est surtout l'impact des vagues créées par ces gros bateaux qui abîme, petit à petit, les pilotis des bâtiments et des palais qui est décrié.

[argument 3]

Les énormes bateaux de croisière passent par le centre historique de la ville cinq ou six fois par jour. En 2014, le Fonds mondial pour les monuments (WMF) a mis Venise sur sa liste de surveillance (*World Monuments Watch*) parce que « la navigation de croisière à grande échelle pousse la ville à un point de basculement environnemental et mine la qualité de vie de ses citoyens ».

[transition]

Aucune mesure concrète n'est prise pour limiter les risques liés aux grands transporteurs.

II. La proposition de l'UNESCO d'inscrire Venise sur la liste des sites en péril

[argument 1]

En mars 2014, le tribunal administratif régional pour la Vénétie suspend même l'application de l'ordonnance de la Capitainerie du port de Venise qui réduisait le nombre de navires de croisière qui accédait à la lagune depuis l'Adriatique. En mai suivant, le Comité du patrimoine mondial réagit en envisageant la possibilité de faire figurer Venise sur sa liste des sites en péril. L'UNESCO demande au gouvernement italien de proposer avant février 2016, un ensemble de solutions, pour examen par le Comité du patrimoine mondial en juillet 2016.

L'UNESCO différencie la situation de « péril prouvé », quand il s'agit de menaces imminentes spécifiques et établies, et celle de « mise en péril », quand les menaces pourraient avoir des effets nuisibles à moyen terme.

[argument 2]

Les groupes de pression se mettent en mouvement. En janvier 2016, le gouvernement italien alloue 6 millions d'euros à des travaux de conservation dans la ville. En mars, la lagune est déclarée « le site le plus menacé d'Europe » par Europa Nostra, la principale organisation européenne du patrimoine.

[argument 3]

Le Comité du patrimoine mondial, réuni en juillet 2016, renonce pourtant à déclarer Venise « en péril ». L'UNESCO se contente de réitérer sa demande aux autorités italiennes de fournir d'ici deux ans des preuves que la dégradation de la ville est en train de s'inverser.

[transition]

Comment expliquer ce revirement de l'UNESCO ?

III. Un renoncement de l'UNESCO ?

[argument 1]

En juillet 2019, le Comité du patrimoine mondial adopte, sans discussion, une résolution prévoyant, pour les plus gros navires, le déplacement du port de croisière actuel (Stazione Marittima) vers un nouveau terminal du port industriel de Marghera, toujours à l'intérieur de la lagune. Les navires de taille moyenne emprunteraient le canal Vittorio Emanuele III avant d'atteindre le terminal actuel, donc sans passer par le bassin de San Marco et le canal de la Giudecca.

[argument 2]

Ce projet, soutenu par la municipalité de Venise et les compagnies de croisières, était pourtant critiqué par un grand nombre d'organisations soucieuses de l'environnement et par l'organisme public effectivement chargé du projet, le ministère italien des infrastructures. Il n'a pas non plus été validé par des études d'impact environnemental. Les militants plaident toujours en faveur d'un terminal à l'extérieur de la lagune, au Lido, où les gros cargos déchargent traditionnellement.

On peut rappeler quelques événements. Le 25 septembre 2016 a eu lieu la manifestation *No Grandi Navi* (« Pas de grands navires ») pour bloquer le passage de bateaux de croisière. Le 2 juin 2019, un navire heurte un quai à Venise sur le canal de la Giudecca, blessant plusieurs personnes. Cela relance les appels à déclarer Venise « en danger », comme celui du maire de la ville, Luigi Brugnaro.

[argument 3]

Pour comprendre les revirements de l'UNESCO, il faut avoir à l'esprit que l'Italie est le pays qui possède le plus grand nombre de sites inscrits au patrimoine mondial, ce qui lui confère un poids et une influence considérables au sein de l'organisation. L'ajout de Venise à la liste des sites menacés – qui est dominée par les sites des pays en développement et des pays en conflit (mais qui comprend aussi des villes comme Vienne ou Liverpool) – aurait pu être vue comme honteuse et risquer de nuire à la lucrative industrie touristique. L'argument est aussi économique : Venise maintient à flots toute l'industrie des croisières en Adriatique et le secteur fournit 5 000 emplois aux Vénitiens.

Conclusion

De nombreux acteurs interviennent dans le dossier vénitien : acteurs locaux (municipalité, associations de résidents, gondoliers, etc.), régionaux et nationaux (Vénétie, ministères, etc.) et internationaux (compagnies de croisières, UNESCO, associations de sauvegarde du patrimoine, etc.). La multiplicité des enjeux a tendance à bloquer toute décision d'envergure concernant la mise en place d'un tourisme durable à Venise.

bilan

En novembre 2019, les grandes inondations et les dégâts causés par la montée des eaux ont relancé les débats sur l'inscription de Venise sur la liste du patrimoine en péril. Le projet de digues flottantes baptisé MOSE, opérationnel en 2020, devrait toutefois permettre d'éviter à l'avenir ce genre de catastrophe.

ouverture

SUJET 23

La France et le patrimoine, des actions majeures de valorisation et de protection

DISSERTATION

Comment une région entière peut-elle être inscrite au patrimoine mondial dans la catégorie « paysage culturel évolutif vivant », alors que l'activité économique qui a produit ses paysages a disparu ? Vous vous appuierez sur l'exemple du bassin minier du Nord-Pas-de-Calais.

Travail préparatoire

Fiche cours 12
Fiche méthode 1

2 heures

Le jour de l'épreuve, vous aurez 4 heures pour traiter la dissertation et l'étude critique de documents : ne consacrez pas plus de 2 heures au traitement de la dissertation.

Analyser le sujet

Définir les mots du sujet

On parle de patrimonialisation pour désigner le processus de création, de fabrication de patrimoine. Si le phénomène a d'abord concerné la sauvegarde des monuments historiques, il a fallu attendre la fin du XXe siècle pour que le patrimoine paysager soit réellement pris en compte. Les sites comprenant des interactions majeures entre les hommes et le milieu naturel sont reconnus au titre de paysages culturels. Le bassin minier du Nord-Pas-de-Calais est une région de France qui a été ajoutée à la liste du patrimoine mondial de l'UNESCO en 2012. Le bassin comprend 125 communes et s'étend sur 120 km de long sur 23 km de large, soit sur 9,5 % de la superficie de l'ancienne région française du Nord-Pas-de-Calais (qui fait, aujourd'hui, partie des Hauts-de-France). Le paysage de cette région a été façonné par l'extraction du charbon, de la fin du XVIIIe siècle au dernier tiers du XXe siècle, et comporte en son sein un patrimoine industriel minier, des vestiges, mais également des habitats miniers et une urbanisation caractéristique qui sont, aujourd'hui, intégrés aux besoins contemporains des populations locales.

Les pièges à éviter

Il ne s'agit donc pas ici de présenter globalement le patrimoine minier de la région mais d'interroger le caractère « évolutif » et « vivant » des paysages produits par la mono-activité d'extraction de la houille.

Les attentes du correcteur

Il faut maîtriser les termes techniques qui concernent les sites d'exploitations ou carreaux de fosse (chevalements, terrils, cavaliers, berline, cuffat, etc.), les structures qui leur sont liées (corons, etc.) et les noms des métiers (cafus, abouts, porions, hercheurs, boutefeus, galibots, etc.).

Mobiliser ses connaissances

Il faut montrer que la sauvegarde des friches et des vestiges industriels du Nord-Pas-de-Calais devient lentement un enjeu collectif avec des interrogations inédites : doit-on figer les empreintes comme simples témoignages ou faut-il les réhabiliter et leur trouver une nouvelle affectation qui conserve, si possible, leur identité primitive ?

Problématiser le sujet

Le sujet invite à se demander dans quelle mesure les paysages du bassin minier peuvent être considérés comme des paysages vivants et évolutifs et non comme des paysages reliques ou fossiles, composés de vestiges, de séquelles et de stigmates d'un âge industriel révolu.

Plan du sujet

I. Un phénomène de dépatrimonialisation ?
II. Une prise de conscience progressive de l'intérêt du patrimoine paysager minier depuis les années 2000
III. Conservation/préservation de l'héritage ou reconversion/revitalisation ?

Corrigé : plan détaillé

Les textes en bleu apparaissant dans ce corrigé ne doivent pas figurer dans votre devoir. Nous les avons insérés pour vous guider et vous aider à repérer les parties de la dissertation.

Les conseils du professeur

Introduction

En février 2020 sort le film *Mine de rien*, qui raconte l'histoire de deux chômeurs de longue durée, à la peine dans leur formation de réinsertion, qui ont l'idée de construire un parc d'attractions résolument artisanal sur une ancienne mine de charbon désaffectée du bassin du Nord-Pas-de-Calais.

accroche

Avec la fermeture progressive des mines de 1960 à 1990, la désindustrialisation a été synonyme de rupture à la fois sociale, paysagère et économique. Ce n'est que progressivement que se développe l'idée que le paysage minier est un patrimoine non seulement régional, mais aussi à valeur planétaire, qui peut générer de nouvelles activités et être porteur de développement. Des initiatives sont prises pour préserver et reconvertir un certain nombre de biens matériels et immatériels.

analyse du sujet

Comment revitaliser le bassin du Nord-Pas-de-Calais à partir de la mise en valeur de ses paysages miniers ? Nous verrons, d'abord, que cette question ne s'est pas posée dans les années 1990, marquées, au contraire, par un effacement des traces de l'activité minière. Puis, nous analyserons le tournant des années 2000, avec le projet de classement du Bassin par l'UNESCO. Enfin, nous nous interrogerons sur la difficulté de faire vivre un héritage et de concilier passé, présent et futur dans les approches patrimoniales.

problématique et annonce du plan

I. Un phénomène de dépatrimonialisation ?

[argument 1]

L'arrêt des activités extractives s'est accompagné de politiques d'effacement et de destruction des mines de la part des compagnies comme des collectivités. Les vieilles régions industrielles ont légué un paysage considéré à l'époque comme répulsif, déprécié ou dévalorisé (la friche) et un patrimoine « monumental » qui ne relevait pas des caractéristiques esthétiques ou artistiques habituellement associées aux édifices historiques.

[argument 2]

La sortie du film *Germinal*, de Claude Berri, en 1993, fait figure d'exception : il a joué un rôle clé dans la patrimonialisation, le classement au titre des monuments historiques et la renaissance de la friche minière de Wallers-Arenberg (pôle de création numérique et cinématographique d'Arenberg Creative Mine). Cela lui a permis de faire partie des cinq grands sites de la mémoire minière choisis en 1994 dans le cadre du Contrat de Plan État-Région pour accueillir des pôles économiques et culturels régionaux (avec la Cité des électriciens de Bruay-la-Buissière, le Centre historique minier de Lewarde, le 11-19 de Loos-en-Gohelle et le 9-9 bis d'Oignies).

[argument 3]

Mais un bon contre-exemple est la reconversion récréative en 1996 d'un terril de la Compagnie des mines de Nœux à Nœux-les-Mines en piste de ski synthétique ou stade de glisse (Loisinord). On voit ici une poursuite de la politique du terril loisirs, dont les matériaux ont servi de support à la création dans les années 1970 d'une base de loisirs ou d'un parc urbain à vocation ludique (parcs de la Lawe, de la Glissoire, de la Loisne). Les étangs d'affaissement deviennent aussi des bases de loisirs (exemple de la base des Argales) et les cavaliers des réseaux de circulation douce (itinéraires piétons, vélos, ... non motorisés).

On peut aussi évoquer l'exemple significatif de deux musées consacrés à la mine (Maison de la forêt Raismes en 1993 et Maison du terril Rieulay en 1996), installés non pas dans des monuments historiques mais dans de nouveaux bâtiments.

[transition]

Quels degrés d'évolution et quels éléments de modernité peuvent être admis au sein du bassin minier sans que celui-ci perde les composantes de son identité, qui lui confère sa valeur patrimoniale ? Comment redynamiser un territoire patrimonial tout en conservant son intégrité ?

II. Une prise de conscience progressive de l'intérêt du patrimoine paysager minier depuis les années 2000

[argument 1]

En mai 2000 est créée la Mission Bassin Minier avec des représentants des différentes structures (État, région, départements, intercommunalité et membres associés). Dès 2003, la Mission prépare un dossier en vue de classer le bassin minier au patrimoine mondial de l'UNESCO.

[argument 2]

Si entre 1996 et 2009, seuls 4 sites du Bassin sont classés ou inscrits aux Monuments historiques, les choses s'accélèrent en 2009 et 2010 : 69 sites sont ajoutés à l'inventaire. Le processus d'inscription au patrimoine mondial ne prétend pas à la conservation d'une intégrité physique : beaucoup de fosses ou de chevalements ont été détruits entre 1980 et 2000.

[argument 3]

En juin 2012, 353 éléments répartis sur 109 sites sont inscrits au patrimoine mondial de l'humanité par l'UNESCO. Les 17 fosses et les 21 chevalements (structures de levage) sont les sites majeurs, mais l'ensemble donne également une part belle à, notamment, 124 cités ouvrières (qualifiées d'exceptionnelles, remarquables ou témoins), 51 terrils, 54 km de cavaliers miniers, 38 écoles et groupes scolaires, 26 édifices religieux, 22 équipements de santé.

La transformation d'un territoire en « paysage culturel vivant » s'inscrit ainsi dans un processus complexe de sélection de biens et lieux représentatifs. Les biens proposés au classement de l'UNESCO ne représentent que 25 % de la totalité du patrimoine minier recensé.

[transition]

La question qui se pose est donc de savoir comment revitaliser un patrimoine paysager sans le dénaturer. Comment faire vivre le patrimoine et non rentrer dans une dynamique de muséification ?

III. Conservation/préservation de l'héritage ou reconversion/revitalisation ?

[argument 1]

La première solution consiste à renforcer la dimension immatérielle du patrimoine par le programme « Mineurs du monde, mémoires de mines », établi par le Conseil régional depuis 2010 et réalisé en collaboration avec l'INA. Le site Internet dédié recense et présente chronologiquement près 250 documents de différentes natures (actualités, documentaires, entretiens dans le Bassin minier du Nord-Pas-de-Calais comme ailleurs en Europe et en Amérique du Nord).

[argument 2]

La dimension artistique est aussi abordée car elle contribue à rendre le patrimoine vivant et évolutif. En 2004, l'État décide que Lens accueillera l'antenne du Louvre. Le musée du Louvre-Lens est construit sur le site de l'ancienne fosse n° 9. La première pierre est posée en décembre 2009 et l'inauguration a lieu en décembre 2012.

On peut aussi prendre d'autres exemples d'interventions artistiques et technologiques. Dès la fin des années 2000, une nouvelle technique s'impose comme outil possible de valorisation du patrimoine : le vidéo *mapping*, qui consiste à projeter des images de grande taille sur les terrils locaux.

[argument 3]

La dimension sociale n'est pas oubliée. Environ 24000 logements miniers sont inscrits sur la liste du patrimoine mondial, ils sont majoritairement détenus par deux bailleurs sociaux (Maisons et Cités Soginorpa et le Groupe SIA habitat). Les cités minières se retrouvent au cœur des projets d'aménagement et de vitalisation du territoire. Mais les interventions ne doivent ni remettre en question l'homogénéité de la morphologie urbaine et la cohérence architecturale ni rompre le lien entre le bâtiment et son environnement d'origine.

Conclusion

La « ressource patrimoniale » apparaît comme stratégique dans la valorisation d'un territoire. Le processus de patrimonialisation à l'échelle régionale aboutit à la création d'une identité territoriale renforcée et à l'émergence de nouvelles stratégies économiques et touristiques. L'objectif est de protéger, aménager et valoriser le patrimoine, pour qu'il continue à exister, tout en étant créateur de richesses et en intégrant des fonctions nouvelles, au bénéfice du territoire et de ses habitants. Mais on peut souligner que le caractère vivant vient surtout du fait que le « patrimoine minier » est constitué de lieux et d'édifices restaurés, dont la perception actuelle se fonde sur un état transformé. Le patrimoine réussit à se maintenir, surtout à travers sa réaffectation pour nos besoins modernes, ce qui permet parfois de coupler l'entretien ou la rénovation d'un bien patrimonial avec sa nouvelle fonction (principe de conservation intégrée prôné par la charte de Venise, 1964).

bilan

Prendre en compte les espaces abandonnés, désaffectés ou détruits, y compris dans les espaces exclus du cœur de la patrimonialisation, permettrait peut-être de souligner l'exceptionnalité des bâtiments sauvegardés et de révéler l'état intermédiaire entre une mine fermée et abandonnée et des formes de transformations/patrimonialisations (cinématographiques, de reconversion, etc.).

ouverture

Thème 5

L'environnement : un enjeu planétaire

L'île Thilafushi (Maldives) recueille 330 tonnes de déchets par jour.

SUJET 24

BAC 2023
Asie-Pacifique

Exploiter, préserver et protéger

ÉTUDE CRITIQUE DE DOCUMENTS

Les acteurs de la préservation de la forêt

En analysant les documents, en les confrontant et en vous appuyant sur vos connaissances, vous montrerez l'évolution de la forêt depuis le Néolithique et le rôle des États et des sociétés dans cette évolution en vous appuyant sur l'exemple de la France.

Document 1

Les transformations de la forêt depuis le Néolithique

Tout au long des 50 siècles allant du Néolithique au premier tiers du XIXe siècle, les forêts ont un aspect sensiblement différent de celui qu'on leur connaît aujourd'hui. Leur existence même est sans cesse menacée par l'expansion humaine [...].

Les techniques agricoles évoluant peu avant le XVIIe siècle et la première révolution industrielle consommant ensuite de plus en plus de bois énergie, on constate une remarquable constance entre les variations de la population et celles de la surface boisée totale [...].

En Europe de l'ouest [entre 1750 et 1900], la France occupe une situation médiane entre des pays comme l'Angleterre et l'Allemagne, extrêmement déboisés où la reconstitution se fera essentiellement par des boisements artificiels et un enrésinement* fort, et les pays du Sud (Italie, Espagne), moins déboisés où la forêt s'étendra ensuite quasi naturellement [...].

Au cours de la seconde moitié du XIXe siècle, on voit apparaître des sujets nouveaux relatifs à la forêt qui forment une sorte de préfiguration des débats écologiques et paysagers actuels. Il s'agit d'abord de la question du boisement en montagne. Au milieu du siècle, des crues catastrophiques se produisent et sont imputées au déboisement des montagnes. Les communautés montagnardes locales sont à nouveau désignées comme responsables via le surpâturage et les abus en forêt.

Au nom de la protection contre les inondations, les avalanches et l'érosion torrentielle, le pouvoir impérial [Second Empire] fort promulgue des lois pour obliger à des actions de reboisement et de mise en défense d'accès des troupeaux qui entraînent des nombreux conflits locaux.

Source : rapport « Quel rôle pour la forêt dans la transition écologique ? », Juillet 2019 publié par la Fabrique écologique**

* Enrésinement : reboisement avec des arbres résineux.
** La Fabrique écologique est un *think & do tank* (un espace de réflexion et un réservoir d'idées) créé en 2013, une fondation qui a pour objectif de promouvoir l'écologie et le développement durable sur la base de propositions concrètes.

Document 2

Affiche « Réflexes » de prévention des incendies dans les forêts

Source : https://agriculture.gouv.fr/campagne-de-prevention-contre-les-feux-de-foret-et-de-vegetation

Note accompagnant l'affiche : Pour la 5e année consécutive, le ministère de la Transition écologique et de la Cohésion des territoires, le ministère de l'Intérieur et le ministère de l'Agriculture et de la Souveraineté alimentaire avec l'appui de l'ONF, de Météo-France et de l'entreprise Vinci lancent une campagne nationale de sensibilisation et de prévention des risques de feux de forêt et de végétation. (20 juin 2022)

Travail préparatoire

Fiche cours 13
Fiches méthode 2 3

2 heures

Le jour de l'épreuve, vous aurez 4 heures pour traiter la dissertation et l'étude critique de documents : ne consacrez pas plus de 2 heures au traitement de l'étude critique de documents.

Analyser le sujet

Analyser les documents

- Le sujet se situe dans le thème 5. Il mobilise l'axe 1 et le jalon 1. Mais le fait que le sujet commence au Néolithique laisse penser que les candidats doivent mobiliser des connaissances issues du jalon 2.
- Il y a une contradiction à relever entre le titre général de l'étude critique « Les acteurs de la préservation » et cette étude des « transformations de la forêt depuis le Néolithique ». Cela est aussi à mettre en perspective avec la thématique du thème, de l'axe et du jalon : « Exploiter et protéger ». On peut donc tout à fait élargir le champ de l'étude et ne pas se concentrer seulement sur « préserver et protéger ».

Les pièges à éviter

- En France, la période néolithique, qui correspond aux premières sociétés de paysans, est comprise entre 6000 et 2200 avant notre ère. Il faut donc veiller à ne pas la faire débuter en 10 000 av. J.-C. (foyer du Proche-Orient).
- Il ne faut pas traiter les deux documents séparément mais les croiser et les comparer le plus possible.

Les attentes du correcteur

- On attend d'abord du candidat qu'il montre que le document 1 évoque la déforestation, les déboisements et les défrichements depuis le Néolithique, notamment en montagne. Il traite ensuite des choix de (re)boisement soit pour des raisons économiques (enrésinement) soit pour gérer les risques naturels (inondations et avalanches). Ces politiques publiques créent des conflits d'usage.
- Le document 2 est un document de communication relatif à la prévention des incendies dans la forêt française au début du XXIe siècle. Ce risque s'est amplifié par la fréquentation croissante des riverains et des touristes lors de la saison estivale. Plusieurs ministères, mais aussi des acteurs privés se mobilisent pour sensibiliser les usagers des forêts et limiter le risque d'incendie.

Mobiliser ses connaissances

- Le candidat doit d'abord bien définir ce qu'est l'exploitation de la forêt : un procédé qui consiste essentiellement à récolter le bois mais qui peut s'entendre aussi comme l'entretien des espaces forestiers. On parle d'exploitation raisonnée des forêts pour désigner la replantation des arbres coupés et un entretien des écosystèmes favorisant leur enrichissement.
- La préservation de la forêt désigne à la fois la gestion de l'exploitation (interdiction ou gestion raisonnée) et les mesures de protection (aires protégées, gestion des risques, etc.). Le gradient de protection amène à parler de « conservation » lorsqu'il s'agit de la gestion raisonnée des ressources et de « préservation » lorsqu'il s'agit de protéger la forêt contre les effets néfastes de l'action des sociétés.

Problématiser le sujet

Le sujet invite le candidat à étudier d'abord l'exploitation de la forêt et les risques encourus depuis le Néolithique, puis à mener une approche comparative de la politique de préservation de la forêt en abordant les différents acteurs au XIXe siècle et au XXIe siècle.

Plan du sujet

I. L'évolution de la forêt française depuis le Néolithique

II. Le rôle de l'État et des sociétés dans la préservation de la forêt française

Corrigé : plan détaillé

Les textes en bleu apparaissant dans ce corrigé ne doivent pas figurer dans votre devoir. Nous les avons insérés pour vous guider et vous aider à repérer les parties de l'étude critique des documents.

Les conseils du professeur

Introduction

Du 1er janvier au 19 novembre 2022, plus de 785 000 hectares de surface boisée ont brûlé en Europe, dont 66 000 en France. Ces incendies ont suscité des réactions au niveau international, des pompiers allemands ou polonais sont venus aider leurs collègues français. La forêt apparaît ainsi comme une ressource fragile et à protéger. Par forêt, on entend un territoire occupant une superficie d'au moins 5 000 m² avec des arbres pouvant atteindre une hauteur supérieure à 5 mètres à maturité.

accroche

Le document 1 est un texte sur les transformations de la forêt depuis le Néolithique, issu du rapport « Quel rôle pour la forêt dans la transition écologique ? » publié par la Fabrique écologique, un cercle écologiste de réflexion. Celui-ci présente les rapports de l'homme à la forêt depuis le Néolithique. Le document 2 est une affiche datant de 2022 présentant les « réflexes à adopter pour prévenir les feux de forêts », issue du site du ministère de l'Agriculture. Cette campagne de sensibilisation a été initiée par le gouvernement français, ainsi que l'ONF, Météo France et l'entreprise Vinci.

présentation des documents

Quel est le rôle des États et des sociétés dans l'évolution de la forêt française depuis le Néolithique ? Nous verrons d'abord comment a évolué la surface boisée en France depuis le Néolithique. Puis nous nous interrogerons sur le rôle de l'État et des sociétés dans la préservation de la forêt française.

problématique et annonce du plan

I. L'évolution de la forêt française depuis le Néolithique

[argument 1]

Le Néolithique débute en France en 6000 av. J.-C. et constitue une rupture majeure dans le rapport des hommes aux milieux. La citation « Du Néolithique aux premiers siècles de l'ère chrétienne, les forêts ont un aspect sensiblement différent. » (document 1) montre l'évolution des forêts depuis le Néolithique. À partir de cette période, les hommes deviennent sédentaires et pratiquent l'élevage et l'agriculture. Le bois devient essentiel pour la construction de villages, pour faire face à l'augmentation démographique de la population. C'est le début de l'exploitation des forêts. La domestication de certains animaux (moutons, porcs, etc.) et de certaines plantes (blé, riz, etc.) accélère les défrichements.

[argument 2]

La « Révolution industrielle » au XVIIIe siècle constitue la deuxième rupture majeure dans le rapport des hommes à l'environnement. La citation « la première révolution industrielle consommant ensuite de plus en plus de bois » issue du document 1 affirme que l'évolution des industries, avec notamment la machine à vapeur et les machines à combustion, vient accélérer l'exploitation des forêts puisqu'elle nécessite l'utilisation de grandes quantités de bois. On parle de surexploitation pour désigner le stade où le prélèvement d'une ressource dépasse sa capacité à se reconstituer ou se renouveler naturellement.

En 1820, on estime le couvert forestier en France à 6 ou 7 millions d'hectares, soit moins de 15 % du territoire. C'est le minimum forestier en France. En comparaison, le couvert forestier représente aujourd'hui plus de 30 % du territoire.

[argument 3]

L'exploitation intensive des forêts provoque alors des catastrophes environnementales. Dans le document 1, les inondations, avalanches et érosions sont évoquées. Le document 2 mentionne les incendies de forêts, qui sont liés aux activités humaines (menaces anthropiques) telles que les barbecues, les mégots de cigarettes incandescents ou encore les travaux dans les bâtiments qui bordent les forêts, notamment les résidences secondaires. Ces mises en garde témoignent de l'augmentation des usages récréatifs de la forêt, en comparaison notamment des usages économiques.

[transition]

Comment les différents acteurs réagissent-ils face à cette diminution de la surface boisée ?

II. Le rôle de l'État et des sociétés dans la préservation de la forêt française

[argument 1]

L'État ainsi que la population française ont un rôle majeur dans l'évolution de la forêt française. Dès le XIVe siècle (avec Philippe VI de Valois), l'État intervient dans l'exploitation des forêts. La Grande ordonnance de 1669 mise en place par Colbert gère la forêt française par intérêt militaire et économique. Le bois est en effet une ressource indispensable pour la construction de navires. L'État met en place des législations comme le Code Forestier, en 1827, qui limite l'usage des forêts.

[argument 2]

Au XIXe siècle, « le pouvoir impérial [...] promulgue des lois et des actions de reboisement. » Cette politique de Napoléon III favorise l'apparition en 1857 de la forêt des Landes de Gascogne. La décision de mettre fin à la pratique pastorale (les célèbres bergers sur échasses) et de planter des pins s'explique par les besoins liés aux chemins de fer (traverses) et par les débouchés liés à l'exploitation de la sève et de la résine des arbres. Cependant, ces décisions et réglementations « entraînent des nombreux conflits locaux ». Par exemple, en Ariège, les paysans s'opposent aux autorités locales durant la guerre des Demoiselles (1829-1832). En réaction au Code Forestier, les paysans se déguisaient en femmes ou en fées et attaquaient les plantations, en signe de protestation contre les nouvelles réglementations.

On parle de conflit d'usage pour désigner les tensions, oppositions et concurrences sur le devenir de certains espaces ou de certaines ressources entre les individus ou les groupes qui vivent sur un même territoire. L'un des conflits d'usage les plus courants concerne les projets d'aménagement d'un territoire,

[argument 3]

Dès 1861, certaines forêts sont protégées, comme celle de Fontainebleau, à la demande des peintres de Barbizon, pour son caractère esthétique. Le classement en forêt de protection a été créé en 1922 pour le maintien des sols en montagne et la défense contre les risques naturels. L'État a mis en place un organisme, mentionné dans le document 2, qui a pour but de gérer et protéger les forêts. La création de l'Office national des forêts, en 1966, doit accompagner le programme de sylviculture productiviste. De nombreux syndicats et associations luttent, en France, contre l'industrialisation des forêts et en appellent à une « gestion alternative ». Ils dénoncent les coupes rases, l'usage de pesticides, l'arrachage des souches. La gestion de la forêt entre, progressivement, dans une politique de développement durable et de protection de la biodiversité et de l'écosystème.

avec un groupe favorable, structuré autour d'arguments développementalistes (croissance et emplois), et un groupe opposé, fédéré par des arguments environnementalistes (défense de la nature et de la biodiversité).

Conclusion

En somme, depuis la « révolution néolithique », la forêt française a connu de nombreuses évolutions. La sédentarisation et l'agriculture ont nécessité d'importants déboisements. L'industrialisation a eu un impact sur les milieux avec les nouveaux besoins en résine et en bois (matériau de construction et source d'énergie). Face à l'exploitation intensive des forêts, l'État français a mis en place des législations visant à limiter les usages des forêts, mais cela a engendré des tensions chez les populations locales.

bilan

On peut se demander néanmoins quelle est l'efficacité des campagnes de sensibilisation : la même affiche est diffusée depuis déjà cinq ans et les mises en garde n'ont pas permis d'éviter les incendies de l'été 2022.

ouverture

SUJET 25

BAC 2022
Asie-Pacifique

Exploiter, préserver et protéger

DISSERTATION

Les sociétés et leur environnement : des relations anciennes et complexes.

Travail préparatoire

Fiches cours 13 14
Fiche méthode 1

2 heures *Le jour de l'épreuve, vous aurez 4 heures pour traiter la dissertation et l'étude critique de documents : ne consacrez pas plus de 2 heures au traitement de la dissertation.*

Analyser le sujet

Définir les mots du sujet

- Le sujet mobilise l'axe 1 « Exploiter, préserver et protéger » et une partie de l'axe 2 du thème 5 (ne doit être mobilisée ici que l'approche historique, « les fluctuations climatiques et leurs effets »). Une difficulté éventuelle réside dans la mobilisation attendue des deux axes tout en laissant de côté des aspects géopolitiques.
- Les sociétés sont des ensembles d'individus qui vivent à une époque et/ou dans un territoire déterminés. L'environnement est non seulement ce qui constitue le cadre de vie d'un individu ou d'un groupe, ce qui l'entoure, mais plus précisément une combinaison d'éléments naturels, artificiels et culturels en interaction.

Les pièges à éviter

Il ne faut pas seulement parler de l'impact des hommes sur l'environnement. Les relations entre les sociétés et leurs milieux sont à étudier dans les deux sens (idée d'interactions). Attention également à ne pas réduire la protection de l'environnement à la lutte contre le changement climatique.

Les attentes du correcteur

- Les relations entre les sociétés et leur environnement sont à étudier dans le temps long, depuis la Préhistoire, avec deux périodes clés dont la qualification de « ruptures » est à souligner.
- Les exemples traités dans l'objet de travail conclusif concernant les États-Unis et la question environnementale peuvent illustrer de façon pertinente la dissertation.

Problématiser le sujet

- La problématique attendue est de ce type : « Comment les sociétés humaines interagissent-elles avec leur environnement ? »
- Des problématiques plus développées et précises peuvent cependant être valorisées, comme : « En quoi les relations entre les sociétés et l'environnement concernent aussi bien l'impact des milieux sur les hommes que l'anthropisation des milieux, aussi bien les pressions humaines croissantes sur les milieux (exploitation intensive des ressources, destructions et pollutions) que les actions humaines de protection (exploitation raisonnée et durable, mesures de préservation) ? »

Plan du sujet

Différents plans sont possibles :

– **des plans thématiques** : un plan organisé en trois parties : pressions humaines croissantes sur l'environnement, impact des milieux sur les sociétés, mesures de protection de l'environnement ; un plan alternant relations anciennes/relations complexes.

– **un plan chronologique**, qui insistera sur les périodes clés : Néolithique, industrialisation du XIXe siècle, période actuelle.

Le corrigé développe un plan thématique :

I. Des sociétés en prise avec un milieu sauvage à maîtriser

II. Un environnement de plus en plus surexploité par les sociétés

III. Des sociétés soucieuses de protéger et conserver leur environnement ?

Corrigé : plan détaillé

Les textes en bleu apparaissant dans ce corrigé ne doivent pas figurer dans votre devoir. Nous les avons insérés pour vous guider et vous aider à repérer les parties de l'étude critique des documents.

Les conseils du professeur

Introduction

La résilience des habitants des bayous de la Louisiane, au sud des États-Unis, est impressionnante. Victimes d'ouragans de plus en plus violents, comme Katrina ou Harvey, ils restent déterminés à continuer à vivre sur leurs terres ancestrales. Cet enracinement local montre bien les liens étroits existant entre les sociétés et leur environnement.

accroche

On peut définir les sociétés comme les groupes de personnes vivant à une période donnée et/ou dans un espace défini. L'environnement est la combinaison d'éléments naturels, artificiels et culturels en interaction.

analyse du sujet

Quelles interactions complexes lient les hommes et l'environnement, de la Préhistoire à nos jours ? Nous verrons d'abord que la question du milieu a été perçue comme celle d'une nature sauvage à maîtriser. Puis nous analyserons les modes de surexploitation croissante de l'environnement par les sociétés, notamment industrialisées. Enfin, nous nous interrogerons sur le difficile équilibre depuis les années 1960 entre exploitation et préservation de l'environnement.

problématique et annonce du plan

I. Des sociétés en prise avec un milieu sauvage à maîtriser

[argument 1]

Au Paléolithique et au Mésolithique, entre 1 million d'années et environ 9000 av. J.-C., les sociétés humaines sont soumises aux forces de la nature et à ses aléas. Les individus sont nomades et leurs ressources sont étroitement liées à la chasse, la pêche et la cueillette. Ils sont donc obligés de se déplacer au gré des saisons et

On peut préciser que si certains auteurs ont parlé de « révolution néolithique », le phénomène

des migrations des troupeaux d'animaux. Une première rupture se produit au IXe millénaire av. J.-C. au Proche-Orient, dans le Croissant fertile. Des groupes humains adoptent l'agriculture et l'élevage ainsi que l'outillage en pierre polie, la poterie et le tissage. Ces profondes transformations techniques et sociales s'accompagnent d'une sédentarisation (premiers villages) et modifient radicalement les liens entre les sociétés et l'environnement. Pour la première fois de son histoire, l'homme perçoit la possibilité de maîtriser le monde qui l'entoure.

de néolithisation ne s'est pas diffusé de manière rapide, linéaire et uniforme et n'a pas non plus concerné toutes les parties du monde. Le Néolithique commence par exemple en Chine vers 6000 av. J.-C.

[argument 2]

Il convient donc de mesurer le chemin qui nous sépare de celui des sociétés anciennes. Si l'on se promène aujourd'hui avec plaisir dans les forêts européennes, il faut garder en mémoire qu'elles ont longtemps été des repoussoirs pour les sociétés humaines : durant l'Antiquité, les Romains parlent à leur propos d'un espace sauvage, la *silva* ; dans les légendes médiévales elles sont dépeintes comme des espaces inhospitaliers et dangereux, peuplés de bêtes sauvages et de brigands. Les déboisements et défrichements qui se succèdent en Europe, notamment entre le XIe siècle et le XIIIe siècle, mettent peu à peu fin à cette vision. D'ailleurs, ce sont souvent les fluctuations climatiques qui sont à l'origine de nouveaux modes d'exploitation des milieux par les sociétés (« optimum climatique médiéval » entre le Xe siècle et le XIVe siècle, « petit âge glaciaire » entre le début du XVe siècle et la fin du XIXe siècle).

[argument 3]

On retrouve la volonté de maîtriser l'espace sauvage dans la conception nord-américaine de la *wilderness*. L'exploration de la *wilderness* aux États-Unis a débuté au XIXe siècle, à la suite de l'expansion territoriale fulgurante après l'achat des colonies françaises. C'est notamment l'expédition Lewis et Clark, entre 1804 et 1806, qui a permis de lancer la conquête de l'Ouest, tandis que les œuvres littéraires d'auteurs comme John Muir ont également inspiré de nombreux Américains. Cette « destinée manifeste », d'ordre providentiel, et ce projet du « *Go*

John Muir est connu pour ses récits d'aventures dans les régions montagneuses de Californie. Il a fondé le Sierra Club, qui reste aujourd'hui une des principales organisations environnementales américaines.

West ! » se sont matérialisés dans la construction de la *First Transcontinental Railroad* (1863-1869), représentée par le tableau de John Gast intitulé *American Progress* (1872). Encore de nos jours, le cinéma s'empare de cette fascination américaine pour la « nature sauvage », comme dans le film *Into the Wild* (2007).

[transition]

Comment est-on passé de la maîtrise de la nature à la surexploitation des ressources environnementales ? Avec quelles conséquences ?

II. Un environnement de plus en plus surexploité par les sociétés

[argument 1]

On désigne sous le terme de ressources (naturelles) l'ensemble des richesses du sol et du sous-sol qui présentent une utilité pour les sociétés humaines. Après la rupture de la néolithisation, c'est l'industrialisation qui marque la seconde étape de l'anthropisation des milieux. À partir de la fin du XVIIIe siècle, la première puis la deuxième « révolution industrielle » accélèrent le rythme d'exploitation de l'environnement. La création de nouvelles machines (à vapeur, puis à explosion) et l'utilisation de nouvelles énergies (charbon, pétrole, électricité) permettent d'atteindre une croissance économique effrénée. Cette industrialisation massive s'accompagne d'une urbanisation généralisée. Les préoccupations environnementales ne concernent alors que les villes et consistent à prendre un certain nombre de mesures dites hygiénistes pour assurer des conditions sanitaires susceptibles de freiner la propagation des épidémies.

On peut rappeler que cette forte anthropisation des milieux est parfois désignée sous le terme d'« Anthropocène ». L'humanité serait ainsi entrée dans une période (géologique), où les activités humaines ont de fortes répercussions sur les écosystèmes de la planète et les transforment à tous les niveaux, surpassant même les forces géophysiques. Rappelons toutefois que ce terme fait débat dans les communautés scientifiques (indicateurs, date de début…).

[argument 2]

À partir des années 1950, on assiste même à une « grande accélération » (expression de certains historiens) de l'impact des activités humaines sur l'environnement, en lien avec la mondialisation (conteneurisation des marchandises commercialisées, etc.). C'est aussi à cette époque qu'a lieu le Grand Smog de Londres (1952), considéré encore aujourd'hui comme la pire pollution atmosphérique (ici le dioxyde de soufre) de toute l'histoire du Royaume-Uni.

[argument 3]

La surexploitation désigne le stade où le prélèvement d'une ressource dépasse sa capacité à se reconstituer ou se renouveler naturellement. Cette surexploitation concerne principalement la surpêche, la chasse intensive d'animaux sauvages, l'abattage excessif de bois de chauffage, le surpâturage et l'épuisement des terrains agricoles. Elle provoque une réduction de la biodiversité, c'est-à-dire de la richesse et de la variété des espèces vivantes. Pour les combustibles fossiles et les métaux, on parle même de finitude des ressources.

[transition]

Comment les sociétés réagissent-elles face à cette situation ? Les mesures prises sont-elles à la hauteur des risques encourus ?

III. Des sociétés soucieuses de protéger et conserver leur environnement ?

[argument 1]

La prise en compte de la diminution des ressources et la notion de « gestion durable » ne datent pas du XXe siècle. L'idée de concilier exploitation et protection, d'encadrer et de fixer des limites aux prélèvements de richesses naturelles se retrouve déjà dans la Grande ordonnance de Colbert (1669). Le ministre de Louis XIV entend protéger la forêt française pour assurer suffisamment de bois pour la construction navale, au service de l'expansion maritime du pays. Lorsque Napoléon III, en 1857, décide de planter à grande échelle des pins dans les Landes, il a aussi en tête le besoin de traverses pour la construction des voies ferrées, alors en pleine expansion sur tout le territoire.

[argument 2]

Cette protection de l'environnement va jusqu'à définir de véritables espaces « sous cloche », où toute exploitation est formellement interdite. C'est le cas aux États-Unis avec la création du parc de Yellowstone (Wyoming) en 1872, puis de Yosemite (Californie) en 1890. En France, c'est surtout dans les années 1960 que les parcs nationaux se développent, comme le parc de la Vanoise (1963).

[argument 3]

De grandes rencontres internationales ont pour objectif de mesurer l'état de la destruction de l'environnement et de proposer des mesures efficaces. On peut citer d'abord la Conférence des Nations unies sur l'environnement et le développement, plus connue sous le nom de sommet de la Terre, qui s'est tenue à Rio de Janeiro en 1992. Un Agenda 21 énumère quelque 2 500 recommandations pour la mise en œuvre du développement durable au niveau des territoires. Des objectifs de développement durable (ODD) sont aussi fixés en 2012. Mais l'exemple de la taxe carbone et du principe pollueur-payeur montre que l'application de mesures efficaces diffère largement selon les pays.

On peut rappeler que c'est à l'issue du premier sommet de la Terre à Stockholm en 1972 (le rapport Meadows date de la même année) que la conférence des Nations unies décide de créer le Programme des Nations unies pour l'environnement (PNUE). C'est le PNUE (avec l'Organisation météorologique mondiale) qui crée ensuite en 1988 le Groupe d'experts intergouvernemental sur l'évolution du climat (GIEC).

Conclusion

Les relations entre les sociétés et l'environnement sont anciennes et complexes. « Nous n'héritons pas de la terre de nos ancêtres, nous l'empruntons à nos enfants » affirme un proverbe sioux. Si cette volonté de préserver le milieu naturel est ancienne, les sociétés modernes ont pourtant largement contribué à la surexploitation des ressources naturelles et à la réduction de la biodiversité. Depuis les années 1960 heureusement, des réflexions sont menées pour trouver un équilibre entre exploitation et préservation de l'environnement.

bilan

On peut toutefois se demander si des mesures comme la réduction des articles en plastique à usage unique sont suffisantes pour envisager un véritable développement durable.

Ouverture

SUJET 26

Le changement climatique : approches historique et géopolitique

ÉTUDE CRITIQUE DE DOCUMENTS

Analysez les documents pour montrer que les fluctuations du climat, du Moyen Âge au XIXe siècle, ont des effets sur les conditions de vie des Européens.

DOCUMENT 1

Le climat a une histoire

Il semble, selon certains travaux, qu'on ait eu autour de l'an mil de notre ère un petit optimum du climat : des glaciers alpins devenus très courts, de belles forêts de conifères remontant à cette époque très haut dans les Alpes suisses sur les emplacements qui, plus tard, seront occupés par les glaciers, les gravats et les moraines. [...]

Un refroidissement très net des printemps et des étés s'est instauré pendant la seconde moitié du XVIe siècle, en particulier entre 1560 et 1600. Ce refroidissement a culminé pendant la décennie 1590 : les mauvaises récoltes, consécutives à cette situation, firent alors bondir le prix du blé dans d'assez nombreuses régions européennes, déchaînant ainsi les famines. Ajoutons que les hivers, eux aussi, ont été tendanciellement froids pendant cette seconde moitié du XVIe siècle. On peut parler, du moins pour l'Europe occidentale, d'un refroidissement d'ensemble du climat. C'est ce qu'on a appelé le « *little ice age* » (petit âge glaciaire). [...]

La mauvaise conjoncture de l'époque de Louis XIV (particulièrement lors des crises de la fin du règne, de 1690 à 1715), s'explique par le poids de la guerre et de l'impôt sur l'organisme national ; cependant, il est certain qu'une conjoncture climatique défavorable a également joué son rôle. Les famines de 1693 et de 1709 se sont traduites par de désastreuses mortalités et par une langueur économique qui ajoutait ses effets à ceux de la guerre.

Emmanuel Le Roy Ladurie, « Le climat a une histoire », *L'Histoire*, décembre 1978.

DOCUMENT 2

Températures moyennes reconstituées dans l'hémisphère Nord, du Moyen Âge au XIXe siècle

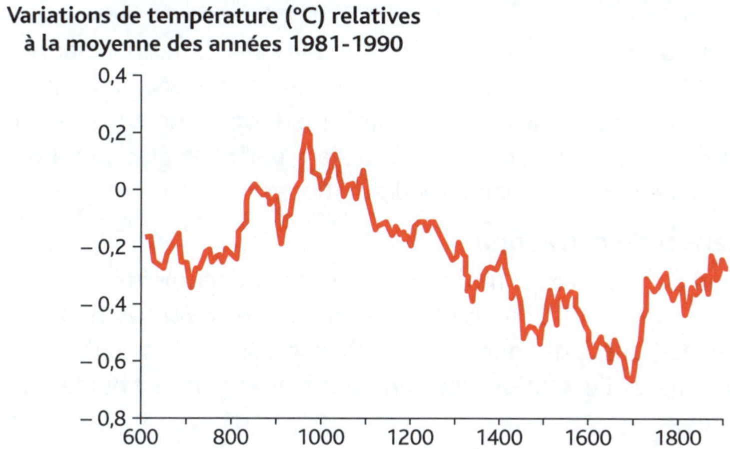

Fredrik Charpentier Ljungqvist, *Geografiska Annaler*, Vol. 92, p. 345, 2010.

Travail préparatoire

Fiche cours 14

Fiches méthode 2 3

2 heures

Le jour de l'épreuve, vous aurez 4 heures pour traiter la dissertation et l'étude critique de documents : ne consacrez pas plus de 2 heures au traitement de l'étude critique de documents.

Analyser le sujet

Analyser les documents

- Les documents permettent de réfléchir aux grands changements climatiques survenus entre 600 et 1900.
- Emmanuel Le Roy Ladurie, né en 1929, professeur honoraire au Collège de France, est un des meilleurs spécialistes français de l'histoire du climat. Dès 1967, il publie une *Histoire du climat depuis l'an mil*. Le présent article date de 1978. Il est donc ancien et on peut se demander comment l'historien a pu établir ces fluctuations du climat.

- Fredrik Charpentier Ljungqvist est un historien médiéviste suédois, spécialiste de paléoclimatologie, né en 1982. C'est une toute autre génération d'historien, qui s'appuie sur des méthodes scientifiques.

Les pièges à éviter

Il convient de nuancer l'impact des fluctuations climatiques antérieures à 1900 sur les changements politiques et socio-économiques des sociétés européennes. L'« optimum médiéval » ne correspond pas qu'à des progrès et, en sens inverse, le « petit âge glaciaire » ne s'accompagne pas que d'épisodes dramatiques.

Les attentes du correcteur

On attend du candidat de montrer que les deux documents se complètent pour étudier les variations climatiques entre 600 et 1900. Le texte permet, aussi, de fournir une réflexion sur les liens entre ces changements et l'évolution des conditions de vie de la population européenne.

Mobiliser ses connaissances

- Il faut bien connaître les méthodes utilisées par les historiens et les paléoclimatologues pour étudier les changements climatiques.
- On peut, éventuellement, élargir la réflexion sur l'impact des changements à d'autres exemples comme l'année 1788-1789, la Fronde ou la Glorieuse Révolution anglaise de 1688.

Problématiser le sujet

La démarche consiste à s'interroger, dans un premier temps, sur les sources et les méthodes pour étudier, à la fois, l'évolution du climat et les conditions de subsistance des populations. Dans un second temps, on peut se demander si les périodes de réchauffement correspondent à des améliorations du cadre de vie et les phases de refroidissement à des ralentissements des activités.

Plan du sujet

I. Comment connaître l'histoire du climat et des crises de subsistance ?
II. Le « petit optimum médiéval » (POM), époque de progrès ?
III. Le « petit âge glaciaire » (PAG), période de crise ?

Corrigé : plan détaillé

Les textes en bleu apparaissant dans ce corrigé ne doivent pas figurer dans votre devoir. Nous les avons insérés pour vous guider et vous aider à repérer les parties de l'étude critique des documents.

Introduction

Selon l'historien suisse Christian Pfister, l'un des précurseurs de l'étude du climat et des catastrophes, « l'historien souhaite relier les paramètres de l'histoire du climat à des processus économiques, sociaux et démographiques ». Mais les hommes et les femmes du Moyen Âge perçoivent essentiellement les événements climatiques extrêmes et les changements saisonniers, à travers surtout le développement des plantes et des cultures. Il n'existe pas réellement de mémoire collective des fluctuations du climat sur le temps long.

accroche

Les deux documents sont l'œuvre de deux historiens, spécialistes de climatologie. Le premier texte, daté de 1978, présente deux grandes fluctuations climatiques et certaines conséquences de ces changements sur les sociétés humaines. Le graphique, daté de 2010, permet, lui, de périodiser cette évolution des températures sur le long terme et de s'interroger sur les sources des historiens pour connaître et mesurer les modifications du climat.

présentation des documents

Quels sont les effets des fluctuations du climat, du Moyen Âge au XIXe siècle, sur les conditions de vie des Européens ? Pour répondre à cette question, nous nous interrogerons d'abord sur les sources d'information qui permettent de connaître l'histoire du climat et des conditions de vie des hommes. Puis, nous étudierons la première période, marquée par un réchauffement, pour savoir si elle a été propice à l'amélioration des conditions de vie des populations. Enfin, nous analyserons la seconde période, celle du refroidissement climatique, pour nous demander si elle a été synonyme de crises.

problématique et annonce du plan

I. Comment connaître l'histoire du climat et des crises de subsistance ?

[argument 1]

Le texte nous révèle quelles sont les sources d'information de l'historien. Il y a d'abord l'évolution des « glaciers alpins » (ligne 2). Grâce au glacier d'Aletsch, en Suisse, étudié par l'école de glaciologie de Berne et de Zürich, nous avons une idée du climat en Europe occidentale à partir de 1500 avant Jésus-Christ. L'auteur évoque aussi les arbres : la dendroclimatologie étudie les anneaux de croissance des chênes, notamment. Mais bien que le plus vieil arbre européen identifié date de la fin du VIIIe siècle, rares sont ceux antérieurs au XIe siècle.

On peut rappeler que les séries thermométriques ne commencent en Europe que dans la seconde moitié du XVIIe siècle. Ce sont les relevés parisiens de l'astronome Ismaël Boulliau et du docteur Louis Morin de Saint-Victor, qui ont permis à l'historien Daniel Rousseau d'élaborer, en 2015, la plus longue série mensuelle connue au monde, avec un début en 1658.

[argument 2]

L'autre source pour les historiens sont les récits de « mauvaises récoltes » et de « famines ». Tous les événements inhabituels donnent lieu à des écrits depuis l'Antiquité. Les épisodes de disette, qui entraînent de fortes mortalités, se retrouvent ainsi dans les archives, les journaux, les chroniques ou les annales.

[argument 3]

Pour reconstituer les températures du document 2, les paléoclimatologues se basent sur différents systèmes biologiques ou physiques (glaces polaires, sédiments marins, stalagmites, etc.) qui sont sensibles au climat et qui laissent une trace qui peut être mesurée. Les séries temporelles obtenues à partir de ces enregistrements sont appelées des « proxys ».

[transition]

Quelle périodisation de l'histoire climatique se dessine à travers l'étude de ces différentes sources ?

II. Le « petit optimum médiéval » (POM), époque de progrès ?

[argument 1]

L'expression « petit optimum médiéval » est employée dans le premier paragraphe du document 1 pour désigner une période de hausse des températures moyennes en Europe, marquée par des phases sèches. On sait qu'Emmanuel Le Roy Ladurie estime cette hausse à environ 1,4 °C aux alentours de l'an mil en Europe occidentale et jusqu'à 4 °C le long des côtes du Groenland. Elle semble, en revanche, moins élevée dans le graphique.

[argument 2]

Cette période, marquée par des étés un peu plus chauds et des hivers plus doux, se situerait, selon le texte, « autour de l'an mil ». On retrouve ce pic de température dans le graphique. Si on étend ses limites, on peut dater le POM, que les scientifiques qualifient d'« anomalie climatique médiévale », de 900 à 1300.

[argument 3]

Les effets de cette tiédeur des températures ne sont pas précisés dans le texte. Le POM est contemporain de défrichements importants, de rendements agricoles un peu plus élevés et de l'essor démographique notable du « beau Moyen Âge ». À l'époque, les Vikings colonisent une région qu'ils baptisent Groenland et la vigne apparaît des pays où elle était absente jusque-là (Angleterre, Allemagne, Belgique).

[transition]

La période suivante est-elle marquée par un ralentissement économique et plus de crises de subsistance ?

L'exemple des Vikings montre que l'adaptation au changement climatique n'est pas une simple question technique : à la fin de l'optimum médiéval, les Vikings ont disparu du Groenland alors qu'à quelques kilomètres d'eux, les Inuits disposaient d'un modèle économique qui leur a permis de survivre jusqu'à nos jours. Mais adopter ce modèle aurait sans doute remis trop gravement en cause le fonctionnement de la société viking et la position de leurs élites.

III. Le « petit âge glaciaire » (PAG), période de crise ?

[argument 1]

Le « petit âge glaciaire » est mentionné dans le second paragraphe. Il s'agirait d'un « refroidissement d'ensemble du climat », « pendant la seconde moitié du XVIe siècle, en particulier entre 1560 et 1600 ». L'auteur précise que « ce refroidissement a culminé pendant la décennie 1590 ». On peut ajouter que le PAG se traduit souvent par des précipitations en été et des conditions anticycloniques très froides et très longues en hiver.

[argument 2]

Ce PAG est bien visible dans le graphique. On sait qu'il correspond globalement à des périodes de très faible activité solaire (particulièrement lors du minimum allant de 1645 à 1715 étudié par l'astronome Maunder). Si on étend là encore ses limites, on peut le dater de 1300 à 1860.

On peut rappeler quelques chiffres. En 693, à la suite d'un été pluvieux, une famine entraîne 1,3 million de morts supplémentaires alors que la France compte alors 20 millions d'habitants. En 1709, une baisse moyenne des températures de 3 degrés en janvier, qui peut entraîner des nuits à – 30 degrés, fait 630 000 morts de plus que d'ordinaire.

[argument 3]

Dans le document 1, l'historien s'interroge sur le rôle de ce PAG dans la « langueur économique » de la fin du règne de Louis XIV, « de 1690 à 1715 » et, notamment, dans les terribles « famines de 1693 et de 1709 ». Pour comprendre les crises de subsistance, il faut, bien sûr, rappeler « le poids de la guerre et de l'impôt sur l'organisme national ». Mais le PAG n'a pas dû manquer de s'ajouter aux difficultés déjà rencontrées.

Conclusion

Depuis le Moyen Âge, en Europe, les historiens du climat et les paléoclimatologues constatent, à l'aide de sources multiples et variées, une période de léger réchauffement entre 900 et 1300, à laquelle succède jusqu'en 1860 une baisse globale des températures. Ces variations ont des conséquences sur les populations et leurs activités. Dans des sociétés où l'essentiel des ressources et de la richesse provient de la terre, les hommes sont très dépendants du climat. Les travaux des historiens comme Emmanuel Le Roy Ladurie ont permis d'établir que les famines et les événements politiques et socio-économiques qui les ont parfois accompagnées (révoltes, frondes, rébellions, insurrections) étaient souvent dus à la combinaison de guerres et de mauvaises récoltes en lien avec le climat.

bilan

On pouvait aussi s'interroger sur les effets des changements climatiques sur les épidémies. Il est ainsi possible que le passage de la peste bubonique à une forme plus dangereuse, la peste pulmonaire, en 1348, ait été influencé par la fréquente, froide et lourde pluviosité estivale des années 1340.

ouverture

SUJET 27

Le changement climatique : approches historique et géopolitique

DISSERTATION

En quoi les accords internationaux sur le climat sont-ils devenus un enjeu important des relations internationales ?

Travail préparatoire

Fiche cours 14
Fiche méthode 1

2 heures

Le jour de l'épreuve, vous aurez 4 heures pour traiter la dissertation et l'étude critique de documents : ne consacrez pas plus de 2 heures au traitement de la dissertation.

Analyser le sujet

Définir les mots du sujet

Depuis les années 1970-1980, avec la prise de conscience mondiale de l'accélération du réchauffement planétaire, le climat est devenu un enjeu géopolitique qui nécessite la mise en place d'une coopération internationale. Mais la question climatique, malgré les apparences (mobilisation de l'ONU sur la question, organisation annuelle de COP, etc.), n'a pas été une préoccupation centrale de la géopolitique mondiale des cinquante dernières années.

Les pièges à éviter

Il ne faut pas ici choisir un plan thématique car le sujet invite implicitement à montrer une évolution de la place de la question du changement climatique dans les relations internationales.

Les attentes du correcteur

Il faut bien maîtriser les grandes dates des accords sur le climat (Rio, Kyoto, Paris) et bien connaître le vocabulaire spécifique : sommet de la Terre, COP, CNUCC, PNUE, GIEC, GES, etc.

Mobiliser ses connaissances

Il faut souligner que ce n'est qu'à partir des années 1970 qu'ont lieu les premières conférences sur le climat et les premières évaluations des risques liés au changement climatique. Mais, malgré la prise de décisions concrètes à partir des années 1990, la réduction des GES se heurte aux intérêts économiques des grandes puissances.

Problématiser le sujet

Le sujet invite à se demander en quoi les discussions internationales sur le climat reflètent l'évolution géopolitique et scientifique mais aussi les réticences des grandes puissances à s'engager dans un changement de modèles de société et de développement économique.

Plan du sujet

I. Une prise de conscience mondiale dans les années 1970-1980
II. L'essor de la coopération internationale (années 1990-années 2010)
III. L'accord de Paris (2015) et ses limites

Corrigé : plan détaillé

Les textes en bleu apparaissant dans ce corrigé ne doivent pas figurer dans votre devoir. Nous les avons insérés pour vous guider et vous aider à repérer les parties de la dissertation.

Les conseils du professeur

Introduction

« Le concept de réchauffement climatique a été créé par et pour les Chinois pour rendre l'industrie américaine non compétitive » a déclaré Donald Trump, président des États-Unis, le 1er juin 2017.

accroche

La citation montre bien les enjeux géopolitiques et économiques que représente le réchauffement climatique et les tentatives d'accords (ou de désaccords ici) entre puissances polluantes pour lutter contre ses effets.

analyse du sujet

Jusqu'à quel point peut-on dire que les accords internationaux sur le climat sont devenus un enjeu important des relations internationales ? Pour répondre à cette question, nous verrons d'abord que la prise de conscience des dangers d'un réchauffement climatique et les premiers accords internationaux ont été tardifs. Nous montrerons, ensuite, que l'essor de la coopération internationale en matière de climat reflète le déplacement du centre de gravité économique mondial. Enfin, nous analyserons les espoirs et les déceptions survenus autour de l'accord de Paris en 2015.

problématique et annonce du plan

I. Une prise de conscience mondiale dans les années 1970-1980

[argument 1]

Il faut attendre 1972 pour qu'ait lieu, à Stockholm, la première conférence internationale sur le climat qui aboutit à la création du Programme des Nations unies pour l'environnement (PNUE). Désormais, l'habitude est prise d'organiser des Sommets de la Terre pour réunir les dirigeants mondiaux tous les dix ans.

[argument 2]

À la fin des années 1970, les scientifiques évoquent les rejets de CO_2 comme cause probable du réchauffement climatique. Cette prise de conscience pousse la communauté internationale à réagir.

On peut évoquer la première Conférence mondiale sur le climat en 1979. Elle fait l'état des lieux des connaissances sur le climat, et sur l'impact de sa variabilité et de son évolution sur les sociétés humaines.

[argument 3]

Si le sommet de Nairobi (1982) n'aboutit à aucune avancée réelle, un Groupement intergouvernemental d'experts sur le climat (GIEC) est créé par l'ONU en 1988 pour étudier la responsabilité de l'homme dans le changement climatique. La mission du GIEC est d'évaluer les risques liés au changement climatique. Pour cela, il réalise un état des lieux de la recherche et des connaissances sur les différents aspects du changement climatique. Ses rapports réguliers sont les documents de référence des conférences internationales sur le climat.

[transition]

La fin de la guerre froide, et des blocages à l'ONU de la plupart des grandes décisions planétaires par l'un des deux Grands, permet-elle d'envisager de nouvelles négociations sur le climat ?

II. L'essor de la coopération internationale (années 1990-années 2010)

[argument 1]

Le sommet de Rio (1992) débouche sur des décisions concrètes : un plan d'action écologique pour le XXIe siècle (Agenda 21) et une convention sur le climat à l'origine du protocole de Kyoto (1997) prévoyant une réduction de l'émission des gaz à effet de serre pour les pays signataires. Mais le protocole de Kyoto n'entre en vigueur qu'en 2005. Le respect du protocole de Kyoto est déjà symptomatique des tergiversations des grandes puissances les plus polluantes, qui tardent à y entrer (Russie, Chine), ne le ratifient pas (États-Unis) ou s'en retirent (Canada).

[argument 2]

Adoptée à Rio en 1992, la Convention-cadre des Nations unies sur les changements climatiques (CNUCC), entérinée au départ par 166 pays, met en place la COP (Conférence des parties), c'est-à-dire la réunion annuelle de tous les États signataires afin d'évaluer l'efficacité des accords de Rio, et de les prolonger ou de les modifier.

[argument 3]

C'est l'Europe qui joue le rôle de locomotive des négociations de l'ONU jusqu'à la fin des années 2010. Elle s'efforce de mettre en œuvre des actions concrètes (contraintes sur les entreprises). À partir de la conférence de Bali en 2007, les pays en développement deviennent une force du processus onusien. Ils défendent l'idée d'une

Les travaux du GIEC, qui rassemble plus de 3 000 scientifiques internationaux, ont prouvé en 2001 l'existence d'un réchauffement climatique et établi, en 2013, le lien entre les activités humaines et le réchauffement. Ces résultats ont fait reculer le climato-scepticisme, attitude de rejet des théories scientifiques sur le changement climatique en cours, souvent au nom de convictions religieuses ou de la défense des intérêts économiques.

prise en charge financière de l'adaptation des pays en développement par les pays riches, au nom de la « dette climatique ».

[transition]

La 21e Conférence des parties, qui se tient à Paris en 2015, affiche des objectifs encore plus ambitieux.

III. L'accord de Paris (2015) et ses limites

[argument 1]

Lorsque s'achève la COP21 à Paris en décembre 2015, on parle de « sommet historique » puisque la communauté internationale s'engageait, dans son ensemble, à limiter le réchauffement du climat. Le retrait des États-Unis en 2017, de l'Australie en 2018 et le non-respect des engagements par de nombreux acteurs ont, depuis, en partie refroidi les espoirs.

On peut rappeler que l'accord de Paris est fondé sur le principe de différenciation. Chaque État doit prendre des engagements à la hauteur de ses capacités et de ses responsabilités. L'accord cherche à établir une répartition juste des efforts entre pays industrialisés, pays émergents et pays pauvres.

[argument 2]

Avec 197 adhérents aujourd'hui, les prises de décision deviennent malaisées lors des COP, même si un secrétariat basé à Bonn planifie les sommets et collecte les informations utiles à leur préparation. Les objectifs fixés sont ambitieux (pour l'UE, une baisse en 2030 de 40 % des émissions de GES par rapport à 1990) mais il n'existe aucun pouvoir de police pour contraindre efficacement au respect des engagements pris. La lenteur de la mise en application est aussi une limite : l'examen des engagements de l'accord de Paris de 2015 est, par exemple, prévu en 2023-2025 seulement.

[argument 3]

De nouveaux acteurs jouent un rôle croissant. Depuis 2015, la Chine se positionne comme leader de la lutte pour le climat, malgré ses contradictions internes (refus de réduire ses émissions de GES, poids du charbon). Les citoyens, surtout, exercent une pression croissante sur les dirigeants : marche du siècle en mars 2019 qui rassemble des millions de jeunes dans plus de 120 pays, procès contre les États au nom de la justice climatique (condamnation des Pays-Bas en 2018).

Conclusion

Les instances internationales tardent à s'organiser pour faire face à la question du réchauffement climatique. Le GIEC n'est créé par l'ONU qu'en 1988. Les seuls accords notables sont le protocole de Kyoto en 1997, sur la limitation des gaz à effet de serre, et l'accord de Paris de 2015, qui fixe un cadre universel de coopération internationale. Les grandes puissances du Nord peinent à respecter les timides engagements des COP. Cela tient à leur difficulté à changer de modèle – et à le faire accepter aux opinions publiques. Pour les pays émergents comme la Chine, l'Inde, le Brésil ou l'Afrique du Sud, il est difficile de renoncer à un modèle de développement économique auquel ils commencent à accéder. Si les objectifs discutés lors des réunions internationales suscitent des résistances, c'est donc parce qu'ils entrent souvent en contradiction avec des intérêts économiques majeurs ou la sauvegarde de secteurs stratégiques pour les pays concernés. Dans les faits, les résultats des accords internationaux sur le climat sont maigres et les institutions « climatiques » restent les moins abouties de toutes les organisations internationales.

bilan

L'ONU prévoit 250 millions de déplacés climatiques en 2050. On peut se demander en quoi le sujet de la création d'un statut de « réfugié climatique » reflète les tensions géopolitiques à l'œuvre actuellement.

ouverture

SUJET 28

Les États-Unis et la question environnementale : tensions et contrastes

ÉTUDE CRITIQUE DE DOCUMENTS

Analysez les documents pour montrer que le retrait des accords de Paris met en relief les tensions et contrastes qui existent aux États-Unis concernant la question environnementale.

DOCUMENT 1

Climat : les Républicains disent bravo et merci à Donald Trump

Au Congrès, la majorité républicaine a facilement adopté cette année des lois annulant des réglementations environnementales de l'ère Obama. Et jeudi, les élus ont salué par dizaines l'annonce présidentielle de retirer les États-Unis de l'accord de Paris. « En se retirant de ces objectifs inatteignables, le président Trump a réitéré son engagement à protéger les familles de la classe moyenne et les ouvriers du charbon », a déclaré Mitch McConnell, le chef du Sénat qui vient du Kentucky. Le secteur du charbon produit encore 30 % de l'électricité américaine. Et bien qu'il ne représente plus que 50 000 emplois, concentrés dans les régions conservatrices du Wyoming, de la Virginie occidentale et du Kentucky, il exerce une influence politique démesurée. [...]

Si des grandes entreprises comme ExxonMobil ou General Electric s'opposaient à la sortie de l'accord, de nombreux groupes et lobbies industriels poussaient Donald Trump à annuler l'héritage Obama. La puissante US Chamber of Commerce, plus grande fédération patronale du monde, arguait que la mise en place de l'accord coûterait plus de 3 000 milliards de dollars à l'économie américaine d'ici à 2040.

AFP et *L'Express*, 1er juin 2017.

DOCUMENT 2

Lettre ouverte des représentants aux États-Unis de villes, d'États fédérés et d'entreprises à l'intention de la communauté internationale et des signataires de l'Accord de Paris

Parmi les signataires on peut citer les plus grandes FTN comme Walmart, Ford, DuPont, Johnson & Johnson, PepsiCo, Nike, Unilever, les multinationales de la technologie (Tesla, IBM, Intel, Hewlett-Packard), les GAFAM et les autres « géants du Web » (Airbnb, eBay, Netflix, Twitter, Uber, Yahoo). Parmi les 10 États signataires, on trouve 5 États parmi les plus riches du pays (Californie, État de New York, Caroline du Nord, État de Washington, Virginie).

Nous unissons nos forces en déclarant que nous continuerons à soutenir l'action en faveur du climat prévue par l'accord de Paris. [...]

L'annonce de l'administration Trump fragilise un pilier essentiel de la lutte contre le changement climatique et nuit à la capacité du monde à éviter les effets les plus dangereux et les plus coûteux du changement climatique. Elle est également en complet décalage avec ce qui se passe aux États-Unis.

Dans notre pays, ce sont les gouvernements locaux et les États fédérés, ainsi que les entreprises, qui sont les principaux responsables de la diminution spectaculaire des émissions de GES ces dernières années. Les actions de chaque groupe vont se multiplier et s'accélérer dans les années à venir, quelles que soient les politiques adoptées par Washington, [...] de sorte que les États-Unis conservent un rôle majeur dans la réduction des émissions de CO_2.

WeAreStillIn.com, 5 juin 2017.

Travail préparatoire

Fiche cours 15

Fiches méthode 2 3

2 heures

Le jour de l'épreuve, vous aurez 4 heures pour traiter la dissertation et l'étude critique de documents : ne consacrez pas plus de 2 heures au traitement de l'étude critique de documents.

Analyser le sujet

Analyser les documents

- Les documents permettent de réfléchir aux tensions et contrastes en matière de gouvernance environnementale aux États-Unis.

- Les clivages sont, bien sûr, politiques mais aussi économiques, sociaux et culturels : entre Démocrates et Républicains, entre grandes multinationales et petites et moyennes entreprises, entre États bénéficiant de l'exploitation des combustibles fossiles et États soucieux de réduire leurs émissions de GES, etc.

Les pièges à éviter

Il convient donc de ne pas avoir une vision caricaturale de la situation, par exemple en imaginant que toute l'Amérique est opposée à la décision de Trump de retirer le pays des accords de Paris.

Les attentes du correcteur

On attend du candidat qu'il montre que les deux documents se complètent pour comprendre les différentes positions des grands acteurs économiques et politiques du pays et la difficile gouvernance en matière environnementale.

Mobiliser ses connaissances

- Il faut bien connaître les enjeux des accords de Paris et avoir à l'esprit que l'engagement des États-Unis dans la gouvernance climatique mondiale est marqué par une suspicion à l'égard des institutions multilatérales.
- Le retrait de l'État fédéral américain laisse un espace vacant dans le leadership en faveur de la lutte contre le changement climatique que cherchent à occuper d'autres pays et, aux États-Unis, d'autres forces politiques et économiques.

Problématiser le sujet

La problématique amène à se demander en quoi le retrait des accords de Paris met en relief les tensions et contrastes qui existent aux États-Unis concernant la question environnementale.

Plan du sujet

I. La décision de l'administration Trump et le soutien du Congrès
II. La division des États fédérés
III. La division des entreprises

Corrigé : plan détaillé

Les textes en bleu apparaissant dans ce corrigé ne doivent pas figurer dans votre devoir. Nous les avons insérés pour vous guider et vous aider à repérer les parties de l'étude critique des documents.

Les conseils du professeur

Introduction

« L'accord de Paris compromettrait notre économie, briserait nos travailleurs, affaiblirait notre souveraineté, imposerait des risques juridiques inacceptables et nous mettrait en situation de faiblesse permanente par rapport aux autres pays du monde », s'est justifié Donald Trump pour sortir de l'accord de Paris sur le climat.

accroche

Le document 1 est un article de presse qui présente le soutien des Républicains au choix présidentiel de se retirer des accords de Paris. Le document 2 est un extrait de la déclaration faite par de puissants courants américains pour contester la décision de l'administration Trump.

présentation des documents

En quoi le retrait des accords de Paris met-il en relief les tensions et contrastes qui existent aux États-Unis concernant la question environnementale ? Nous verrons, d'abord, quelle décision l'administration Trump a prise et qui a soutenu ce choix. Puis, nous nous intéresserons au cas des États fédérés, pour connaître leur réaction face à ce retrait. Enfin, nous verrons que les entreprises aussi ont été divisées quant à l'attitude à adopter face au choix de Donald Trump.

problématique et annonce du plan

I. La décision de l'administration Trump et le soutien du Congrès

[argument 1]

Dès son élection en janvier 2017, Donald Trump a annoncé son « *America First Energy Plan* » qui consistait à annuler « des réglementations environnementales de l'ère Obama », considérées comme des obstacles aux nouveaux forages de combustibles fossiles.

[argument 2]

Le 1er juin 2017, Donald Trump a déclaré qu'il souhaitait « retirer les États-Unis de l'accord de Paris », ce qui a réjoui « au Congrès, la majorité républicaine » et aussi l'administrateur de l'Agence de protection de l'environnement, Scott Pruitt, climato-sceptique nommé à ce poste par le président en décembre 2016. Comme les termes de l'accord interdisent à tout pays de se retirer pendant les trois premières années, la décision de retrait n'est devenue officielle que le 4 novembre 2020, au lendemain de l'élection présidentielle.

On peut rappeler qu'avant le retrait, les États-Unis s'étaient engagés à réduire d'ici 2025 les émissions de GES de 26 à 28 % par rapport aux niveaux de 2005 et à allouer 3 millions de dollars d'aide aux pays étrangers qui luttent contre le changement climatique.

[argument 3]

L'argument de l'administration Trump repose sur son « engagement à protéger les familles de la classe moyenne et les ouvriers du charbon » et, comme le déclare le président dans son discours du 1er juin, à empêcher le « sacrifice » de « 2,7 millions d'emplois d'ici 2025 d'après l'Institut américain de recherche économique ».

[transition]

Comment les États ont-ils réagi face à cette décision ?

II. La division des États fédérés

[argument 1]

Dès le 6 juin, l'État d'Hawaii, en première ligne du changement climatique, est le premier État à adopter une loi l'engageant à respecter les objectifs initialement prévus par l'accord de Paris. Les gouverneurs des États de Californie, de New York et de Washington ont fondé l'Alliance climatique des États-Unis (USCA) pour continuer à faire avancer les objectifs de l'accord de Paris. L'Alliance compte désormais vingt-cinq États dont les gouverneurs sont très majoritairement démocrates.

[argument 2]

C'est Michael Bloomberg, ancien maire de New York, qui coordonne ce groupe d'hommes politiques, d'universitaires et d'entreprises, formé à peine 5 jours après la décision du président, unis dans l'*America's Pledge on Climate Change* (APCC), qui représente « 120 millions d'Américains et contribue à hauteur de 6 200 milliards

Dès le 6 juin, le gouverneur de Californie, Jerry Brown, a rencontré à Pékin le président chinois Xi Jinping et

de dollars à l'économie américaine », et qui s'engage en faveur de l'accord de Paris sur le climat autour du slogan « *We are still in* ». Cet engagement « parallèle » indiquerait, selon la lettre ouverte, que le leadership dans la lutte contre le changement climatique aux États-Unis est passé du gouvernement fédéral à des niveaux inférieurs de gouvernement, aux universités et à l'industrie.

[argument 3]

Les États peuvent réduire leurs émissions de nombreuses façons : en négociant des contrats avec les services publics locaux pour fournir davantage d'énergie renouvelable, en mettant en place des programmes de transport rapide et d'autres projets d'infrastructures comme l'amélioration du traitement des eaux usées. L'État de Washington a adopté un plafond sur la pollution par le carbone, a investi dans la création d'emplois dans le domaine des énergies propres et subventionne l'achat de véhicules électriques et les stations de recharge.

a signé un accord visant à se conformer aux décisions de la COP21. L'accord, bien que non contraignant, vise à étendre la coopération entre la Chine et la Californie sur les énergies renouvelables, les véhicules à zéro émission et le développement urbain à faible émission de carbone.

[transition]

Les entreprises ont-elles, elles aussi, été divisées face à la décision de Donald Trump ?

III. La division des entreprises

[argument 1]

La majorité des grands chefs d'entreprises dans les secteurs de l'énergie, de l'informatique, de l'automobile, de l'agro-alimentaire ou des loisirs (document 2) ont déclaré que le retrait nuirait à l'économie en cédant les emplois de l'avenir dans le domaine des énergies et des technologies propres à des concurrents étrangers. C'est aussi le cas des géants du Web, notamment les GAFAM.

[argument 2]

Les entreprises peuvent prendre des mesures comme l'achat d'énergie renouvelable pour leurs bureaux et leurs usines, ou s'assurer que leurs chaînes d'approvisionnement sont respectueuses du climat. Le chocolatier Mars, par exemple, a annoncé vouloir supprimer complètement les émissions de gaz à effet de serre de ses usines et bureaux d'ici 2040.

Les associations écologistes dénoncent un *greenwashing*, pratique commerciale qui consiste à utiliser des arguments environnementaux

[argument 3]

Les petites et moyennes entreprises, en revanche, ont globalement salué la position défendue par le président. Pour elles, les accords de Paris allaient imposer de nouvelles normes et augmenter les coûts de production. La « puissante US Chamber of Commerce », qui affirme regrouper plus de trois millions de PME, se réjouit aussi de cette étape dans la déréglementation climatique.

parfois trompeurs pour vendre des produits. Est aussi visée la pratique de *dumping* environnemental, visant à tirer avantage de la faiblesse des normes et des taxes environnementales dans certains pays en développement.

Conclusion

Le retrait des accords de Paris a mis en relief les tensions et contrastes qui existaient aux États-Unis concernant la question environnementale. Lorsqu'il s'agit de politique intérieure, les États-Unis préfèrent l'isolationnisme à l'ingérence d'institutions internationales. « *America first* » est le grand slogan de l'administration Trump. « J'ai été élu pour représenter les habitants de Pittsburgh, pas de Paris » avait déclaré Donald Trump dans son discours du 1er juin. Paradoxalement, le maire de Pittsburgh, Bill Peduto, avait, dans la foulée, assuré que la municipalité qu'il dirige « suivrait les directives de l'accord de Paris ». Il ne faut pas, pour autant, opposer l'État fédéral au reste du pays. Les soutiens de Trump existent à tous les niveaux. Le clivage est fort entre Républicains et Démocrates à ce sujet et la décision de Trump est davantage politique qu'économique. Mais ces tensions internes ne doivent pas faire oublier que, pour beaucoup d'Américains, c'est le leadership de leur nation qui se joue dans ce retrait.

Le fait que des démocrates progressistes se soient attaqués très tôt au changement climatique et que les solutions proposées soient liées à des mesures étatiques (taxe carbone, économies d'énergie) n'a fait que politiser un peu plus le sujet.

bilan

Certes, l'État fédéral montre ainsi à toute la communauté internationale sa force et son indépendance, mais ne va-t-il pas à contre-courant de l'opinion mondiale et ne perd-il pas, ainsi, une bataille de plus contre la Chine et son nouveau *soft power* ?

ouverture

Thème 6
L'enjeu de la connaissance

SUJET 29

Produire et diffuser des connaissances

DISSERTATION

Quelles sont les mesures prises dans le monde pour donner aux femmes un accès à la connaissance depuis le XVIe siècle ?

Travail préparatoire

Fiche cours 16
Fiche méthode 1

2 heures

Le jour de l'épreuve, vous aurez 4 heures pour traiter la dissertation et l'étude critique de documents : ne consacrez pas plus de 2 heures au traitement de la dissertation.

Analyser le sujet

Définir les mots du sujet

Il faut attendre le XIXe siècle pour que l'alphabétisation des femmes devienne une réalité dans les pays occidentaux. Dans le reste du monde, la situation ne commence réellement à s'améliorer qu'après la Seconde Guerre mondiale.

Les pièges à éviter

Il ne faut pas, ici, privilégier un plan thématique, bien qu'il soit difficile de faire suivre une même périodisation pour les pays industrialisés et pour les pays en développement.

Les attentes du correcteur

Il faut bien maîtriser les grandes étapes de l'alphabétisation dans le monde et montrer le lien entre accès au savoir, inégalités de genre et inégalités de développement.

Problématiser le sujet

Le sujet invite à se demander comment a progressé l'accès des femmes à la connaissance et à repérer les grandes phases de cette progression, dans les pays industrialisés et dans les pays en développement.

Plan du sujet

I. La difficile alphabétisation des femmes du XVIe au milieu du XIXe siècle
II. Des avancées inégales de 1850 à 1950
III. Un rattrapage rapide des pays en voie de développement depuis 1950

Corrigé : plan détaillé

Les textes en bleu apparaissant dans ce corrigé ne doivent pas figurer dans votre devoir. Nous les avons insérés pour vous guider et vous aider à repérer les parties de la dissertation.

Les conseils du professeur

Introduction

Dans la plupart des sociétés humaines anciennes, les femmes sont vues comme « inférieures », particulièrement dans celles imprégnées des religions monothéistes héritières de la Bible. « À partir du mythe fondateur d'Adam et Ève », écrit l'historienne Yannick Ripa, « s'est dessinée la figure de la femme, être inférieur voire incomplet, né de et après l'homme ». Jusqu'à la fin du Moyen Âge, en Europe, la société considérait que l'éducation des femmes ne passait pas nécessairement par leur alphabétisation puisqu'elles étaient destinées au mariage et à la maternité.

accroche

Au XVIe siècle, l'alphabétisation féminine est bien inférieure à celle des garçons car les institutions scolaires ne leur sont pas destinées. L'éducation des filles, différente selon leur statut social, se limite à un enseignement religieux. Plusieurs avancées voient le jour au XIXe siècle.

analyse du sujet

Comment l'alphabétisation des femmes devient-elle progressivement un enjeu social et politique majeur à partir de l'époque moderne ? Nous verrons, d'abord, les premiers changements de mentalité survenus aux XVIe et XVIIIe siècles. Puis, nous étudierons les progrès de l'alphabétisation féminine entre 1850 et 1950. Enfin, nous montrerons que, dans les pays en développement, ces progrès sont plus tardifs et pas encore généralisés.

problématique et annonce du plan

I. La difficile alphabétisation des femmes du XVIe au milieu du XIXe siècle

[argument 1]

La réflexion humaniste ne s'inscrit pas dans la représentation biblique de l'infériorité féminine et revendique une nouvelle pédagogie reposant sur la réflexion autonome des enfants. Mais, en voulant se dégager de la morale religieuse des siècles passés qu'ils jugent obscurantiste, les humanistes ne font que déplacer les causes de l'infériorité féminine. Elle est d'abord physique (le « sexe faible ») et mentale (la difficulté « à percevoir l'abstraction, à inventer »).

[argument 2]

L'alphabétisation s'accélère à partir du XVIe siècle en Europe occidentale. La multiplication des écoles paroissiales et des congrégations religieuses, comme celles de Mary Ward et ou de François de Sales, soutiennent ce mouvement. L'alphabétisation des filles préoccupe également les élites politiques et religieuses, avec le rôle de femmes influentes comme Jeanne de Chantal ou encore Madame de Maintenon. Cependant, l'alphabétisation à domicile reste la norme et l'écart entre les hommes et les femmes demeure important.

[argument 3]

« Il n'est pas bien honnête, et pour beaucoup de causes/Qu'une femme étudie et sache tant de choses. » Dans *Les Femmes savantes*, Molière perpétue indirectement cette vision. La femme peut donc être alphabétisée mais ses études doivent se limiter à certains domaines, extérieurs aux sciences, à la philosophie et aux arts. Excepté Condorcet, le siècle des Lumières accentue cette image de la femme. *L'Encyclopédie* considère nécessaire l'alphabétisation féminine, mais ne réclame en rien une éducation postérieure similaire pour les deux sexes.

[transition]

En quoi le XIXe siècle constitue-t-il une rupture dans l'alphabétisation féminine ?

II. Des avancées inégales de 1850 à 1950

[argument 1]

Dans les pays occidentaux, l'alphabétisation de masse apparaît nécessaire dès le milieu du XIXe siècle, et un gigantesque effort est entrepris. Presque partout, la législation impose l'école primaire obligatoire et gratuite pour les deux sexes : loi impériale autrichienne (1869), loi Coppino en Italie (1877), lois Mundella (1880) et Salisbury (1891) en Grande-Bretagne, lois Ferry en France (1881-82), lois dans 36 des États américains sur 46 en 1911. Peu à peu, les programmes scolaires dédiés aux filles et aux garçons s'harmonisent. Mais la persistance des idées des Lumières sur les « limitations » des capacités cognitives des femmes est tenace. Peu d'entre elles accèdent à l'enseignement secondaire. En France, en 1939, il n'y a qu'un peu moins de 8 000 jeunes filles bachelières, soit environ 2 % d'une classe d'âge.

[argument 2]

En 1939, dans les empires coloniaux européens qui représentent plus du tiers de la population mondiale, la situation est beaucoup plus défavorable. Malgré les discours officiels, il y a moins de 10 % des populations locales qui sont scolarisées de manière équivalente aux

On peut évoquer le cas de Louis Maggiolo (1811-1895), recteur honoraire de l'académie de Nancy, qui, entre 1877 et 1880, étudie les progrès de l'alphabétisation en France grâce à l'analyse des signatures des contrats de mariage. Cette enquête, qui a pourtant de nombreuses limites, permet toutefois d'avoir une représentation approximative de l'état de l'alphabétisation de la France à la fin du XVIIIe siècle.

métropoles. Et, parmi elles, très peu de filles, faute d'institutrices formées localement, particulièrement dans l'Empire français. Ainsi, en 1938, l'école normale féminine de Kabylie ne compte aucune jeune femme algérienne.

[argument 3]

Dans le cas chinois, pays représentant plus du quart de la population mondiale en 1910, le taux d'alphabétisation est globalement de 30 % et il est surtout masculin. Selon les estimations d'Evelyn Rawski, celui des femmes se situe entre 2 et 10 %. En 1945, il ne dépasse pas les 15 %. L'arrivée au pouvoir de Mao Zedong fait évoluer la situation. Entre 1949 et le début des années 1970, le taux d'alphabétisation passe de 15 à 80 % et aucune différence n'est faite entre les sexes. Dans les pays communistes, une attention a été portée à l'alphabétisation de tous.

On peut rappeler qu'en France la législation au XIXe siècle intègre progressivement les filles dans l'enseignement primaire (loi Guizot de 1833, loi Falloux de 1850, loi Duruy de 1867, lois scolaires de 1881-1882). Ces lois permettent de faire quasiment disparaître l'illettrisme chez les Français et, en particulier, chez les jeunes femmes.

[transition]

Si les femmes sont globalement alphabétisées dans les pays industrialisés en 1950, c'est loin d'être le cas dans les pays en voie de développement.

III. Un rattrapage rapide des pays en voie de développement depuis 1950

[argument 1]

En 1959, par la Déclaration des droits de l'enfant, l'ONU proclame que « l'enfant a droit à une éducation qui doit être gratuite et obligatoire au moins aux niveaux élémentaires ». Cette déclaration est globalement suivie d'effet. Entre 1960 et 2019, le taux d'alphabétisation mondial des 15-24 ans passe de 40 à 90 % et celui des femmes de 20 à 80 %. On assiste donc à un rattrapage rapide des pays en voie de développement.

On peut rappeler l'exemple de la Pakistanaise Malala Yousafzai. Dès l'âge de douze ans, elle écrit un blog où elle relate la difficulté pour les filles de pouvoir suivre une scolarité normale et paisible. Le 9 octobre 2012, elle est victime d'une tentative d'assassinat par un taliban.

[argument 2]

Des discriminations importantes liées à la pauvreté perdurent néanmoins, surtout dans les pays les moins avancés (PMA). En Afrique subsaharienne, à peine une femme adulte sur deux sait lire et écrire. Pour 100 garçons non scolarisés au primaire, 123 filles se voient refuser le droit à l'éducation. Le taux d'alphabétisation féminin n'est que de 40 % en Éthiopie. Au Sénégal, 54 % des citoyens sont analphabètes, dont 62 % de femmes.

[argument 3]

Les inégalités entre hommes et femmes en matière d'alphabétisation restent grandes dans les pays arabes, en Asie du Sud et de l'Ouest et en Afrique subsaharienne. Les femmes qui souffrent de l'analphabétisme sont cantonnées aux tâches domestiques et traditionnelles. Elles sont condamnées à l'ignorance et leur participation au développement de leur pays est très limitée. Elles manquent d'informations pour préserver leur santé, protéger leurs enfants contre les maladies, jouir pleinement de leurs droits ou décrocher un emploi.

Conclusion

Depuis la Seconde Guerre mondiale, la quasi-totalité des populations occidentales sont alphabétisées. Mais en 2020, près de 500 millions de femmes ne savent toujours pas lire, ni écrire, et elles représentent les deux tiers des 775 millions d'analphabètes. L'enseignement primaire universel n'est toujours pas mis en place et l'alphabétisation des femmes reste encore inférieure à celle des hommes. La pauvreté empêche certains pays d'avoir des écoles et de former correctement des professeurs. Les stéréotypes (idée que les femmes doivent seulement assumer leur rôle d'épouse et de mère), les longues distances à parcourir ou l'opposition de certains groupes religieux (islamistes radicaux) jouent également. Pourtant, l'alphabétisation des hommes comme des femmes est un facteur indispensable du développement et de la croissance économique. | bilan

Pour favoriser le développement, les objectifs du développement durable adoptés en 2015 par 193 États prévoient, en 2030, l'alphabétisation fonctionnelle complète du monde, c'est-à-dire la capacité à réaliser des activités dans lesquelles l'alphabétisation est nécessaire (à titre personnel et pour le développement de sa communauté). Comment atteindre de tels objectifs ? | ouverture

SUJET 30

Produire et diffuser des connaissances

ÉTUDE CRITIQUE DE DOCUMENTS

Analysez les documents pour montrer, à travers l'exemple des attaques contre Marie Curie en 1911, que la place des femmes dans la production de la connaissance scientifique est encore contestée en France au début du xxe siècle.

DOCUMENT 1

Allocution de Jacques Chirac, président de la République, lors de la cérémonie « sur la découverte et les applications de la radioactivité et sur ses propositions pour réconcilier le progrès scientifique et le progrès humain par l'expertise et la réflexion éthique et contribuer à la solidarité avec les pays en développement », Paris, le 30 septembre 1998

Paradoxalement, l'histoire en ne parlant que de science oublie les coups qui furent assénés à Marie Curie. En cette année 1911 où elle recevra son second Prix Nobel, les sombres courants d'antisémitisme et de xénophobie, les préjugés anti-féminins et les attitudes antiscience qui, souterrains, existent dans la société française de l'époque remontent à la surface. À deux reprises, l'*Action Française* de Léon Daudet se déchaîne contre Marie Curie. En janvier, parce qu'elle est candidate à l'Académie des sciences. Et elle sera finalement rejetée, battue de deux voix par Édouard Branly, homme de qualité qui fut aussi affecté par son succès qu'elle fut meurtrie par son échec. En novembre, cette fois sur sa vie privée et ses relations avec son collègue Paul Langevin. N'oublions pas qu'alors des journaux réclamèrent bruyamment qu'elle démissionne de sa chaire à la Sorbonne, et que quelques-uns de ses « chers collègues » projetèrent de lui demander de quitter la France. Comme le dira plus tard Jean Perrin, Prix Nobel de physique en 1926 : « Si cinq d'entre nous ne s'étaient pas levés à ses côtés quand le torrent de boue menaçait de l'engloutir, Marie serait repartie en Pologne et nous aurions tous été marqués d'une honte éternelle ».

DOCUMENT 2

Caricature de l'intérêt des femmes pour les hautes sphères de la Culture

Abel Faivre, *Le Figaro*, 1er décembre 1910.

Travail préparatoire

Fiche cours 16

Fiches méthodes 2 3

2 heures

Le jour de l'épreuve, vous aurez 4 heures pour traiter la dissertation et l'étude critique de documents : ne consacrez pas plus de 2 heures au traitement de l'étude critique de documents.

Analyser le sujet

Analyser les documents

- Le premier document est un discours prononcé à la Sorbonne (Paris) à l'occasion du centenaire de la découverte en 1898 du polonium et du radium par Marie et Pierre Curie après la découverte par Henri Becquerel de la radioactivité. Le texte souligne la défiance d'une partie de l'opinion publique française à l'encontre de Marie Curie.

- La caricature du journal *Le Figaro* souligne l'antiféminisme encore latent à cette époque.

Les pièges à éviter

Il faut privilégier les faits historiques : le sujet ne vous invite pas à donner votre opinion sur la place que les femmes devraient tenir dans la production scientifique.

Les attentes du correcteur

On attend du candidat de montrer que les deux documents se complètent pour montrer l'intolérance dont est victime Marie Curie. Même si la scientifique polonaise naturalisée française est déjà à cette époque un personnage renommé ayant largement servi l'image de la France, elle doit pourtant faire face à un grand nombre de préjugés de l'opinion française sur les femmes, les scientifiques et les immigrés.

Mobiliser ses connaissances

- Il faut bien connaître le contexte antisémite du début du XXe siècle, avec l'impact de l'Affaire Dreyfus sur la société française.
- Il faut aussi bien rappeler les grandes étapes de la vie de Marie Curie et son rôle dans la découverte de la radioactivité. Née Maria Skłodowska à Varsovie en 1867, elle vient étudier la physique à la Sorbonne en 1891 où elle obtient en 1893 une licence de sciences physiques et, l'année suivante, de mathématiques. Un an après son mariage avec Pierre Curie en 1895, Marie Curie est reçue première à l'agrégation de physique. En 1897, elle commence ses recherches sur les rayons uraniques découverts par Henri Becquerel et présente sa thèse sur les substances radioactives en 1903. Pierre et Marie Curie découvrent deux nouveaux éléments radioactifs, le polonium et le radium, et sont récompensés par un prix Nobel de physique en 1903. Reprenant le cours de Pierre Curie, mort en 1906, Marie Curie est la première femme à enseigner à la Sorbonne.

Problématiser le sujet

La problématique amène à montrer, à travers l'exemple des attaques contre Marie Curie en 1911, que la place des femmes dans la production de la connaissance scientifique est encore contestée en France au début du XXe siècle. Marie Curie se heurte aux préjugés de l'opinion française sur les immigrés, sur les scientifiques et sur les femmes.

Plan du sujet

I. Une immigrée peut-elle devenir une gloire nationale ?
II. Une femme peut-elle surpasser les hommes dans le domaine des sciences ?
III. Une femme célèbre ne doit-elle pas avoir une vie privée irréprochable ?

Corrigé : plan détaillé

Les textes en bleu apparaissant dans ce corrigé ne doivent pas figurer dans votre devoir. Nous les avons insérés pour vous guider et vous aider à repérer les parties de l'étude critique des documents.

Les conseils du professeur

Introduction

Le 20 novembre 1910, le journal *Le Temps* annonce que Marie Curie vient de se porter « candidate à l'Académie des sciences », l'équivalent de l'Académie française pour les scientifiques. Cette information fait aussitôt le tour des journaux. C'est le début d'une grande et longue campagne de presse pour savoir si une femme, aussi brillante soit-elle, a sa place dans l'Institut de France, qui regroupe les cénacles culturels les plus prestigieux du pays.

accroche

Le premier document est une forme de repentance du président français face aux attaques dont a été victime Marie Curie en 1911. Le second document témoigne de l'antiféminisme présent dans une partie de la presse de l'époque.

présentation des documents

Pourquoi peut-on dire que Marie Curie se heurte aux préjugés de l'opinion française sur les femmes, les scientifiques et les immigrés ? Nous verrons, d'abord, les reproches de nature xénophobes qui lui sont faits. Puis, nous étudierons les stéréotypes sur la place des femmes dans les sciences. Enfin, nous nous demanderons pourquoi Marie Curie est attaquée au sujet de sa vie privée.

problématique et annonce du plan

I. Une immigrée peut-elle devenir une gloire nationale ?

[argument 1]

Le texte nous apprend que c'est « en janvier » 1911 que la presse attaque Marie Curie. Elle est en compétition avec « Édouard Branly », qui découvrit le principe de la télégraphie sans fil. La presse d'extrême-droite se déchaîne. Jacques Chirac dénonce l'attitude de « l'*Action Française* de Léon Daudet ». Ce dernier écrit, d'ailleurs, que cette compétition souligne « le bizarre combat de Dreyfus contre Branly, cette lutte épique du génie national contre le démon de l'étranger ».

[argument 2]

Le texte évoque « les sombres courants d'antisémitisme et de xénophobie ». Face à ces attaques, « Mme Curie fait savoir qu'elle est née en Pologne russe, qu'elle appartient à une ancienne famille polonaise qui a toujours été catholique, que son père était professeur dans un lycée de Varsovie » (*Le Temps*, 23 janvier).

[argument 3]

Une nouvelle vague d'attaques ont lieu « en novembre, cette fois sur sa vie privée et ses relations avec son collègue Paul Langevin ». L'*Action Française* se lance à nouveau dans la bataille. Le quotidien s'acharne sur « l'Étrangère qui a poussé savamment et méthodiquement un père de famille hésitant à détruire son foyer ». Léon Daudet ajoute : « Marie Curie et tous ses alliés sont de surcroît des dreyfusards. Ils sont donc à mettre dans le même sac que les Juifs ».

[transition]

Après les attaques xénophobes, Marie Curie est confrontée aux attaques sexistes.

On peut rappeler que Marie Curie est bien devenue finalement une gloire nationale puisque, en 1995, ses cendres et celles de son mari ont été transférées au Panthéon.

II. Une femme peut-elle surpasser les hommes dans le domaine des sciences ?

[argument 1]

Certaines attaques portent sur la valeur scientifique de Marie. Le journal catholique *La Croix* présente ainsi Marie : « Mme Pierre Curie, dont les principaux titres, outre certaines recherches scientifiques, sont d'être la veuve d'un grand savant ». Mais comme le montre la caricature, c'est surtout son sexe qui pose problème pour sa candidature à l'Institut. Le 24 novembre 1910, un article du *Figaro* souhaite le rejet pur et simple de toute candidature de femme, espérant ainsi que « des milliers de jeunes personnes vont être heureusement ramenées à des occupations plus en rapport avec leurs véritables aptitudes ». La femme doit donc rester éloignée de la recherche.

On peut rappeler que le 4 janvier, une assemblée exceptionnelle de toutes les Académies se tient pour décider de l'acceptation ou non des femmes au sein de l'Institut de France. Elle se termine par un rejet de principe par 88 voix sur 140 : « sur cette question, il y a une tradition immuable qu'il lui paraît tout à fait sage de respecter ».

[argument 2]

Le dessin du *Figaro* du 1er décembre est sans équivoque : la coupole de l'Institut n'est vue que comme une belle coiffe, le statut d'Immortelle comme une récompense flatteuse. Le journal *La Presse* va même jusqu'à écrire que « les femmes ne seront pas admises à l'Institut mais elles auront une ressource : celle d'entrer dans des Instituts de Beauté... » Le même journal ajoute : « Cela, d'ailleurs, leur sera peut-être aussi difficile, car le plus souvent les femmes de science ne brillent pas par l'éclat féminin ».

[argument 3]

Cette défiance se retrouve même chez « quelques-uns de ses "chers collègues" », craignant de rompre la tradition et l'usage en acceptant une candidature féminine. Le 23 janvier a lieu l'élection. La candidature de Marie Curie est « finalement rejetée, battue de deux voix par Édouard Branly ». Marie Curie, très blessée de ces résultats et des agressions dont elle a été victime dans la presse, ne représentera pas sa candidature à l'Académie après cette élection.

[transition]

Une troisième vague d'attaques porte sur ce que devrait être la vertu d'une veuve.

III. Une femme célèbre ne doit-elle pas avoir une vie privée irréprochable ?

[argument 1]

On le voit dans le texte, la troisième vague d'attaques que subit Marie Curie porte « cette fois sur sa vie privée et ses relations avec son collègue Paul Langevin », physicien connu notamment pour sa théorie du magnétisme et l'organisation des Congrès Solvay, un grand colloque bruxellois de physiciens et de chimistes.

[argument 2]

Une relation amoureuse avait vu le jour entre eux en 1909. Mais Pierre Langevin est un homme marié. Il quitte en août 1911 le domicile conjugal. La liaison est découverte et le 4 novembre 1911, le « scandale » éclate dans la presse. Une partie des lettres d'amour de Paul et de Marie sont même volées et publiées. Le journal nationaliste *La Libre Parole* s'interroge pour savoir si Marie peut encore rester professeur à la Sorbonne. Le Ministre de l'instruction publique et le doyen de la faculté des sciences en viennent à souhaiter que Marie retourne à Varsovie, « pour son bien ».

[argument 3]

Le 8 novembre 1911, Marie reçoit pourtant son deuxième Prix Nobel, pour ses travaux sur le polonium et le radium. C'est la première fois qu'une personne reçoit deux prix Nobel. Mais ce grand moment est pourtant passé sous silence : il ne donne lieu qu'à quelques lignes

On peut rappeler que la vie de Marie Curie est traversée de drames et de douleurs : à 9 ans, elle perd sa sœur victime du typhus, à 11 ans sa mère atteinte de la tuberculose. Le 19 avril 1906, Pierre Curie, qui l'a épousée 11 ans plus tôt, meurt accidentellement en traversant la rue. Marie a alors 39 ans ; elle vit loin de sa famille polonaise et doit s'occuper seule de ses deux filles, alors âgées de 9 ans et de 2 ans. Marie trouve la force de reprendre le poste de professeur à la Sorbonne de son mari.

dans les journaux. Pire, un membre éminent de l'Académie suédoise, Svante Arhennius, suggère à Marie de reporter son voyage pour la remise du prix en attendant que son nom soit lavé de tout soupçon. Courageusement, Marie lui répond : « Je ne puis accepter de poser en principe que l'appréciation de la valeur d'un travail scientifique puisse être influencée par des diffamations et des calomnies concernant la vie privée ». Mais lorsque Marie ira recevoir son prix à Stockholm, la presse française donnera encore bien peu d'écho à l'événement.

Conclusion

Durant cette année 1911, Marie Curie a bien failli « quitter la France » pour repartir en Pologne. On assiste à une remise en cause de sa valeur en tant que scientifique, de sa vie privée et même de son droit de vivre en France. Qu'y avait-il finalement de si scandaleux dans la relation entre Marie et Paul ? Pourquoi l'attaque porta-t-elle surtout sur la veuve et pas sur le mari infidèle ? On voit, à travers cette histoire, que les femmes du début du XXe siècle, même les plus exceptionnelles, étaient traitées avec infériorité et que leurs droits étaient bien moindres que ceux des hommes, surtout si elles n'étaient pas nées en France. | bilan

Pendant la Première Guerre mondiale, Marie Curie et sa fille Irène s'engagent pour la cause des soldats blessés au front. Marie Curie développe la radiologie ambulante grâce aux voitures radiologiques, les « petites curies ». Plusieurs dizaines de milliers de blessés sont ainsi radiographiés et mieux diagnostiqués. Cette expérience les incite à appliquer les découvertes scientifiques au champ médical. Dès 1917, Marie Curie souhaite créer un centre de « radiumthérapie ». | ouverture

SUJET 31

La connaissance, enjeu politique et géopolitique

DISSERTATION

Comment le renseignement s'impose-t-il comme l'un des piliers de la puissance des deux Grands durant la guerre froide ?

Travail préparatoire

Fiche cours 17
Fiche méthodes 1

2 heures

Le jour de l'épreuve, vous aurez 4 heures pour traiter la dissertation et l'étude critique de documents : ne consacrez pas plus de 2 heures au traitement de la dissertation.

Analyser le sujet

Définir les mots du sujet

Les services secrets ou services de renseignement sont l'ensemble des organisations d'un État qui ont pour but, par des moyens variés (espionnage, surveillance, interception des communications), d'opérer la collecte d'informations sur les activités d'un autre État ou d'un groupe.

Les pièges à éviter

Il ne faut pas ici traiter de la récupération du potentiel scientifique nazi, qui débute bien avant 1947.

Les attentes du correcteur

La guerre froide (1947-1991) a accéléré le phénomène du renseignement, avec la création de services secrets pouvant agir sur le terrain, à l'extérieur du pays. Tout affrontement direct étant impossible entre Américains et Soviétiques, le combat s'est déplacé vers la maîtrise de l'information, la déstabilisation de l'autre et une politique « d'intoxication » qui a annulé en partie, d'un côté comme de l'autre, l'efficacité des services de renseignement.

Mobiliser ses connaissances

Il faut ici apporter des éléments précis sur le fonctionnement de la CIA et du KGB et expliquer les formes de leur affrontement.

Problématiser le sujet

Il faut préciser, dans un premier temps, comment se sont constitués les services secrets dans chacun des deux camps, puis s'interroger sur l'équilibre des forces qui se met progressivement en place.

Plan du sujet

I. La CIA et les services secrets américains sur la scène internationale
II. Le KGB, police d'État, fer de lance du système soviétique
III. Une compétition sans vainqueurs

Corrigé : plan détaillé

Les textes en bleu apparaissant dans ce corrigé ne doivent pas figurer dans votre devoir. Nous les avons insérés pour vous guider et vous aider à repérer les parties de la dissertation.

Les conseils du professeur

Introduction

Un musée du KGB a été inauguré le 25 janvier 2019 à Manhattan, à New York. Il présente des objets originaux utilisés par les services de renseignement soviétiques, comme le matériel d'écoute des agents secrets ou le célèbre parapluie « bulgare ».

accroche

Si l'espionnage existe depuis la Haute Antiquité, son développement réel, institutionnalisé et budgétisé par les États – les services secrets – ne date que du XXe siècle,

analyse du sujet

plus particulièrement des deux guerres mondiales. La possibilité de recueillir des informations inédites sur l'ennemi devint une priorité car elles pouvaient donner un avantage décisif et décider de l'issue du conflit. Mais c'est durant la guerre froide que l'URSS et les États-Unis mettent en œuvre un espionnage international de masse, dans une confrontation parfois spectaculaire.

Comment le renseignement s'impose-t-il comme l'un des piliers de la puissance des deux Grands durant la guerre froide ? Nous verrons, d'abord, le cas de la CIA et des autres services de renseignement américains. Puis, nous étudierons le KGB, successeur des polices politiques mises en place depuis l'époque tsariste. Enfin, nous montrerons que la compétition entre les deux systèmes de services secrets ne voit pas véritablement de vainqueur.

problématique et annonce du plan

I. La CIA et les services secrets américains sur la scène internationale

[argument 1]

Voté en 1947, le *National Security Act* entérine la création de la CIA (*Central Intelligence Agency*) dont les principaux objectifs sont l'espionnage et le contre-espionnage. Sa mission est, à la fois, d'expérimenter de nouvelles techniques de manipulation des esprits (projet MK-Ultra sur le contrôle mental et les modifications de comportement, mené des années 1950 à 1970) et de s'opposer, par tous les moyens, à la progression communiste dans le monde. Elle mène également des missions sur le territoire américain pour traquer les espions soviétiques (époux Rosenberg exécutés en 1953). Le but principal était, au départ, de prédire quand, comment et à quel endroit l'URSS allait attaquer les États-Unis.

[argument 2]

Chargée de soutenir la politique américaine globale d'endiguement, la CIA ne dépend d'aucun ministère mais directement du président des États-Unis. Elle multiplie les opérations clandestines et les interventions plus ou moins secrètes face à l'idéologie communiste.

Elle aide ainsi à faire renverser Salvador Allende au Chili en 1973 mais échoue à éliminer Fidel Castro à Cuba. Elle s'appuie, depuis 1960, sur un accord secret passé avec la principale société de chiffrement au monde, l'entreprise suisse Crypto-AG.

On peut rappeler, qu'entre 1968 et 1974, le projet Azorian (aussi appelé Jennifer) a consisté à tenter de récupérer un sous-marin soviétique coulé à plus de 5 km de profondeur au large d'Hawaii.

[argument 3]

La CIA n'est pas la seule agence de renseignement américaine : pendant la guerre froide, il en existe plus d'une quinzaine, qui dépendent chacune d'un ministère. Ainsi, la NSA (*National Security Agency*), créée en 1952 et chargée de la surveillance et de la sécurité des communications publiques et privées, dépend du ministère de la Défense. Durant la guerre froide, elle est à la tête d'un des plus grands projets de surveillance mondial, le réseau Échelon, qui associe les services de renseignement américains, britanniques, canadiens, australiens et néo-zélandais. Le réseau n'est dévoilé par un journaliste qu'en 1988.

[transition]

Comment s'organisent les services secrets soviétiques ?

II. Le KGB, police d'État, fer de lance du système soviétique

[argument 1]

Dépendant directement du pouvoir (le Politburo), le KGB (Comité pour la sécurité de l'État) créé en 1954, est, avant tout, une police politique chargée de surveiller et de traquer les opposants à l'intérieur de l'URSS et dans les pays « amis ». La guerre froide amplifie et modifie les missions du KGB, qui s'élargissent aux opérations de propagande, d'ingérence dans la politique des Occidentaux et à la recherche systématique de renseignements militaires, économiques et scientifiques.

On peut rappeler que le KGB était divisé en plusieurs services de renseignement indépendants. Il s'appuyait sur un réseau développé d'espions, mais aussi de surveillances par le biais, par exemple, de chalutiers soviétiques présents dans toutes les mers du globe.

[argument 2]

Au plus fort de la guerre froide, on estime que le KGB a « employé » près de 6 millions de personnes. Il peut compter sur environ 1 million d'espions légaux (avec des couvertures officielles dans les ambassades) et illégaux (membres des services secrets appelés « taupes », introduits dans les pays étrangers sans être reconnus), auxquels il faut ajouter plus de 5 millions d'informateurs occasionnels.

[argument 3]

L'industrie américaine, surtout à partir des années 1970, devint l'une des cibles privilégiées du renseignement soviétique. Ne pouvant acheter librement les technologies occidentales, l'URSS avait à cette époque un sérieux retard en la matière. Un effort considérable fut donc fait afin de recruter des agents travaillant dans le secteur industriel occidental, et les agents soviétiques furent à pied d'œuvre afin de recueillir des informations technologiques.

[transition]

Comment se déroule l'affrontement entre les deux grands services secrets ?

III. Une compétition sans vainqueurs

[argument 1]

Les échanges de prisonniers américains et soviétiques sur le « pont des espions » (Glienicke) entre Berlin-Ouest et la RDA, ainsi que quelques affaires de taupes célèbres, toutes au profit du KGB (exemple de Kim Philby et des célèbres agents doubles britanniques baptisés les « Cinq de Cambridge »), ont largement contribué à médiatiser l'action des services secrets durant la guerre froide.

[argument 2]

Berlin s'affirme durant la guerre froide comme un carrefour du renseignement. Berlin-Ouest est un îlot occidental en plein cœur du camp soviétique, alors que Berlin-Est appartient à la RDA. C'est la raison pour laquelle c'est un véritable repaire d'espions occidentaux et soviétiques qui utilisent cette proximité pour chercher à obtenir ou échanger des renseignements. Dès 1954, les États-Unis avaient lancé l'opération Gold, le creusement d'un tunnel depuis Berlin-Ouest pour atteindre

On peut rappeler que cette compétition inspire la littérature (John Le Carré, Tom Clancy) et le cinéma (en 1963, sortie de *L'Espion qui venait du froid* et de *Bons Baisers de Russie*). En 2015, Steven Spielberg tourne *Le Pont des espions*, un film basé sur l'échange du pilote Francis Powers et de l'espion soviétique William Fischer.

des câbles souterrains de communications militaires soviétiques sous Berlin-Est et les mettre sur écoute. Opérationnel entre mai 1955 et avril 1956, ce tunnel a permis d'enregistrer 443 000 conversations vocales et 6,2 millions d'heures d'écoute.

[argument 3]

Les informations récoltées ont pu se révéler importantes. Dans les années 1960, celles collectées sur les forces stratégiques de l'URSS ont permis, notamment, de corriger le mythe du « *Bomber gap* », selon lequel l'URSS aurait largement dépassé les États-Unis en termes de charges nucléaires. La CIA parvint également à se procurer une copie du rapport secret de Khrouchtchev dénonçant les crimes de Staline en 1956. Elle a recruté des « taupes » au sein des services de l'URSS, comme Pyotr Popov, qui donna des informations sur les sous-marins nucléaires soviétiques et sur le système des missiles guidés.

Conclusion

Lors de la guerre froide, les services de renseignement américains et soviétiques utilisent différents moyens pour déstabiliser l'adversaire : diffusion de fausses informations, programmes d'espionnage et de contre-espionnage, mais aussi opérations spéciales menées sur le terrain. Mais cette confrontation ne donna réellement l'avantage à aucun des deux camps. La CIA ne réussit ni à prévoir le tir de la première bombe atomique soviétique en 1949 ni le succès de Spoutnik en 1957. De même, le KGB ne parvint pas à rattraper son retard informatique malgré ses « taupes » parmi les services de recherche occidentaux ni à prévenir le printemps de Prague en 1968. | bilan

L'espionnage industriel développé par le Japon dans les années 1960, puis poursuivi par la Chine dans les années 1980, a été, paradoxalement, beaucoup plus payant. | ouverture

SUJET 32

La connaissance, enjeu politique et géopolitique

DISSERTATION

Comment l'enseignement universitaire et les transferts de technologie sont-ils devenus l'un des piliers de la puissance économique de l'Inde ?

Travail préparatoire

Fiche cours 17
Fiche méthode 1

2 heures

Le jour de l'épreuve, vous aurez 4 heures pour traiter la dissertation et l'étude critique de documents : ne consacrez pas plus de 2 heures au traitement de la dissertation.

Analyser le sujet

Définir les mots du sujet

Un transfert de technologie est un transfert à l'industrie de découvertes issues de la recherche dans le but de les commercialiser sous la forme de produits ou de services.

Les pièges à éviter

Il ne faut pas ici traiter de la puissance économique indienne en tant que telle mais se focaliser sur les étudiants et les échanges de connaissances scientifiques.

Les attentes du correcteur

En 2019, l'Inde est devenue la 5e puissance économique mondiale, selon le PIB nominal, devançant le Royaume-Uni et la France. Cette hégémonie repose, entre autres, sur la formation de ses étudiants mais aussi sur des transferts de technologie, c'est-à-dire sur l'acquisition de savoir-faire techniques.

Problématiser le sujet

Le sujet invite à se demander comment l'enseignement universitaire et les transferts de technologie sont devenus l'un des piliers de la puissance économique de l'Inde. Il faut d'abord expliquer pourquoi l'Inde possède aujourd'hui, en nombre d'institutions, le plus grand système d'enseignement secondaire et supérieur au monde et, ensuite, pourquoi une partie importante des ingénieurs de la Silicon Valley, en Californie, sont indiens. Enfin, il convient de se demander pourquoi beaucoup de firmes occidentales ont fait bénéficier le pays de nombreux transferts de technologie.

Plan du sujet

I. La formation des étudiants : l'Inde « des cerveaux »
II. La circulation des étudiants : une « diaspora de la connaissance », du « *brain drain* » au « *brain gain* »
III. Les transferts de technologie

Corrigé : plan détaillé

Les textes en bleu apparaissant dans ce corrigé ne doivent pas figurer dans votre devoir. Nous les avons insérés pour vous guider et vous aider à repérer les parties de la dissertation.

Les conseils du professeur

Introduction

La tradition brahmanique d'étude des textes sacrés s'est ouverte à l'Occident au cours de l'époque moderne et contemporaine grâce aux missions chrétiennes et aux établissements créés par l'administration anglaise comme l'université de Calcutta, en 1857. Fondée dans cette même ville en 1876, l'Association indienne pour la culture de la science (IACS) a encouragé la formation de scientifiques de haut niveau dès le début du XXe siècle. En 1930, l'un de ses membres, Chandrashekhara Venkata Raman, reçoit le prix Nobel de physique. | accroche

Cette politique universitaire et technologique a été accentuée dans les années suivant l'indépendance. L'Inde mise sur la connaissance pour asseoir sa puissance internationale, notamment, depuis les années 2000, face à son voisin chinois.

analyse du sujet

Comment l'enseignement universitaire et les transferts de technologie deviennent-ils l'un des piliers de la puissance économique de l'Inde ? Nous verrons, d'abord, le système indien de formation des étudiants. Puis, nous étudierons le réseau mondialisé des étudiants indiens. Enfin, nous montrerons que l'Inde s'appuie aussi sur un système de transferts de technologie.

problématique et annonce du plan

I. La formation des étudiants : l'Inde « des cerveaux »

[argument 1]

Après l'indépendance de 1947, le Premier ministre Nehru engage une politique de promotion de la culture scientifique. L'enseignement supérieur est réorganisé par l'État qui crée des instituts indiens de technologie (IIT) sur le modèle du *Massachusetts Institute of Technology* (MIT) de Boston.

On peut rappeler que l'IIT de Kharagpur (Bengale occidental), créé en 1951 par le gouvernement indien, fut le premier à être construit pour former des ingénieurs et des scientifiques. Il est considéré comme l'une des meilleures écoles en Inde.

[argument 2]

Le nombre d'étudiants indiens est passé de 300 000 en 1949 à 35 millions aujourd'hui, soit près de 20 % des jeunes actuels ayant entre 20 et 24 ans. C'est surtout à partir des années 2000 que l'augmentation a été la plus spectaculaire. Le gouvernement, sous l'impulsion du conseiller spécial à l'innovation Sam Pitroda, mais aussi des fonds privés, ont beaucoup investi dans ce secteur. Depuis 2010, le droit à l'éducation est inscrit dans la Constitution. L'Inde représente aujourd'hui la 3e population étudiante du monde, derrière les États-Unis et la Chine. Elle possède, en nombre d'institutions, le plus grand système d'enseignement secondaire et supérieur au monde, avec plus de 730 universités et 45 000 collèges.

[argument 3]

Plus de 2 millions de diplômés annuels sortent chaque année des établissements universitaires indiens. Parmi eux, une minorité, très hautement qualifiée, est issue des très sélectifs « instituts indiens de technologie » (IIT). Ainsi, plus de 1,3 million de candidats se présentent chaque année au concours d'entrée de celui de Delhi qui n'en sélectionne, au final, qu'un petit millier.

[transition]

Le passage à une « économie de la connaissance » requiert de nombreux ingénieurs et informaticiens. L'Inde en produit beaucoup et ils sont anglophones. Ils sont donc recherchés dans de nombreux pays.

II. La circulation des étudiants : une « diaspora de la connaissance », du « *brain drain* » au « *brain gain* »

[argument 1]

Les étudiants indiens sont nombreux à étudier à l'étranger. Chaque année, ils sont près de 300 000 à partir, en priorité vers les pays anglophones (100 000 aux États-Unis, 25 000 en Australie, 20 000 au Royaume-Uni, 15 000 au Canada environ). La pratique de l'anglais et la présence d'une diaspora indienne facilitent leur installation de même que la similarité des systèmes d'enseignement supérieur.

[argument 2]

Aux États-Unis, avec des effectifs frôlant les 200 000, les étudiants indiens sont la deuxième communauté étudiante après les Chinois. Beaucoup viennent pour y préparer un doctorat en sciences ou un *Master of Business Administration* (MBA). La plupart ont, ensuite, une expérience professionnelle sur place. Des milliers d'étudiants indiens vivent dans la Silicon Valley où ils contribuent à la bonne image de la communauté indienne et à son intégration parmi l'*upper middle class*. Aujourd'hui, un tiers des ingénieurs d'Apple sont indiens. Google (Sundar Pichai) et Microsoft (Satya Nadella) sont dirigés par des personnes originaires du sous-continent.

On peut rappeler le parcours de Sundar Pichai, symbole de la réussite des étudiants indiens aux États-Unis. Né en 1972 à Madras dans un milieu modeste, il fait ses études à l'IIT de Kharagpur et part ensuite à l'université de Stanford, qui accorde une bourse au jeune homme. Il entre en 2004 chez Google comme chef de produit mais il devient 10 ans plus tard son directeur général.

[argument 3]

La vision qu'a l'Inde de ses expatriés a changé depuis les années 2000. Autrefois mal considérés, ils sont désormais valorisés. Les transferts financiers des émigrés sont importants (30 milliards de dollars par an) et vitaux pour les familles restées sur place. Les gouvernements nationalistes et ultranationalistes ont intégré les « desi » (ceux du pays) dans leur conception ethnique de la nation, tandis que les associations de la diaspora financent en grande partie leurs mouvements.

[transition]

Cette diaspora est aussi à l'origine de l'essor des hautes technologies en Inde.

III. Les transferts de technologie

[argument 1]

La diaspora est un agent majeur de l'internationalisation de l'Inde. Elle entretient des liens étroits avec la mère patrie. Les cadres d'origine indienne qui travaillent dans les sociétés américaines high-tech soutiennent volontiers l'essor des hautes technologies en Inde, en subventionnant, par exemple, les instituts qui les ont formés ou en y revenant pour fonder des entreprises innovantes.

[argument 2]

L'externalisation correspond au transfert d'une partie des activités d'une entreprise (et des risques qui y sont associés) vers un sous-traitant. Des milliers de firmes transnationales (FTN) occidentales font appel à des sous-traitants indiens hautement qualifiés, induisant un transfert de connaissances, de technologies et de capitaux, particulièrement dans les domaines des services aux entreprises, de la recherche et développement et de l'ingénierie. Dans ces secteurs, l'Inde dispose d'un atout comparatif décisif : ses diplômés sont rémunérés quatre fois moins que leurs homologues occidentaux.

On peut rappeler que des accords ont été conclus entre la France et l'Inde en 2015 et 2016, comprenant la livraison de 36 avions Rafale et six sous-marins du type Scorpène. Ces contrats comportent aussi des *offsets* (investissements compensatoires). Certaines pièces et certains équipements ont, ainsi, été fabriqués en Inde (notamment par le géant de la pétrochimie Reliance Industries).

[argument 3]

Bangalore/Bengaluru (parc de haute technologie de Bagmane), Madras/Chennai, Bombay/Mumbai, Hyderabad, Delhi et Calcutta/Kolkata sont les gagnantes mondiales de l'externalisation d'activités dans des domaines comme les applications informatiques, l'analyse de marchés, les centre d'appels (anglais), les services d'ingénierie ou de tests. L'Inde doit son surnom de « bureau du monde » aux activités informatiques qui s'y sont développées. Pourtant, elle peine encore à faire de ses activités de pointe un facteur de puissance.

Conclusion

Les progrès techniques sont l'un des moteurs de la mondialisation. Leur développement continu, accéléré depuis une trentaine d'années, s'est fait dans son cadre. Des pays comme l'Inde ont su en tirer profit en envoyant leurs étudiants dans des universités étrangères, notamment anglo-saxonnes, et en formant des chercheurs de haut niveau dans certains secteurs comme la médecine, l'informatique ou la pharmaceutique. En retour, de nombreuses firmes transnationales (FTN) occidentales y ont externalisé une partie de leur production, faisant bénéficier le pays de nombreux transferts de technologie : industries pharmaceutiques ou biotechnologies depuis les États-Unis, technologies aéronautiques depuis la France. | bilan

Malgré les rivalités politiques et économiques entre la Chine et l'Inde, les deux puissances émergentes coopèrent pour faciliter les transferts de technologie. Comment s'effectue ce partenariat ? | ouverture

SUJET 33

Le cyberespace : conflictualité et coopération entre les acteurs

ÉTUDE CRITIQUE DE DOCUMENT

Analysez le document pour montrer que la géographie des infrastructures matérielles du cyberespace révèle l'inégalité des flux et du développement d'Internet dans le monde.

DOCUMENT

Réseaux de câbles sous-marins et data centers

Source : *Carto*, n° 52, mars - avril 2019.

Travail préparatoire

Fiche cours 18
Fiches méthodes 2 3

2 heures

Le jour de l'épreuve, vous aurez 4 heures pour traiter la dissertation et l'étude critique de documents : ne consacrez pas plus de 2 heures au traitement de l'étude critique de documents.

Analyser le sujet

Analyser le document

- Le cyberespace, souvent assimilé à Internet, est l'espace de communication créé par l'interconnexion mondiale des ordinateurs et des serveurs par Internet.
- La géographie des câbles sous-marins et des *data centers* rend visibles les réseaux et territoires du cyberespace.

Les pièges à éviter

Il faut éviter de se limiter à une simple description de la répartition des infrastructures. Le sujet invite à expliquer aussi la géographie du cyberespace qui se dessine à travers cette carte.

Les attentes du correcteur

On attend du candidat de montrer que le cyberespace, loin d'être dématérialisé, s'incarne dans des lieux et des territoires. Cette répartition révèle les inégalités entre États face à Internet, certains étant des centres d'impulsion, d'autres des périphéries intégrées, d'autres des marges délaissées.

Mobiliser ses connaissances

- Il faut bien connaître le fonctionnement du cyberespace à partir de ses infrastructures physiques.
- Il faut aussi bien analyser le rôle particulier des États-Unis, de la Chine et de la Russie dans cette mondialisation numérique.

Problématiser le sujet

Il faut d'abord s'interroger sur le mode de fonctionnement physique du cyberespace, notamment en ce qui concerne l'hébergement des données et les réseaux d'échanges sous-marins. Ensuite, il convient d'étudier la géographie de chacune de ces infrastructures pour montrer les inégalités qui peuvent exister dans leur répartition mondiale.

Plan du sujet

I. Le fonctionnement matériel du cyberespace
II. La géographie de l'hébergement des données informatiques
III. La géographie des réseaux d'échanges sous-marins

Corrigé : plan détaillé

Les textes en bleu apparaissant dans ce corrigé ne doivent pas figurer dans votre devoir. Nous les avons insérés pour vous guider et vous aider à repérer les parties de l'étude critique des documents.

Les conseils du professeur

Introduction

En 1982, dans sa nouvelle intitulée *Burning Chrome*, l'auteur de science-fiction William Gibson définit le cyberespace comme « une représentation abstraite des relations entre les systèmes de données ». Le cyberespace favorise la diffusion planétaire et instantanée d'une quantité exponentielle d'informations. Un nombre croissant de personnes, y compris dans des régions reculées, accède à un volume de connaissances et de données en perpétuelle expansion.

accroche

On peut, cependant, matérialiser le réseau d'informations et de communication. La carte localise ainsi les grands centres d'hébergement des données (on parle aujourd'hui de *Big data*) et les câbles qui passent sous les mers et océans.

présentation du document

En quoi la géographie de ces infrastructures révèle-t-elle l'inégalité des flux et du développement d'Internet dans le monde ? Nous verrons, d'abord, en quoi consistent ces infrastructures. Puis, nous étudierons la géographie des *data centers*. Enfin, nous nous intéresserons à la répartition des câbles sous-marins.

problématique et annonce du plan

I. Le fonctionnement matériel du cyberespace

[argument 1]

Les *data centers* sont les lieux de stockage des données numériques qui regroupent des ordinateurs centraux, des serveurs, et toutes sortes d'équipements nécessaires à la distribution des flux numériques. L'Institut français des relations internationales (IFRI) dénombre plus de 4 400 centres en colocation répartis entre 122 pays en 2017.

On peut rappeler que l'expression « *data centers* » recouvre des réalités différentes, désignant autant des salles informatiques d'une dizaine de mètres carrés que des sites gigantesques, tel que le centre de China Telecom, qui s'étend sur 994 000 mètres carrés à Hohhot (Mongolie intérieure).

[argument 2]

De plus, pour diminuer les temps de latence, les hébergeurs cherchent à localiser leurs centres à proximité des stations d'atterrage et des points de raccordement aux câbles constituant la dorsale mondiale du Net, lesquels se trouvent majoritairement dans les grandes agglomérations. Ces usines exigent également une main-d'œuvre qualifiée dans la gestion des réseaux informatiques et la maintenance des systèmes électriques. L'Inde apparaît ainsi bien placée.

[argument 3]

Les satellites ne représentent que 1 % des flux numériques. La quasi-totalité transite donc par des câbles sous-marins. Aujourd'hui, près de 450 câbles sous-marins couvrent la planète. Ces câbles à fibre optique s'étirent sur 1,3 million de km, soit 32 fois le tour de la Terre. On voit bien sur la carte l'importance des détroits (Malacca, Gibraltar, Bab-el-Mandeb, Ormuz, Pas-de-Calais), des caps (Bonne Espérance) et des isthmes (Suez et Panama).

[transition]

Que révèle la géographie de ces infrastructures ?

II. La géographie de l'hébergement des données informatiques

[argument 1]

Près de 40 % des *data centers* se trouvent aux États-Unis, contre seulement 6 % au Royaume-Uni, 4 % en Allemagne et 3,5 % en France. Le plus gros prestataire est le californien Digital Realty Trust qui, opérant 205 centres dans 12 pays, contrôlait 20,5 % du marché en 2017.

[argument 2]

Comme le laisse penser la carte, les besoins en énergie ont orienté les *data centers* vers des régions froides, à l'image de Facebook, qui a ouvert en 2013 un centre à Luleå (Suède), ainsi que vers des pays où le coût de l'électricité est faible.

[argument 3]

Les politiques suivies par les États pour conserver le contrôle sur les données de leurs ressortissants sont diverses. Chine et Russie obligent les plateformes numériques étrangères à héberger sur leur sol les données des citoyens. Malheur aux contrevenants : bloqué pour non-respect de la législation, le très populaire réseau professionnel LinkedIn reste, à ce jour, inaccessible en Russie. Et Apple a dû ouvrir en 2018 un *data center*, opéré par le gouvernement de la province du Guizhou, afin de continuer à exercer dans le pays qui représente 21 % de son chiffre d'affaires.

On peut rappeler que la première concentration de *data centers* en Europe se trouve en Seine-Saint-Denis, dans la communauté d'agglomération de la Plaine Commune. Des associations de riverains critiquent les nuisances sonores et les risques d'explosion du carburant des groupes électrogènes de secours.

[transition]

La carte des câbles sous-marins révèle-t-elle les mêmes contrastes ?

III. La géographie des réseaux d'échanges sous-marins

[argument 1]

Les GAFAM réalisent 50 % des investissements en matière de pose de câble sous-marin. Un câble peut coûter jusqu'à 700 millions d'euros. En 2018, Orange et Google ont décidé de collaborer pour mettre en place un câble sous-marin entre les États-Unis et la France, long de 6 600 km, baptisé « Dunant » et qui devrait être opérationnel en 2020.

[argument 2]

Les câbles sont très vulnérables en cas de séisme, d'acte de malveillance ou de piratage. Comme il existe de nombreux câbles à travers l'Atlantique et le Pacifique, le risque diminue dans cette zone. Par contre, la carte montre bien que les liaisons à travers l'océan Indien ou le Pacifique sud sont plus exposées. En revanche, le risque est grand qu'un sous-marin fasse des branchements secrets sur les câbles immergés.

On peut rappeler que les routeurs définissent automatiquement les trajectoires des flux de données en fonction des délais les plus courts. Comme la qualité et le haut niveau de technicité des infrastructures américaines permettent un transfert des données souvent plus rapide que par un trajet direct, les routeurs orientent les flux vers leur territoire. À titre d'exemple, seuls 3 % des échanges de données entre l'Europe et l'Asie font le trajet directement, sans passer par les États-Unis.

[argument 3]

La prise de conscience qu'une surveillance était réalisée par la NSA en captant les données en transit a amené certains pays ces dernières années à développer des routes alternatives comme le câble Alba 1 reliant Cuba au Venezuela. D'autres projets sont en cours, comme le South Atlantic Interlink qui devrait relier l'Amérique latine à l'Afrique, en s'affranchissant du passage par les nœuds américains. La Chine cherche aussi à éviter les câbles sous-marins passant par les États-Unis en développant, par exemple, des câbles terrestres vers l'Europe.

Conclusion

Le cyberespace a bien une dimension territoriale. Les infrastructures physiques (câbles sous-marins, serveurs, points d'échanges Internet, terminaux, routeurs, etc.), dont dépend l'interconnexion des réseaux, sont le fruit de politiques nationales d'aménagement. Au niveau de ces infrastructures matérielles, les États-Unis occupent une place dominante : ils abritent 40 % des *data centers* mondiaux et la distribution des câbles sous-marins leur confère une position centrale : 97 % des données échangées par flux numériques entre l'Europe et l'Asie transitent par les États-Unis. Ainsi, pour les États, le cyberespace est bien un territoire à maîtriser sur lequel ils tentent d'exercer leur souveraineté. Les câbles sous-marins peuvent faire l'objet de coupures par sabotage (exemple : Crimée en 2014). Les États-Unis envisagent, d'ailleurs, une sécurisation de leurs câbles par barrières soniques.

bilan

Comment se met en place une politique de cyberdéfense ?

ouverture

Fiches de cours

1 Conquêtes, affirmations de puissance et rivalités

Comment l'espace et les océans sont-ils un enjeu de puissance et une source de rivalités entre pays ?

▶ Espace et océans : de nouveaux terrains d'affrontement entre les deux supergrands

– La conquête de l'espace est un enjeu majeur de la guerre froide car les deux Grands veulent prouver leur supériorité industrielle, technologique mais aussi militaire.

– Les Soviétiques prennent l'avantage, puis avec l'effet Spoutnik, les Américains sont les premiers à marcher sur la Lune. La conquête spatiale se tourne ensuite vers le Système solaire et l'espace est toujours un enjeu de prestige. La disparition de l'URSS en 1991 n'entraîne pas la fin de la conquête spatiale. *Mir*, la station russe, est utilisée pour les vols habités, avant que la station spatiale internationale (ISS) ne devienne une station habitée où sont menées des recherches scientifiques.

– L'*US Navy* est la première marine militaire (70 % du tonnage mondial en 1945) loin devant l'URSS. Sept flottes quadrillent le monde pour protéger les intérêts américains.

▶ Espace, mers et océans participent aux logiques de militarisation

– La militarisation des océans par les États est importante pour assurer la dissuasion nucléaire et la sécurité de leurs approvisionnements et de leurs flux commerciaux au sein de la mondialisation.

– La militarisation de l'espace est lancée par Ronald Reagan (IDS) dans les années 1980, ce qui ruine l'URSS et contribue à sa disparition.

– Les nombreux satellites ont permis de faire progresser les communications, et les armées en développent pour mener des opérations de reconnaissance ou d'espionnage.

▶ Espace, mers et océans témoignent de la multipolarisation du monde

– La conquête spatiale n'est plus réservée aux supergrands, avec l'entrée en scène des Européens dans les années 1970, puis des pays émergents au tournant du XXIe siècle.

– L'équilibre stratégique est fragile alors que de nouveaux acteurs, aux technologies plus rudimentaires mais capables d'envoyer des fusées ou de détruire des satellites, apparaissent (Iran, Corée du Nord).

– Les acteurs de la course à l'espace se diversifient avec l'arrivée de sociétés privées disposant de ressources considérables au début du XXIe siècle (Virgin Galactic, SpaceX, Blue Origin ou Vulcan Aerospace).

2 Enjeux diplomatiques et coopérations

Comment l'espace et les océans soulèvent-ils de nouveaux défis pour les sociétés, entre concurrence et coopération ?

▶ Les sociétés convoitent l'océan et l'espace

– Les océans recèlent de nombreuses ressources : alimentaires (pêche, aquaculture), énergétiques (gaz et pétrole *off-shore*), et minérales, aujourd'hui largement exploitées, voire pour une part, surexploitées. Ces richesses justifient une appropriation croissante de ces espaces par les sociétés.

– Océan et espace sont essentiels dans la circulation des marchandises et des informations à l'ère de l'économie mondialisée. La moitié des satellites en orbite sont dédiés à la communication mais la majeure partie des informations transitent par les nombreux câbles sous-marins qui relient les continents.

– La conquête des océans et de l'espace est aussi synonyme de puissance et de prestige pour les États. Ils ont également une forte valeur géopolitique : ce sont des espaces que les États cherchent à maîtriser.

▶ La gestion de l'océan et de l'espace : les États entre compétition et coopération

– L'ONU a codifié le droit de la mer avec la convention de Montego Bay ou Convention des Nations unies sur le droit de la mer (CNUDM, 1982) qui définit les droits des États sur les ZEE jusqu'à 200 ou 350 milles de leurs côtes.

– Paradoxalement, ce texte a renforcé la concurrence pour l'appropriation des espaces maritimes. Les îles sont particulièrement disputées, même lorsqu'elles sont de petite taille (îles Spratley, îles Kouriles, îles Éparses, île de Clipperton, îles du détroit d'Ormuz).

– Dans le domaine spatial, la guerre froide est marquée par la compétition entre États-Unis et URSS. Mais depuis les années 1990, les États coopèrent davantage (Ariane, ISS).

▶ De nouveaux défis

– Océan et espace sont toujours en cours d'exploration et d'appropriation par les sociétés (grands fonds marins, planète Mars, etc.).

– Le vide juridique et le manque de réglementation dans l'espace ou dans les eaux internationales entretiennent les conflits et ouvrent la voie aux appétits des entreprises privées.

– La haute mer et l'espace manquent de régulation, notamment face à des enjeux environnementaux croissants (biodiversité marine dans les eaux internationales, problèmes des déchets).

3 La Chine : à la conquête de l'espace, des mers et des océans

En quoi la Chine est-elle devenue une puissance maritime et spatiale majeure ?

▶ Une conquête tardive des mers et de l'espace

– Les ambitions de la Chine se développent à partir de la seconde moitié du XXe siècle dans les domaines maritime (1947) et spatial (1956). En 1947, la République de Chine, alors dirigée par Tchang Kaï-chek, publie ce qui deviendra « la ligne en neufs traits », carte proclamant la souveraineté chinoise sur les neuf dixièmes de la mer de Chine méridionale.

– La République populaire de Chine est une puissance émergente qui s'affirme progressivement dans ces deux domaines à partir des années 1970. Ses ambitions maritimes sont par ailleurs réaffirmées en 1985, après que les États-Unis ont garanti la sécurité militaire de l'île de Taïwan (1979), dirigée par la République de Chine et revendiquée par la République populaire. Par ailleurs, l'ouverture économique du territoire aux investissements étrangers décidée en 1978 impose à la Chine d'assurer la sécurité de ses liaisons maritimes.

– L'acquisition d'un porte-avions et l'envoi d'un homme dans l'espace au tournant du siècle marquent une nouvelle étape.

▶ Des projets et des objectifs très ambitieux

– La Chine ambitionne d'être la première puissance maritime et spatiale d'ici le milieu du XXIe siècle.

– Elle veut montrer sa puissance militaire sur les océans, tout en développant des installations portuaires. De l'Arctique à la Méditerranée, la majorité des océans du monde sont concernés par les ambitions chinoises.

– La Chine veut également montrer son avance technologique dans le domaine spatial (station spatiale, base lunaire, exploration de Mars).

▶ Des ambitions suscitant des inquiétudes que la Chine tente d'apaiser

– La politique maritime chinoise suscite les inquiétudes d'États proches d'Asie orientale (litiges frontaliers, appropriation d'îlots). Elle inquiète aussi de grandes puissances (États-Unis, Inde) et des pays en développement (Afrique).

– La Chine tente de se présenter comme une grande puissance aux intentions pacifiques et non hégémoniques. Le programme spatial chinois multiplie les collaborations internationales. La Chine juge sa présence maritime nécessaire, compte tenu de sa dimension économique et de ses objectifs (nouvelles routes de la soie).

4 La dimension politique de la guerre

Le modèle de Clausewitz peut-il s'appliquer aussi bien aux guerres du XVIIIe siècle qu'aux conflictualités de l'époque contemporaine ?

▶ De la guerre de Sept Ans aux guerres napoléoniennes

– La guerre de Sept Ans (1756-1763) est le premier conflit mondial. Par la mobilisation générale des forces et la masse des victimes, le conflit, comme ensuite les guerres révolutionnaires, prend des formes de guerre totale.

– Les guerres napoléoniennes montrent ensuite qu'un État, par une supériorité ponctuelle (hommes, ressources, génie militaire) peut mener une politique de conquête qui déstabilise la donne géopolitique. Ainsi, la Grande Armée napoléonienne de 650 000 hommes est une armée nationale qui émane d'une France de 30 millions d'habitants, et qui cherche à imposer ses valeurs et ses normes, inspirées par la Révolution française, sur tous les territoires conquis.

▶ Le modèle de Clausewitz

– Le stratège prussien Carl von Clausewitz (1780-1831) a défini la guerre comme « la prolongation de la politique par d'autres moyens ». Même vouée à la destruction de l'adversaire, elle s'inscrit toujours dans un objectif politique.

– Clausewitz souligne aussi que les campagnes napoléoniennes ont suscité un grand nombre de « petites guerres », d'insurrections dans les pays occupés (exemple : l'Espagne en 1808). Il insiste, dans ce contexte, sur la nécessité pour le plus faible de harceler les troupes étatiques pour les faire plier malgré la dissymétrie des forces. Cette lecture inspire, par la suite, les tenants des guérillas.

▶ Un cadre d'analyse des « guerres irrégulières » ?

– Avec la fin de la guerre froide, les « guerres clausewitziennes » (entre États, avec armistice et traité de paix) diminuent fortement. L'expression de « guerre irrégulière » s'est progressivement imposée pour caractériser les guerres contemporaines dans lesquelles les États ne sont pas les seuls acteurs engagés.

– Le terrorisme se mondialise et apparaît, désormais, comme une nouvelle forme de guerre en partie déterritorialisée avec Al-Qaïda, dans les années 2000, puis l'État islamique (Daech), dans les années 2010. Ce mode d'action dépasse le cadre traditionnel de la guerre : la négociation politique disparaît au profit de la multiplication à l'échelle planétaire d'attentats commis au nom d'idées religieuses.

5 Le défi de la construction de la paix

Comment faire la paix de façon durable ?

▶ Faire la paix par les traités : les traités de Westphalie (1648)

– Les deux traités de paix de Münster et Osnabrück, dits de « Westphalie », mettent fin à la guerre de Trente Ans qui a opposé la plupart des puissances européennes de l'époque. Les États signataires se reconnaissent mutuellement des frontières précises et inviolables, qui délimitent le champ de la souveraineté.

– Conçus pour apaiser une Europe ensanglantée par l'intolérance religieuse, les traités proposent un rééquilibrage de l'Europe. Son but principal est d'établir la paix en empêchant la domination de vastes empires comme celui du Saint-Empire : aucun pays ne doit être assez puissant pour s'imposer aux autres.

▶ Faire la paix par la sécurité collective : les actions de l'ONU sous les mandats de Kofi Annan

– L'ONU a été impuissante à surmonter la volonté des États durant la guerre froide et a vu son fonctionnement largement entravé par l'antagonisme Est-Ouest. À partir du milieu des années 1990, l'organisation voit son rôle renforcé à travers sa diplomatie, le déploiement de ses casques bleus et la mise en place d'une justice internationale.

– Kofi Annan, secrétaire général de 1997 à 2006, essaie en même temps de faire sortir l'ONU de son image d'instrument au service de l'ordre mondial occidental en insistant sur son rôle dans la « préservation de la dignité de l'homme » par-delà la souveraineté des États.

▶ Une paix illusoire ?

– Malgré les espoirs des promoteurs des traités de Westphalie, la stabilisation des frontières étatiques en Europe n'a pas du tout pacifié les relations internationales européennes. Les États westphaliens, transformés progressivement en États-nations par l'identification d'un peuple à un territoire et un souverain, sont guidés par un appétit de puissance territoriale. Dès 1661, Louis XIV entreprend de faire du territoire français, le plus grand d'Europe, dans une succession ininterrompue de guerres et de traités.

– Après les attentats du 11 septembre 2001 à New York, l'ONU fait de l'éradication du terrorisme international une priorité, qui se heurte à la politique unilatéraliste des États-Unis. En 2003, Kofi Annan critique ouvertement la décision des Américains de déclarer la guerre à l'Irak sans l'aval du Conseil de sécurité.

6 Conflits régionaux et tentatives de paix au Moyen-Orient

En quoi les enjeux internationaux au Moyen-Orient font-ils obstacle au règlement pacifique des conflits régionaux ?

▶ Du conflit israélo-arabe au conflit israélo-palestinien (1947-1993)

– De 1947 à 1973, on assiste à un conflit israélo-arabe sans résolution. Au lendemain de la proclamation de l'indépendance d'Israël, la guerre est déclenchée le 15 mai 1948 contre le nouvel État par les Syriens, les Égyptiens, les Libanais et les Irakiens. C'est une guerre classique, comme l'a également été la guerre du Kippour (octobre 1973). En juin 1967, Israël mène, en revanche, une guerre « préventive » victorieuse contre ses voisins arabes, qui bloque le détroit de Tiran.

– À partir de 1973, la situation se transforme en conflit israélo-palestinien sans solution définitive. Les accords de Camp David entre Israël et l'Égypte (septembre 1978) aboutissent à un traité de paix. En 1987, les Palestiniens déclenchent la première Intifada, une « guerre des pierres » asymétrique. En 1993, les accords d'Oslo prévoient la mise en place progressive d'un État palestinien.

▶ La guerre du Golfe de 1991, une guerre interétatique

– L'opération militaire américaine « Tempête du désert » se déroule du 17 janvier au 28 février 1991, sous couvert de l'ONU, et met facilement en déroute l'armée irakienne. Le Koweït est « libéré » après l'invasion de son voisin irakien.

– Les États-Unis ne vont, cependant, pas jusqu'à renverser Saddam Hussein, tant les craintes d'un éclatement de l'Irak sont fortes.

▶ La guerre du Golfe de 2003, un conflit asymétrique

– L'Irak est envahi en mars 2003 sans l'aval explicite de l'ONU. Face à la supériorité technologique américaine, le régime irakien s'effondre en quelques semaines. Saddam Hussein, capturé en décembre 2003, est jugé et exécuté.

– Une guerre civile commence alors entre sunnites et chiites, qui plonge le pays dans un véritable chaos. Le retrait américain de 2011 accélère la décomposition de l'Irak, dont un tiers du territoire est, en mai 2015, contrôlé par l'État islamique. Le pays devient, de fait, l'une des bases territoriales du terrorisme islamique (implantation du « califat » de l'organisation État islamique).

7 Histoire et mémoires des conflits

Comment les conflits s'inscrivent-ils dans l'histoire et les mémoires des populations ?

▶ Au cours du conflit, une histoire manipulée

– Dès le début des conflits, chaque belligérant manipule l'histoire pour faire porter la responsabilité de la guerre à l'adversaire et légitimer sa propre implication dans le conflit.

– Les explications complexes sont remplacées par des schémas simplistes afin de susciter la haine de l'ennemi, voire par une propagande empêchant les historiens d'étudier les événements en cours.

– L'historien ne dispose ni des archives, ni du recul nécessaire pour mener son travail à bien, pendant que sont censurés des textes et témoignages contestant la position de l'État.

▶ Premières explications, premiers travaux

– Une fois le conflit terminé, les vainqueurs sont en position de force pour imposer leur version de l'histoire du conflit. Après l'armistice du 11 novembre 1918, l'Allemagne, fortement affaiblie, est obligée de reconnaître qu'elle porte la responsabilité de cette guerre par l'article 231 du traité de Versailles (28 juin 1919).

– Les historiens commencent alors à livrer leurs premières conclusions mais les premiers travaux historiques sont inégaux car ils dépendent de l'accès aux archives. Ainsi, l'historien et ancien combattant Pierre Renouvin retrace les principales causes de la guerre dès 1925 mais n'insiste pas sur la responsabilité de la France.

– L'enseignement du conflit est aussi une question cruciale pour les autorités politiques qui orientent l'étude du conflit dans les programmes scolaires ; certaines mémoires sont mises en avant au détriment d'autres. En France, l'historien Jules Isaac (1877-1963) prend conscience de la nécessité de ne pas élever les jeunes Français dans la haine de l'Allemagne.

▶ Le temps de la vérité et de l'apaisement

– Le travail historique s'enrichit considérablement de l'accès aux archives officielles. Ce dernier est plus facile à mesure que le conflit s'éloigne dans le passé. En France, les historiens ont eu accès aux documents concernant la guerre d'Algérie à partir de 1992 alors qu'en Algérie, ils restent confidentiels.

– Les autorités politiques peuvent aussi contribuer à faire émerger la vérité et concourir à l'apaisement, notamment par le sens donné aux commémorations.

8 Histoire, mémoire et justice

Comment la justice peut-elle répondre au défi des violences de masse et ainsi aider à la construction de l'histoire et à l'apaisement des mémoires ?

▶ L'amnistie ou l'oubli, la paix sans justice

– Après les guerres, les guerres civiles ou les génocides, la nécessité est de reconstruire le pays et de rétablir l'unité nationale.

– Les États ont souvent opté pour l'oubli et des lois d'amnistie répondant à la nécessité de la reconstruction et à un retour rapide à la « normale » pour éviter les divisions et les tensions (la loi d'amnistie de 1977 dans l'Espagne franquiste).

– Le rétablissement de la paix ne suffit pas, les familles des victimes des dictatures ou des guerres civiles réclament justice. Dans un premier temps, des commissions « Vérité et réconciliation » sont une réponse sans doute incomplète à ces aspirations, notamment dans les pays d'Amérique latine et en Afrique du Sud.

▶ Une justice internationale ou locale pour établir la justice transitionnelle

– Avec la fin de la guerre froide, les conditions sont favorables à l'émergence d'une justice internationale : en ex-Yougoslavie et au Rwanda, on établit un tribunal pénal international pour condamner les responsables politiques et militaires.

– Au Rwanda, on complète le dispositif par des tribunaux villageois (*gacaca*) afin de poursuivre l'ensemble des coupables ayant participé au génocide des Tutsi.

– Ces avancées ont permis, en 2002, la mise en place d'une juridiction pénale universelle permanente : la Cour pénale internationale (CPI), qui reste une institution fragile. Des États importants ne sont pas encore membres du CPI comme la Chine et l'Inde ainsi que les États-Unis et la Russie car ces derniers n'ont pas ratifié le traité.

▶ Commémorer pour réconcilier

– La justice transitionnelle nécessite une prise en compte juridique, politique, symbolique et mémorielle, par une politique du pardon.

– Une fois la justice rendue, la construction de monuments ou de musées devient une nécessité pour organiser des cérémonies commémoratives qui participent à la célébration des victimes et à une forme de réconciliation nationale. Commémorer est la dernière étape de la justice transitionnelle.

9 L'histoire et les mémoires du génocide des Juifs et des Tsiganes

Comment les mémoires du génocide des Juifs et des Tsiganes se sont-elles construites après la Seconde Guerre mondiale ?

▶ Un difficile souvenir du génocide des Juifs et des Tsiganes

– En 1945, il y a une réaction immédiate aux persécutions des Juifs avec la création des notions de « crime contre l'humanité », puis de « génocide » sur lesquelles s'appuient les procès de dénazification.
– Néanmoins, ces mémoires restent refoulées pendant la phase de la reconstruction en Europe ; la littérature et le cinéma respectent plutôt l'exigence par l'opinion publique d'une vision héroïque de la guerre.
– Le pouvoir politique accompagne cet oubli par un discours valorisant une seule mémoire et par la censure. En France, Henry Rousso parle d'un « mythe résistancialiste » célébrant la résistance de tous les Français.

▶ Une lente apparition de la mémoire de ces événements dans les sociétés

– Les « chasseurs de nazis », comme Simon Wiesenthal, permettent la tenue de nouveaux procès participant à la construction de la mémoire de la Shoah. Celui d'Adolf Eichmann a un retentissement mondial et participe à la construction de la mémoire de la Shoah.
– À partir des années 1960-1970, le travail des historiens est également important pour affirmer la spécificité du sort des Juifs pendant la guerre.
– L'apparition de profonds débats de société et d'une demande sociale forte pour comprendre la Shoah amène des artistes à accompagner ce nouveau contexte mémoriel.

▶ Une mémoire officielle qui participe au « devoir de mémoire »

– L'État peut participer au « devoir de mémoire » par la reconnaissance de sa responsabilité, par la création de commémorations et de lieux de mémoire à visée pédagogique, et parfois par une action législative pour la condamnation du négationnisme.
– Cependant, ces commémorations et ces lieux de mémoire manquent parfois de signification pour les sociétés contemporaines, permettant une instrumentalisation politique et rendant possible oublis, réécritures historiques voire discours haineux.
– Ce nouveau contexte mémoriel a permis le développement d'une mémoire propre à la Shoah, mais celle du génocide des Tsiganes est encore très partielle et le terme *Porajmos* (qui désigne le massacre des Tsiganes) reste peu présent dans l'espace public.

10 Usages sociaux et politiques du patrimoine

Comment les exemples de Versailles et des frises du Parthénon témoignent-ils des enjeux multiples liés à la protection du patrimoine ?

▶ Des monuments délaissés

– Considéré comme le symbole de l'absolutisme monarchique de l'Ancien Régime, le château de Versailles est, peu à peu, délaissé au début du XIXe siècle. Impossible à vendre (qui pourrait s'en porter acquéreur ?) ou à détruire (peut-on raser le plus célèbre symbole du Grand Siècle de Louis XIV quand la France dominait le monde ?), il se délabre inexorablement.

– Le Parthénon, temple dédié à la déesse Athéna et emblème de la puissance d'Athènes au Ve siècle av. J.-C., est très gravement endommagé en septembre 1687, par les canons vénitiens qui font exploser le temple qui servait de lieu de stockage de réserves de poudre.

▶ Un patrimoine récupéré

– Louis-Philippe décide d'utiliser Versailles comme un moyen de réconcilier la mémoire des Français en transformant en 1833 le château en musée de la monarchie. À la fin du XIXe siècle, l'historien Pierre de Nolhac, devenu conservateur du musée, décide de recréer les anciens appartements royaux.

– En 1802, Lord Elgin, ambassadeur britannique à Constantinople, parvient à faire expédier à Londres une grande partie des frises et des sculptures encore exploitables du Parthénon. Elles sont transférées au British Museum à partir de 1816.

▶ Des usages contestés

– Lors de la guerre de 1870, c'est dans la galerie des Glaces que Guillaume Ier se fait proclamer empereur d'Allemagne. Après la victoire française de 1918, Clémenceau veut effacer cette humiliation en faisant signer au même endroit le traité de paix.

– Depuis qu'elle a recouvré son indépendance, la Grèce n'a cessé de réclamer le retour des frises du Parthénon. Jusqu'à ce jour, le British Museum rétorque que ces objets ont été acquis régulièrement et que c'est à Londres qu'ils sont « le plus largement accessibles au public ».

11 Patrimoine, la préservation entre tensions et concurrences

Comment préserver le patrimoine face à la pression urbaine, la pression militaire et la pression touristique ?

▶ Patrimoine et enjeux urbains et économiques

– Le patrimoine parisien est confronté à la réalité des mutations urbaines : protégé, il doit aussi s'adapter aux enjeux contemporains (rénovation de l'habitat, prégnance écologique pour un tourisme durable, etc.).

– Outre l'obligation d'un entretien constant pour éviter une dégradation progressive et irréversible, le patrimoine monumental est l'objet de restaurations régulières qui impliquent des dépenses importantes. L'État cherche à transférer certains monuments historiques aux collectivités territoriales et recherche de nouvelles voies pour valoriser le patrimoine et rentabiliser sa gestion.

▶ Patrimoine et enjeux militaires et géopolitiques

– De son passé prestigieux d'empire puissant dominant le cœur de l'Afrique, l'actuel Mali a conservé des monuments et des sites exceptionnels inscrits au patrimoine mondial de l'humanité. Délaissé par l'un des États les plus pauvres du monde qui peine à l'entretenir, ce patrimoine subit, de plus, les conséquences des violences intercommunautaires et l'insécurité permanente provenant des troubles djihadistes.

– En 2012, sur ordre de l'Aqmi (Al-Qaïda au Maghreb islamique), plusieurs mausolées de Tombouctou sont détruits sous le prétexte qu'ils seraient impies. Placés sur la liste du patrimoine mondial en péril, les monuments sont reconstruits à partir de 2013, avec l'aide de l'UNESCO et des populations locales.

▶ Patrimoine et enjeux touristiques

– Considérée comme l'une des plus belles cités du monde, Venise, autrefois puissante cité-État dotée d'un immense empire commercial, s'est progressivement transformée en un lieu touristique majeur. Depuis les années 1970, la dégradation accélérée de son patrimoine, menacé par les ravages du tourisme de masse et l'inexorable montée des eaux, fait craindre le pire.

– Les grands paquebots, autorisés pendant longtemps à naviguer au plus près de la place Saint-Marc, accélèrent la fragilisation des fondations des bâtiments. Devant l'incapacité des autorités nationales, régionales et locales à protéger efficacement Venise, l'UNESCO a menacé d'inscrire la ville sur la liste du patrimoine mondial en péril.

12 Valorisation et protection du patrimoine en France

Comment trouver un équilibre entre valorisation et conservation du patrimoine ?

▶ La gestion du patrimoine français

– À partir de la Révolution française s'imposent, peu à peu, les notions de monument historique et d'œuvre d'art, traduites dans le droit par les lois de 1887 et de 1913, qui organisent leur recensement et leur protection. Jusque dans les années 1950, ces deux notions correspondent globalement à celle de patrimoine.

– À partir des années 1960, cette dernière s'élargit considérablement, particulièrement sous l'impulsion d'André Malraux qui défend l'idée que le patrimoine ne se cantonne pas à « une sélection orientée par les valeurs connues », mais qu'il doit englober toutes les œuvres « qui aident les hommes à vivre ».

▶ La patrimonialisation, entre héritage culturel et reconversion

– Le Nord-Pas-de-Calais, qui fait désormais partie de la région des Hauts-de-France, a été l'un des foyers majeurs de la révolution industrielle en France. À partir des années 1980, il subit le démantèlement progressif de ses industries traditionnelles qui ferment les unes après les autres, laissant derrière elles des friches et des vestiges que beaucoup, dans un premier temps, souhaitent voir disparaître du paysage.

– Leur sauvegarde devient, petit à petit, un enjeu collectif. Mais elle se pose en des termes inédits : doit-on figer les empreintes industrielles comme de simples témoignages ou faut-il les réhabiliter ? Dans ce dernier cas, il s'agit de leur trouver une nouvelle affectation qui conserve, si possible, leur identité primitive.

▶ Le patrimoine au service du rayonnement culturel et de la diplomatie

– En 2010, la France obtient l'inscription du « repas gastronomique des Français » au patrimoine mondial de l'UNESCO. Le repas gastronomique signifie une forme particulière de convivialité : un accueil agréable, un environnement soigné, la qualité des produits cuisinés avec soin dans le cadre d'une tradition culinaire respectée ou réinventée.

– Cette inscription est mise en valeur par la diplomatie française pour promouvoir les lucratifs secteurs commerciaux de la restauration et de la gastronomie, mais aussi ceux de la viticulture et des produits du terroir. Plus largement, ces actions visent à accroître les revenus du tourisme.

13 Exploiter, préserver et protéger

Comment les sociétés peuvent-elles concilier exploitation et protection de leur environnement ?

▶ Qu'est-ce que l'environnement ?

– Le terme « environnement » commence à être utilisé dans le grand public dans les années 1970, où il devient synonyme des nouveaux problèmes qui touchent les sociétés des Trente Glorieuses (pollution, destruction de la nature et des paysages traditionnels, augmentation du risque industriel, etc.).

– Parallèlement, le terme est délaissé par les spécialistes qui lui reprochent son imprécision grandissante et sa politisation progressive (« agir pour l'environnement », « sauver l'environnement »).

▶ De l'exploitation à la surexploitation des ressources

– L'essor de l'agriculture et de l'élevage au Néolithique, la conquête de l'Amérique et les débuts de l'industrialisation accentuent l'emprise de l'homme sur son milieu. Du début de notre ère au XIXe siècle, la superficie de la forêt française se réduit continuellement.

– À partir de 1950 a lieu la « grande accélération » : la croissance démographique et urbaine, conjuguée aux révolutions technologiques qui se succèdent sans discontinuer, modifie irréversiblement les équilibres. L'humanité épuise les ressources naturelles.

▶ La protection de l'environnement

– Avant le XIXe siècle, les sociétés ne se préoccupent pas de protéger la nature et l'environnement. Les premières mesures de réglementation concernant la forêt française (Grande ordonnance de 1669) visent surtout à assurer l'approvisionnement en bois des chantiers de construction navale, indispensables à la politique économique et à la politique étrangère de la France. De même, la création de l'Office national des forêts, en 1966, doit accompagner le programme de sylviculture productiviste.

– La gestion de la forêt entre, progressivement, dans une politique de développement durable et de protection de la biodiversité (création du Parc national de forêts, en 2019).

14 Le changement climatique : approches historique et géopolitique

Comment les sociétés humaines font-elles face au changement climatique ?

▶ Des fluctuations médiévales au réchauffement contemporain

– Au Moyen Âge, le climat connaît une période de léger réchauffement entre 900 et 1300 (« petit optimum climatique ») à laquelle succède, jusqu'en 1860, une baisse globale des températures (« petit âge glaciaire »).

– À partir de 1860, la concentration des gaz à effet de serre, qui découle de l'usage des combustibles fossiles, modifie profondément le climat et les puissances économiques en sont les principales émettrices.

▶ Les effets des changements climatiques sur les sociétés

– Au Moyen Âge, dans des sociétés où l'essentiel des ressources et de la richesse provient de la terre, les hommes sont très dépendants du climat. Les famines et les événements politiques et socio-économiques qui les ont parfois accompagnées (révoltes, frondes, rébellions, insurrections) étaient souvent dus à la combinaison de guerres et de mauvaises récoltes, en lien avec le climat.

– À partir du XIXe siècle, le réchauffement climatique occasionne de nombreuses modifications des écosystèmes et d'importantes conséquences sur les sociétés humaines : élévation du niveau de la mer, acidification des océans, submersion des littoraux, perturbation du régime des précipitations.

▶ Des efforts internationaux pour lutter contre le réchauffement

– Il faut attendre les années 1970 et 1980 pour qu'aient lieu les premières conférences internationales sur le climat et les premières grandes évaluations des risques liés au changement climatique.

– À partir des années 1990, des décisions concrètes sont prises pour réduire les gaz à effet de serre (GES), mais beaucoup de ces mesures ne sont pas contraignantes. L'accord de Paris, en 2015, fixe des objectifs ambitieux mais se heurte aux intérêts économiques des États-Unis.

15 Les États-Unis et la question environnementale

Quels sont les débats aux États-Unis concernant la question environnementale ?

▶ Préserver ou conserver la « *wilderness* » ?

– C'est aux États-Unis, en Californie, qu'a été créé le premier parc national, à Yellowstone (1872). La création de ces aires protégées vise à préserver de manière radicale la « nature sauvage » (*wilderness*) de toute influence humaine.

– La conservation est plus modérée et prône l'usage avisé (*wise use*) des ressources naturelles. Il s'agit de protéger la nature en tant que réservoir de ressources pour l'homme.

▶ Exploiter les ressources sans dégrader les milieux ?

– La rapide dégradation des milieux naturels accompagne la progression des pionniers sur tout le territoire. Les forêts disparaissent et l'érosion des sols est intense dans certaines régions.

– Les actions du président Theodore Roosevelt, entre 1901 et 1909, et du président Franklin Delano Roosevelt, entre 1933 et 1942, aboutissent, notamment, à d'immenses reboisements. L'État fédéral commence à jouer un rôle essentiel dans la protection de l'environnement à l'échelle nationale. Si les États fédérés peuvent mettre en place des mesures de protection, l'exploitation des ressources est gérée par Washington.

▶ Ne pas signer les accords internationaux sur l'environnement ?

– À deux reprises, en 1997 (accords de Kyoto) et en 2017 (accord de Paris), les États-Unis refusent de s'aligner sur les décisions multilatérales visant à réduire les gaz à effet de serre.

– Les tensions entre Républicains et Démocrates restent fortes sur la question environnementale. Néanmoins, des voix s'élèvent aux États-Unis pour refuser la mise à l'écart du pays des initiatives mondiales contre le dérèglement climatique. C'est le cas de l'association « *We are still in* », qui regroupe plusieurs États fédérés, des maires de grandes villes et, surtout, la plupart des poids lourds de l'économie américaine.

16 Produire et diffuser des connaissances

Quelles ont été les étapes dans la production de la connaissance scientifique et dans l'accès universel à la connaissance ?

▶ Un accès limité des femmes à la connaissance du XVIe au XIXe siècle

– Au XVIe siècle, l'alphabétisation féminine est bien inférieure à celle des garçons car les institutions scolaires ne leur sont pas destinées. La société considère que l'éducation des femmes ne passe pas nécessairement par leur alphabétisation puisqu'elles sont vouées au mariage et à la maternité.
– Il faut attendre le XIXe siècle pour que l'alphabétisation des femmes devienne une réalité dans les États occidentaux. Dans ces pays industrialisés, la législation impose l'école primaire obligatoire et gratuite pour les deux sexes. Peu à peu, les programmes scolaires dédiés aux filles et aux garçons s'harmonisent.

▶ Le rôle de la recherche et des échanges au XIXe et au XXe siècles

– À partir de la fin du XIXe siècle et jusqu'au milieu du XXe siècle, le rythme des découvertes scientifiques fondamentales va croissant, à tel point que l'on a pu parler d'une véritable « révolution ». Elle touche tous les domaines, particulièrement les sciences naturelles, la médecine, les mathématiques et la chimie. Mais c'est en physique que les recherches les plus importantes sont menées à cette époque, particulièrement dans le domaine des radiations.
– En 1896, Henri Becquerel découvre ce phénomène, qui est ensuite étudié par Pierre et Marie Curie, puis par d'autres savants européens et américains. Cette découverte connaît de nombreuses applications et devient un enjeu majeur durant la Seconde Guerre mondiale. En juillet 1945, la première bombe du projet Manhattan explose dans le désert du Nouveau-Mexique.

▶ Les progrès de l'alphabétisation depuis 1950

– Entre 1960 et 2019, le taux d'alphabétisation mondial des 15-24 ans passe de 40 à 90 % et celui des femmes de 20 à 80 %. On assiste donc à un rattrapage rapide des pays en voie de développement.
– Des discriminations importantes liées à la pauvreté perdurent néanmoins, surtout dans les pays les moins avancés (PMA). En Afrique subsaharienne, à peine une femme adulte sur deux sait lire et écrire. Pourtant, l'alphabétisation des hommes comme des femmes est un facteur indispensable au développement et à la croissance économique.

17 La connaissance, enjeu politique et géopolitique

Comment la connaissance est-elle devenue l'un des piliers de la puissance des États ?

▶ L'essor du renseignement et de l'enseignement

– La guerre froide (1947-1991) a accéléré le phénomène du renseignement, avec la création de services d'espionnage (CIA, KGB). Des opérations militaires ont même pu être menées sur le terrain.

– Le passage à une « économie de la connaissance » requiert de nombreux chercheurs et ingénieurs. L'Inde possède, aujourd'hui, en nombre d'institutions, le plus grand système d'enseignement secondaire et supérieur au monde, notamment dans les secteurs de la médecine, de l'informatique ou de la pharmaceutique.

▶ Une compétition mondiale et une circulation internationale des personnes

– Lors de la guerre froide, la confrontation entre les services de renseignement américains et soviétiques ne donna réellement l'avantage à aucun des deux camps. Le KGB ne parvint pas à rattraper son retard informatique malgré ses « taupes » parmi les services de recherche occidentaux.

– Les étudiants indiens à l'étranger sont, chaque année, près de 300 000 à partir, en priorité vers les pays anglophones. Aujourd'hui, une partie importante des ingénieurs de la Silicon Valley, en Californie, sont indiens.

▶ Vers une coopération et des partenariats technologiques

– Les cadres d'origine indienne qui travaillent dans les sociétés américaines high-tech soutiennent, volontiers, l'essor des hautes technologies en Inde, en subventionnant, par exemple, les instituts qui les ont formés ou en revenant dans leur pays pour fonder des entreprises innovantes.

– De nombreuses firmes transnationales (FTN) occidentales ont externalisé une partie de leur production en Inde, faisant bénéficier le pays de nombreux transferts de technologie.

18 Le cyberespace : conflictualité et coopération

En quoi le cyberespace est-il traversé par des contrastes, des tensions et des tentatives de régulation ?

▶ Une géographie inégale des réseaux et des territoires

– Le cyberespace repose, de manière structurelle, sur des *data centers* et des câbles sous-marins.

– Près de 40 % des *data centers* se trouvent aux États-Unis, contre seulement 6 % au Royaume-Uni, 4 % en Allemagne et 3,5 % en France. Le plus gros prestataire dans le domaine de l'hébergement de données est le californien Digital Realty Trust.

– La distribution des câbles sous-marins confère aussi une position centrale : 97 % des données échangées par flux numériques entre l'Europe et l'Asie transitent par les États-Unis, la qualité et le haut niveau de technicité de leurs infrastructures leur permettant d'offrir les délais les plus courts aux flux de données.

▶ Un espace marqué par des conflits et des attaques

– En réaction, la Chine et la Russie obligent les plateformes numériques américaines à héberger sur leurs sols les données de leurs ressortissants et préfèrent développer les câbles terrestres que les câbles sous-marins.

– En avril 2015, alors que la France est engagée dans la lutte contre le terrorisme en France et au Mali, la chaîne de télévision française TV5 Monde fait l'objet d'une attaque entraînant la destruction de son serveur de messagerie, l'arrêt des programmes et la publication de messages de soutien à Daech sur ses réseaux sociaux. Les soupçons se tournent, aujourd'hui, vers un groupe de hackers russes, en lien avec la crise ukrainienne et la dégradation des relations entre Paris et Moscou.

▶ Les progrès d'une cyberdéfense internationale

– Afin de répondre aux nouveaux défis liés à la cybersécurité, l'Agence nationale de la sécurité des systèmes d'information (ANSSI) a été créée en France en 2009. La cyberdéfense est devenue une priorité nationale et un enjeu de souveraineté majeur, comme en témoigne la mise en place d'un commandement spécial (COMCYBER), en 2017.

– Consciente de sa vulnérabilité face aux cybermenaces, la France a développé les coopérations avec ses partenaires, notamment à travers sa participation aux politiques mises en œuvre par l'OTAN et l'Union européenne.

Le Grand oral

Définition de l'épreuve

Organisation de l'épreuve

Le Grand oral se passe au mois de juin.

Durée de l'épreuve	20 minutes	**Notation**	Sur 20 points
Temps de préparation	20 minutes	**Coefficient**	10

Le programme sur lequel porte l'épreuve

Durant votre année de Terminale, vous **formulez** et **préparez deux questions** qui portent sur vos **enseignements de spécialité**. Chaque question peut se rapporter à un seul enseignement de spécialité ou associer les deux.

Le jury

Vous êtes évalué(e) par un jury constitué de **deux professeurs de disciplines différentes dont un enseigne un de vos enseignements de spécialité de Terminale.**

Étapes de l'épreuve

Choix de la question par le jury

Le jury vous interroge sur **une seule question** qu'il choisit parmi les deux que vous lui avez proposées.

Préparation : 20 minutes

- Vous utilisez ce temps pour **rassembler vos idées**. On vous fournit des feuilles de brouillon que vous pourrez garder quand vous parlerez.
- Vous pouvez, si vous le souhaitez, préparer sur une feuille qui vous est fournie un support que vous remettrez au jury au début de votre exposé. **Ce support ne fera pas l'objet d'une évaluation.**

Première partie de l'épreuve : un exposé de 10 minutes

- **Vous vous tenez debout**, sauf aménagement pour raisons médicales.
- Vous expliquez pourquoi vous avez choisi cette question et vous poursuivez en présentant une réponse argumentée à cette question.

Deuxième partie de l'épreuve : un échange de 10 minutes avec le jury

- **Vous vous tenez debout ou assis(e)**, selon votre choix.
- Le jury revient sur votre exposé, vous questionne pour obtenir des **précisions**, des **justifications** et vous demande d'**approfondir votre pensée**.

Les compétences évaluées

Vos connaissances

Pendant l'exposé

Durant l'exposé, vous serez amené(e) à **mobiliser les connaissances et les compétences spécifiques** acquises dans une ou plusieurs **disciplines**.

Pendant la première partie de l'échange

Cette partie de l'échange prolonge l'exposé. Par ses questions, le jury vérifie la **solidité de vos connaissances liées au programme des enseignements de spécialité**, votre capacité à argumenter et votre aisance à l'oral.

Votre capacité à argumenter

La qualité et l'intérêt des questions

Le jury attend de vous que vous ayez choisi des questions qui méritent une réflexion approfondie et peuvent parfois faire débat.

> Cette épreuve vous donne l'occasion de vous exprimer sur des sujets que vous avez choisis.

Un travail construit

- Vous devez montrer que vous dominez les **enjeux de la question** et que vous avez su dégager les **grandes perspectives** qui y répondent.
- Le jury attend des **arguments fondés sur des connaissances** et étayés par des **exemples pertinents**.

Un travail personnel

- Le jury appréciera particulièrement votre **implication personnelle** dans la réflexion.

Votre maîtrise de l'oral

Vos qualités d'orateur

- Élocution claire, voix posée, rythme et niveau sonore adaptés sont attendus.
- Correction de la langue et pertinence du lexique employé, maîtrise de la rhétorique (procédés de style) au service de la persuasion.
- Maîtrise de la gestuelle, du regard, des codes de l'examen oral.

> Votre stress est inévitable. Voyez-le comme un stimulant.

Vos capacités d'interaction avec le jury

- Privilégiez :

– une qualité d'écoute et une attitude respectueuse ;
– une implication personnelle et une spontanéité contrôlée ;
– de la réactivité aux questions ;
– une facilité à développer les réponses en argumentant ;
– la capacité à rebondir sur les questions pour maintenir une position ou la nuancer.

Conseils et méthode

Choisir ses questions

Dès le début de l'année

• **Un calendrier spécifique** : l'oral de Terminale ne se déroule qu'après les épreuves écrites, mais vous avez intérêt à **rechercher vos thèmes dès le début de l'année** et à arrêter assez tôt (mais avec discernement !) vos questions.

• **Un travail sur la durée** : vous disposerez ainsi de temps pour effectuer les **recherches** nécessaires, préparer et composer votre **exposé**, vous **entraîner** efficacement.

Les critères de choix

• **Des critères liés au programme** : chacune de vos questions se rattache à l'une de vos deux **spécialités de Terminale** ou bien aux deux, de manière transversale. Dans ce dernier cas, votre ou vos questions doivent croiser les deux spécialités de façon à ce qu'aucune d'elles ne soit négligée.

> Pour éveiller la curiosité de votre jury, votre sujet doit commencer par vous intéresser vous-même.

• **Des critères liés à vos intérêts personnels** : chacune de vos questions éclaire un des enjeux des programmes de Terminale en s'inscrivant dans une réflexion personnelle.

La démarche

• **Une approche croisée entre vos centres d'intérêt et les impératifs du programme**

– Quel aspect de chaque spécialité vous intéresse le plus ?

> Demandez aussi conseil à vos professeurs, à vos amis, à votre famille.

– Quelles études envisagez-vous de poursuivre après le Bac ?

– Quel métier pensez-vous exercer ?

– Quels sont vos centres d'intérêt ?

– À quelles causes, à quels engagements êtes-vous sensible ?

• **Effectuer des recherches** : sans vous perdre dans une documentation trop ample ou trop complexe, effectuez vos recherches avec **méthode et rigueur**. **Diversifiez les supports** (revues, ouvrages, sites, spécialistes...) et veillez à la **fiabilité de vos sources**.

Formuler les deux questions

Les types de questions

- **Interrogation totale ou partielle**

– Une **interrogation totale** vous permettra de bâtir un plan dialectique et d'adopter différents points de vue durant votre exposé.

Exemple : Les recherches sur l'embryon sont-elles l'avenir de la médecine ?

> Assurez-vous de la correction de votre formulation : ordre des mots, accord sujet-verbe, etc.

– À l'aide d'un mot interrogatif (en quoi, dans quelle mesure, etc.), vous pouvez proposer une **interrogation partielle**.

Exemple : Dans quelle mesure devons-nous investir dans la recherche spatiale ?

- **Deux questions qui vous concernent**

– Durant l'entretien, vous devrez expliquer en quoi la question vous intéresse. Vos questions doivent donc vous **concerner personnellement**.

– Formulez vos questions en les inscrivant dans une **réflexion en lien avec le monde d'aujourd'hui** et la place que vous pensez y occuper.

Exemple : La question « Comment fonctionne un panneau photovoltaïque ? » ne convient pas. Sur ce thème, préférez : « Quel avenir pour les panneaux photovoltaïques ? »

La question, support de l'épreuve

- **Une question en accord avec le plan choisi**

– Comme votre plan proposera une réponse à la question que vous aurez posée, réfléchissez à la **progression de votre exposé** pour formuler de façon pertinente votre question. Évitez les questions qui, appelant une démarche trop descriptive, ne vous permettront pas de bâtir une progression dynamique.

> Présentez vos questions à vos professeurs pour vous assurer qu'elles sont comprises et cohérentes avec votre plan.

– Attendez d'avoir effectué vos recherches et bâti les grandes lignes de votre plan pour **fixer définitivement la formulation de votre question**.

- **Une question qui facilite l'entretien**

– Privilégiez les **questions larges** qui offrent des perspectives que l'entretien pourra approfondir.

– Écartez les formulations trop ambitieuses ; elles risqueraient de vous mettre en danger lors de l'échange avec le jury.

QUESTION 1

Exemples de questions – Grand oral

Pourquoi le conflit israélo-arabe dure-t-il depuis 1948 ?

PREMIÈRE PARTIE Votre exposé 10 min

Les raisons de mon choix 1 min

- C'est le conflit le plus long du xxe siècle. Il concerne une région voisine de l'Europe et a des impacts importants en France.
- Il m'interroge sur l'incapacité des grandes puissances à faire régner la paix sur la planète et à s'entendre pour proposer des solutions réelles aux belligérants.

Mon développement 8 min

- Entre 1948 et 1967 tout d'abord, il s'agit vraiment d'un conflit qui oppose Israël et les pays arabes, opposés à la création d'un nouvel État.
- Entre 1967 et 1988 ensuite, le conflit se recentre sur la question palestinienne.
- Depuis le début des années 1990, le processus de paix est en panne.

Ma réponse à la question 1 min

- Si le conflit israélo-arabe ne trouve pas d'issue pacifique, c'est parce que les enjeux dépassent largement le cadre régional.

DEUXIÈME PARTIE Échange avec le jury 10 min

Questions possibles du jury

- Pourquoi les États-Unis soutiennent-ils Israël dans ce conflit ?
- Qui est Yasser Arafat et quelle a été son action ?
- Pourquoi l'ONU est-elle impuissante face à ce conflit ?

Dans quelle mesure la valorisation du patrimoine est-elle devenue aujourd'hui un enjeu pour les États ?

PREMIÈRE PARTIE Votre exposé 10 min

Les raisons de mon choix 1 min

- Chaque année, on peut observer le succès des Journées du patrimoine en France, notamment, mais aussi dans toute l'Europe.
- L'incendie de la cathédrale Notre-Dame-de-Paris m'a aussi fait prendre conscience des enjeux de la protection de notre patrimoine.

Mon développement 8 min

- Valoriser son patrimoine, c'est d'abord développer économiquement une région ou une ville.
- Valoriser son patrimoine, c'est aussi conserver les traces de son passé et défendre son identité.
- Valoriser son patrimoine, c'est enfin, pour un pays, un moyen de renforcer son poids international.

Ma réponse à la question 1 min

Valoriser le patrimoine est aujourd'hui devenu indispensable pour les États, à la fois pour garder des traces de leur passé et donc renforcer le sentiment d'appartenance à la nation, mais aussi pour assurer ou promouvoir le développement économique.

DEUXIÈME PARTIE Échange avec le jury 10 min

Questions possibles du jury

- Pourquoi des groupes terroristes s'en sont-ils pris aux mausolées de Tombouctou ou aux vestiges de Palmyre ?
- Pourquoi certains habitants combattent-ils la tendance à faire de Paris une « ville-musée » ?
- Pourquoi l'UNESCO ne parvient-elle pas à faire interdire la navigation des immenses bateaux de croisière dans la lagune de Venise ?

QUESTION 3

Une gouvernance est-elle possible face aux défis environnementaux planétaires ?

PREMIÈRE PARTIE Votre exposé 10 min

Les raisons de mon choix 1 min

- Écologie, environnement et développement durable sont des thèmes très souvent abordés en histoire-géographie.
- On étudie beaucoup d'aspects de ce thème mais quasiment jamais ce qui intéresse le plus les gens, c'est-à-dire la concrétisation de la protection de notre environnement. J'ai le sentiment qu'il n'y a pas de politique globale de l'environnement dans le monde.

Mon développement 8 min

- La prise de conscience de la nécessité d'une gouvernance planétaire face aux enjeux environnementaux est déjà ancienne.
- La gouvernance environnementale est portée par des acteurs multiples.
- Il existe encore des freins nombreux à une mise en place efficace de solutions aux problèmes environnementaux.

Ma réponse à la question 1 min

Les essais de gouvernance mondiale concernant les enjeux environnementaux se multiplient ces dernières années mais ils se heurtent aux priorités économiques et à la volonté de beaucoup d'États de conserver leur mode de développement et de croissance.

DEUXIÈME PARTIE Échange avec le jury 10 min

Questions possibles du jury

- Face au retrait américain, quels pays ou régions du monde pourraient prendre le leadership dans la mise en place d'une gouvernance planétaire environnementale ?
- Quels ont été les résultats de la dernière COP (Conférence sur le climat) ?
- Présentez rapidement le GIEC.